元创业
成功创业新范式

[美] C. J. 康奈尔 著
许涛 译

The Age of Metapreneurship
A Journey into the Future of Entrepreneurship

亚马逊五星好评

"……本书内容丰富，语言生动、有趣，从全新的视角呈现了创业的本质、内涵、现象和外延。无论是对初次创业的创业者，还是取得卓越成就的连续创业者，这都是一本不可多得的必读之书。"

"这是近年来创业学研究领域难得一见的好书，不是堆满陈词滥调的传统创业指南，而是企业创始人、商业爱好者和任何对创业文化感兴趣的人的必读之书。"

"本书字字珠玑，是一本值得所有读者一口气读完的创业学佳作！"

"如果你是创业者，C. J. 康奈尔的《元创业》是你必须拥有的创业圣经……对我而言，这本书改变了我对创业的认知。感谢康奈尔，引领我进入创业实践前沿，并把他的教诲应用到初创企业中。对书中的创业方法，我深信不疑！"

先睹为快

元创业是从旧领地到新领域的旅程，旨在揭示传统的创业实践为何阻碍了雄心勃勃的创业者实现其创业抱负。

全世界范围内，变革正微妙地发生。技术和人都在改变。然而，创业研究领域并没有发生太大的变化。传统的规则和思维方式已成为创业路上的阻碍。事实上，越有经验，情况越糟。五年或十年前有效的创业技巧和指南，今天再按图索骥，就会成为创业旅途中的重重灾难。

本书包含全新的素材、思想、范例和方法。聪明的创业者和创业顾问可通过阅读本书，避免使用传统、过时的创业方法，设计独特的创业战略。

本书内容包括：
混沌世界——创业和创业者的定义太过随意、宽泛，以至于连创业和创业者的概念都难以界定。
风靡一时——原本旨在成就创业者的机构、项目和领导者日渐让人失望。
点连接点——所有行业都在被颠覆，旧的商业模式正在瓦解。直线日益被"点连接点"所取代。
从稀缺到富足——利用"富足创造新的稀缺"成为新的商业准则。
规模化——成为初创企业的必选战略，并且是更远、更宽或更深的规模化。
群体崛起——众包、众筹和群体智慧。
分享经济——不仅仅是流行时尚，而是新经济。
数字化新浪潮——加入、开启并利用数字化网络浪潮，否则，没有未来。

元创业就像引人入胜的拼图游戏：每一次组合都创造出独特的个性化图案。

译者序

人类文明史反复表明,创新不是昙花一现的潮流,而是历久弥新的恒常。当下,创新驱动发展已成为新时代的最强音,创新创业正重新界定人们的认知和行为,创业阶层应势而崛起,人类正豪迈地跨入亘古未有的"人机物"三元共生的万物智能互联时代。

"人机物"三元共生加速了科学技术和经济社会发展的渗透融合,让华为、阿里巴巴、腾讯、亚马逊、特斯拉、微信、支付宝、抖音、爱彼迎、共享出行这样的颠覆性公司、创新性产品或服务成为可能,并且激励了越来越多的富有冒险精神的创业者——他们乐于创造、热衷分享,以至于数月前还是不可思议的创意在数天后已成为司空见惯的寻常事物。

技术变了,人们的行为方式变了,世界也变了。在日益"超链接"的当下和未来,大规模共创共享推动了颠覆式创新的不断涌现。与此同时,商业、创新、创业、战略、营销和管理正在被赋予新的形式和内涵。然而,大多数商学院和各类创业孵化机构仍在使用过去的创业技术,传授过去的、过时的创业知识——这些规则阻碍了雄心勃勃的创业者,越有经验就越挣扎,失败似乎成为必然。

人工智能、大数据、云计算、5G、区块链、数字孪生、平台经济、社群经济、共享经济、商业向善、用户创新和商业模式创新正在改变曾经熟悉的一切,这表明人类社会正迎来一个全新的创业范式:元创业时代——没有界限和障碍,没有羁绊和控制,一个一切皆有可能的时代。

上述技术和商业领域正在发生的现实和趋势将众多角色和功能汇聚、融合,改变了消费者、员工、供应商和各类利益相关者,并进一步带来了新的领导方式和新的创业风格——元创业:"人机物"三元共生的万物智能互联时空背景下的创业新范式。

作为企业家、连续创业者、创业导师、大学教授,C. J. 康奈尔在《元创业》一书中,站在时代和未来之巅,全景式描述了"人机物"三元融合环境下创业领域正在发生的未来,为创业者和企业管理者提供了直通未来的俯瞰视角,助其避开创新创业雷区、洞察创业新范式、开辟创业新领域。

元创业就像由技术创新大爆炸形成的无数碎片组合而成的拼图:每次把这些碎片拼在一起,就会得到一幅似乎只为您准备的独特画面——成功不再是成为高高在上的摇滚巨星，而像是爵士乐队中的一员。

元创业时代的到来需要每一位创业者和企业管理者洞察、掌握新规则。元创业是创业的未来，是新型创业者开拓新疆域、创造未来的创业新范式、新理念、新模式和新方法。在此意义上，本书重新定义了商业创新的来源以及创业的未来。

在元创业时代，创业和企业家精神正在被重新界定——当下和未来确保创业成功的根本要素：深入网络中心，而不是攀向顶端。

在元创业时代，企业与个人正以创新为支点，驱动着经济增长、商业模式和生活方式变革，乃至激发人们精神世界的新生。

在元创业时代，每个人都是自己生命的主角，而不是他人生命里可有可无的龙套。

在元创业时代，你的公司，乃至全球总部可能就坐落在书桌上，或者其他任何能够放置笔记本电脑的地方，甚至只是一部智能手机。

在元创业时代，数字化正在颠覆人类生活的所有领域，过去的经验不再适用，对创业者来说，尤其如此。

在元创业时代，旧的商业模式正在瓦解，取而代之的是由网络连接而带来的无限可能。

在元创业时代，社群改变一切——众包、众筹、共创、共享和集体智慧。加入社群，启动社群，利用社群，否则就有被排除在外的风险。

在元创业时代，生物技术和生物信息学、计算系统、网络和传感器、人工智能、机器人科学、数字化制造、医学、纳米材料和纳米技术正在把过去的稀缺资源变得十分充裕。

在元创业时代，数字化发展和指数型增长成为每家初创公司的必要战略——否则一夜之间就可能面临无关紧要、无足轻重的风险，甚至成为市场的弃儿。

在元创业时代，创业教育正在从创业技能训练走向点燃激情、激活大脑中的G点，释放想象力和创造力，发展新型领导力。

在元创业时代，没有人可以决定下一个新兴产业是什么，或者新的市场和创业就业机会来自哪里，就像几乎没有人想到信息技术会带来经济革命——人类生产生活的数字化转型。

然而，本书并不是关于"如何成为创业者"的清单，也不是关于"如何创办公司"的手册或指南，而是元创业时代的创业新范式、新理念和新生态。基于此，创业者、创业导师或管理顾问可以创建独特的、富有成效的创业战略，而避免使用过去的、过时的创业战略。

如果您是初创企业教练或企业创新管理咨询师，那么本书适合您。

如果您所在地区创业热情高、创业活动频繁，但似乎从未达到临界点，那么本书适合您。

如果您是经验丰富的企业家，正着手开启一项新事业，那么本书适合您。

如果您是创新创业管理教师，正在试图改变过去的、过时的创新创业教育，那么本书适合您。

如果您是硕博士研究生或大学生，对未来充满憧憬与向往、对创业充满好奇与热情，那么本书适合您。

作为创新创业管理研究、教育和实践者，翻译本书的过程也是走进创业新范式，跟随作者进行创业教育思考和实践的过程，更是学习并利用元创业理念在教室、工作场所释放个体、团队想象力和创造力的过程。

作为读者，阅读本书会拓宽您的视野、升级您的认知、激发您的创新力，给您带来全新的创业观和实践方案，帮助您摆脱因使用过去的、过时的创业知识和技术而导致的挫败，并以全新创业者的形象重塑自己：元创业者。

人生没有白读的书，每一本都算数！阅读本书，成为元创业者，成就您的创新热情与创业梦想！

本书的翻译是2020年中国工程院"现代企业创新治理体系与产品创新效益提升路径研究"咨询研究项目（项目号2020-SH-XY-1）的阶段性成果之一。同时，本书的翻译也得到同济大学创新创业学院、同济大学经济与管理学院领导和同事的鼓励和支持，以及研究生姚丽敏和李诗吟在文字处理和格式完善方面的帮助。在此，对他们表达诚挚的谢意！此外，还要感谢同济大学出版社各位领导，尤其是编辑卢元姗女士在本书翻译过程中给予的耐心指导。

翻译看似简单，实则是"戴着脚镣跳舞"，甚至是再创作。翻译过程中，本人力求做到在最大程度上传达原作的意蕴，但难免仍有谬译之处。敬请专家和读者批评指正。

同济大学创新创业学院

许涛 博士

2021年8月6日

目录

译者序	005
引子	011
恐慌	012
智慧降临	019
智慧降临	020
混沌世界	029
创业中的混沌时刻	030
某某创业者	035
驾驭混乱	043
盲人摸象	046
协同失败	050
风靡一时	055
最后一战	056
创业的"货箱崇拜"	063
硅谷崇拜	066
眼镜蛇效应	071
天鹅绒绳崇拜	075
社区崇拜	084
点连接点	093
有多少跳格？	094
无纸化追逐	097
自由之地	104
穿过卢比孔河	110
通道	116
元（META）	127
超越创业	128
盲目的石匠和他们的大教堂	133
环境	136
元创业的基础	140
富足的富足	144

网络是媒介	152
扩大市场规模	171
运动	178

社群　　　　　　　　　　　　　　　　　　185

群体心理	186
群体到来	193
进入黑客帝国	198
来自天堂的便士	210

康巴亚（KUMBAYA）　　　　　　　　　　225

时代的自画像	226
角色的转变	235
不止胜利	244

伟大的时代　　　　　　　　　　　　　　　253

卓越的一代人	254
盲人之国	264
经验的悖论	269
绝地武士的归来	274

元创业时代　　　　　　　　　　　　　　　287

新的疆域，新的现实	288
智慧城市	290
石匠	294
取悦社群	300
三角贸易商	303
大师悖论	307
元创业者	310
旅途的终点	311

结语　　　　　　　　　　　　　　　　　　317

后记	318
致谢	320

注释　　　　　　　　　　　　　　　　　　323

引子

恐慌

把子弹射进自己的脑壳可并不容易。

射穿脑袋比想象的要复杂。我用谷歌搜索了好几个小时。既需要合适的枪和子弹,并且,射击的角度要精确;又不能事先练习,一旦失手,余生苦不堪言。

网络提供了太多的选择。但时间所剩无几,也没有更好的选择了。

我缩小了搜索范围:子弹、套索或药丸。幸运的话,几个小时后我就将步入极乐世界。最近运气实在太差。在创建了三家成功的高科技企业之后,我的第四家企业终于走向了"退出"——完全不像创业书中所推销的那样。突然间,我开始欣赏共同基金广告中男中音的声明:"过去的成绩不能保证未来的成功。"

当天早些时候,我们坐在一间临时办公室里,它就像一个空仓库,胡乱堆放着杂乱的家具。除了手机,没有固定电话,没有隔墙板。今天是公司全体员工会议,42 名员工直勾勾地盯着我。他们在寻找希望和答案。大多数人已经好几个星期没拿到工资了。

员工们继续工作的动力部分来自一笔可能的意外之财,但真正激励他们的是热情:对公司的热情,对产品的热情,以及正在做一些有意义和伟大的事情的希望。他们对我、我的远见和我的领导能力充满信心。我在思考如何鼓励他们,毕竟,失败的产品发布令人失望,但辜负员工的信任却是毁灭性的。

全盛时期

互联网经济的爆发是创业的全盛时期,20 世纪的技术进步达到了震撼人心的巅峰。任何有愿景、精力和宽带连接的人都可能成为改变历史进程的英雄。而创业让这一切成为现实。在互联网时代,创业机会遍地开花。

以电视节目和电影形式出现的现代民间传说描绘了这个时代的生动画像——硅谷或西雅图配有足球桌、啤酒桶和类似兄弟会的办公室。典型的互联网创业者年轻气盛、想法超前、举止另类,与传统社会格格不入。故事情节就像好莱坞经典：卑微的开端，不循规蹈矩的异类，人生字典里没有"不"字的充满个性魅力的领导者，接下来是光耀全球的巨大成功，然后是跌落、失败和放逐，最后就是重生和救赎。当英雄从谷底反弹回来时，即使失败也闪耀着魅力的光芒。

然而，对创业者来说，现实并非如此。它不是单一的事件。失败不是公司在壮观的原子爆炸蘑菇云中自毁，而更像是死于核辐射——痛苦、缓慢而不知何时到来的死亡，就像倾下的巨石，不是反弹，而是撞击。

互联网创业时代即将结束，但大多数创业者还没有意识到自己正处于死亡漩涡之中——可以在激流中乘风破浪，却很难幸免于水中淡淡的血腥味。血腥味吸引了致命的食肉动物，它们正伺机而动。

黑暗的一面

* 《正午》是一部1952年的美国黑白西部片，由加里·库珀、格蕾丝·凯利主演，被认为是美国影史上最重要的电影之一，国家影片登记部于1989年将此片收入首批典藏保护的25部美国电影之一。此片获得第24届奥斯卡金像奖（1952年）的四项大奖，以往西部片一向很少得到奥斯卡提名或奖项。电影剧本改编自约翰·康宁汉连载于廉价杂志上的短篇小说《警徽》。

** 《荒岛余生》是一部2000年由二十世纪福克斯影业与梦工厂发行、罗伯特·泽米吉斯执导、汤姆·汉克斯主演的美国灾难剧情片。内容讲述一名联邦快递公司员工在南太平洋上空遇难坠机并流浪到荒岛的故事，故事与《鲁宾逊漂流记》十分类似。影片的主要取景地位于太平洋岛国斐济所属的马马努卡群岛的摩努雷基岛。

招聘人员像鲨鱼一样环绕着公司员工。他们蜂拥而至，招聘关键产品工程师，而我却无人问津。失败的创业者无人青睐。如果公司里的任何人，或者我们的客户或合作伙伴知道我在找工作，那就完了——你被拴在泰坦尼克号船长的椅子上，而其他人都将得到救生艇。

这不仅仅是情绪过山车的低谷，更让人情绪低落的是隧道尽头没有灯，甚至根本就不是隧道，而是无底深坑。"失败不是选择"，这句话完全正确，但仅仅是因为不能选择停业、转身离开，所以，失败当然不是选择。剩下的选择就是破产、无家可归或挨饿。那颗子弹现在看起来再好不过。

创业的黑暗面：创业包含了剧本的所有情节。如果好莱坞真的理解创业，剧本人物不要像电影《正午》*（High Noon）中的加里·库珀（Gary Cooper），而要像《荒岛余生》**（Cast Away）中被流放在遗忘和绝望中的汤姆·汉克斯（Tom Hanks）。他太绝望了，连自杀都不能。当末日渐渐来临时，孤独的英雄犹如困兽一般，与所有的困难作斗争。这是一场孤独的斗争。

挣扎

20世纪末即使经验丰富的创业者也经历过那些黑暗的日子。连续创业者、首席执行官、当前的顶级风险投资家本·霍洛维茨（Ben Horowitz）就是最好的例子。他在著作《艰难之事的艰难之处》（The Hard Thing about Hard Things）中，用诗意的语言描述了他所经历的挣扎。[1]

> 挣扎是当你开始怀疑自己当初为何执意创业时，
> 挣扎是当人们问你为何不放弃，而你却默不作声时，
> 挣扎是当员工认为你在撒谎，而你却无以回答，默认时，
> 挣扎是当你甚至难以理解自己时，
> 挣扎是当自我怀疑变成自我仇恨时，
> 挣扎是当你想放弃时，
> 挣扎是苦难，
> 挣扎是当你在人群中，却倍感孤独时。

如果身在高处是孤独，那么身处低谷就是彻头彻尾的独自囚禁。

当下的创业

很难想象在如今的后社交网络时代会有如此的孤独感。对年轻的创业者来说，创办一家新公司就像上演一场真人秀——实时现场解说、即时反馈，以及同事和粉丝的实时鼓励和安慰。

对于那些经历过黑暗创业年代的人来说，创业服务还不存在，市场反馈不是太慢就是太晚。当然，也有创业组织——但这些组织只服务成功的创业者，而不是那些顽强挣扎在失败边缘的创业者。市场上还不存在像"匿名戒酒会"*（Alcoholics Anonymous）一样的创业服务。

在黑暗创业年代苦苦挣扎的创业者无人倾诉，也无从获得建议或安慰，因为别的创业者也都焦头烂额、疲于奔命。既然大多数朋友和家人都不是创业者，他们所有的建议都是"你为什么不（放

---

* 匿名戒酒会，或称戒酒无名会，是一个国际性互助戒酒组织。1935年6月10日，由美国人比尔·威尔逊和医生鲍勃·史密斯在美国俄亥俄州阿克伦成立，目前会员超过200万人。其活动宗旨是酗酒者互相帮助戒酒，重新过正常的生活。在活动中，酗酒者互相分享各自的经历、力量和希望，以达到戒酒的目的，保证自己不再嗜酒，同时也帮助其他人戒酒。

弃)……?",好像你幼稚到从未考虑过如此显而易见的解决办法。其他好心人可能拍拍你的背,说:"总有一天,你会笑着回首当初创业时所经历的一切苦难。"

每一代人都认为自己努力奋斗过,并且比祖辈更努力。如今,创业真的更容易了吗?

当下的年轻人

年轻的创业者似乎确实拥有前所未有的优势——至少在创业服务和资源方面。创业加速器、众筹、创业大赛、创业周末和众多大学创业项目伴随着年轻创业者的成长——这些项目一般都自带种子基金、资源、导师和培训。反馈验证循环更快,而且产品开发成本通常微不足道。有了这些优势,"现在的年轻创业者容易多了"似乎成了理所应当的共识。其实,虽然他们有着前所未有的优势,但也面临着非同一般的障碍和全新的挑战。

创业资金来源众多。现在,即使是种子阶段的投资者在投资新企业之前也需要看到可即刻投放市场的产品。原型产品这一概念不再是当下的创业方法。产品必须足以证明存在市场需求。仅证明有潜在客户对该产品感兴趣是不够的。一定有真正的顾客——付费顾客。

通过网站吸引成千上万的用户?这还不够,而是需要指数级增长的客户,这一神奇数字通常是100万用户起步,甚至是1 000万。

创业者必须是各行各业的行家,但仅仅有一个好主意、雇一个团队制造产品是不够的,必须有能力自己制造产品。今天的创业者还必须精通编码、平台经济模式、APP和设计。

客户期望值更高。当今的创业者必须与那些不仅要求"更好、更快、更便宜"的顾客们竞争。消费者要求新产品比世界上任何地方的数千种其他选择更好、更快、更便宜,而这一切,还要在鼠标点击之间实现。

但是那些免费提供的资源和工具呢?听起来这应该会给当代企业家带来优势。难道不是吗?但是每个创业者都可以平等利用这些资源和工具，因此，没有创业者能够享有资源和工具方面的独特优势。获得过去企业家积累的知识是当下的最低要求，而不是竞争优势。门槛提高了。创业者需要比使用同样资源的竞争对手更聪明、更快、更好。

如今创办一家新公司有一个令人惊讶的优势——财务风险更低：由于从概念到产品、从产品到市场的周期更为便宜，创业者可以在有限的资金下开启产品的生产和销售，并获得即时反馈。所以如果失败，过程会很快。虽然失败过程可能更快，一点也不拖泥带水，但仍然是失败——而且常常是人尽皆知的失败。因此，"创始人抑郁"已经成为一种模因，创始人自杀事件似乎呈上升趋势。就连一些人缘好、资金雄厚、知名度高的创始人也被逼到了"最后的出口"——自杀，留给同事和亲人的是永远没有答案的困惑。

不必恐慌

回到我们的故事：我也没有答案。除了沮丧、挫败和难过之外，我真的很困惑。我有 15 年的技术、管理和营销经验；我创建了 3 家成功的企业，更不用说获得的几个学士以上学位。有这么多的经验和教育，怎么能搞砸？有没有可能问题正是出在所有的经验和教育上？

人们总是会听到诸如此类的陈词滥调：创业者走人迹罕至的路；创业者制订而不是遵循规则。但当混乱接踵而至、创业之路面临转折时，本能和逻辑似乎不再起作用。路上人迹罕至意味着你绝望地迷失了方向，不得不祈祷帮助。此时，如果有一个像《银河系漫游指南》（*The Hitchhiker's Guide to the Galzxy*）那样的创业导师该有多好！导师安慰说"不必惊慌"，然后是倾囊相授创业经验。

然而，如果是在全新的领域创业，创业导师的价值是有限的。这也是让创业者无奈的地方：以前的经验不再是优势。如同到陌生的地方旅行，经验不再是优势，而是可能带来意外之险的弱点。就像撒哈拉沙漠中的专业摩托车骑手：越用力踩油门，轮子转得越快，圈子绕得越多。看起来动的速度很快，却不是朝着目的地前进。最终，陷入无望的困境，而经验和救助已无济于事。正如美国宇航局天体物理学家杰克·康纳尼（Jack Connerney）所说，"如果你是在火星上拿着指南针的童子军，那么你就迷路了"。

确实如此，我迷路了！因为环境发生了变化，哪怕是难以察觉的微妙变化。比赛场地不同，规则也不同。曾经的技能和经验越来越徒劳——就像用越来越钝的斧头砍树。

幸运的是，结局是美好的。但解决办法不仅仅是"磨刀"的问题——我还必须以不同的方式应用技能和经验，并利用新环境的特性。

今天，所有的创业者都身处同样的新环境，但创业之路却截然不同。当前的环境不是地震的结果，更不是一系列可预测变化的结果。变化是微妙而深刻的，以至于大多数人从未注意到这些微妙的变化。

对于当前的创业者来说——尤其是对于顾问、导师、教育工作者和其他有影响力的人士来说——知道何时使用过去的经验、资源和工具是新的技能。成功不再是成为摇滚明星，而是成为乐队中的爵士鼓手。创业思维、行动和模式已变：创业者不再是传统意义上的创业者，而是"元创业者"（Metapreneur）——开启元创业时代的创业。

智慧降临

智慧降临

> 知识来自分拆事物,而智慧来自组合事物。
>
> ——约翰·莫里森(John A. Morrison)

不妨在家里试试:拆开一台 iPad 或一辆车,把所有的零件摆在面前,仔细观察。复杂、精致的零部件和设计可能让人大开眼界,可是,你能把这些零部件重新组装回去吗?或者你能教别人怎么造一辆车或一台 iPad 吗?设计一个如何?设计一个更好的怎么样?

知识来自事物,而智慧来自组合事物。拆开一台 iPad 并不能让你成为史蒂夫·乔布斯(Steve Jobs),拆开一辆特斯拉也不能让你成为埃隆·马斯克(Elon Musk)。

谈到创业,众多专家、研究者和思想领袖通过观察成功和失败,从各种视角解构创业,然后把观察所得的知识重新包装。有些书收集了大量的案例,变成了统计研究,宣称为成功创业提供科学方法。

超级天使投资人兼作家大卫·罗斯(David S. Rose)估计,仅亚马逊上就有 93 210 本此类书籍 [1],如果按照对"创业"一词的不同定义来搜索,此类书籍的总数可能会翻番。不管怎样,都是海量数字。大多数书籍似乎都遵循这样一个模板:"我是如何创办一家价值百万美元的公司的",或者"创业成功的 75 个秘诀"。

创业是千禧一代的饮食时尚,如同热销的运动瘦身类书籍,作者大都资质优秀,信誉良好,想法也有洞察力。也许有些书确实值得一读,但是,多数书就像预言一样,甚至是误导性的。关于创业的书大多分为以下三类:

- 回忆录;
- 创业秘籍;
- 创业成功的公式或配方。

然而,对创业者来说,这些书已不再有效。

回忆录

针对创业者的回忆录有两种形式：悬崖跳水冠军和自吹自擂。

成功回忆录几乎千篇一律："我的成功，你可以复制！"这些故事鼓舞人心，很有启发性——特别是如果你和作者拥有相似的背景。所以，如果他们能做到，你也能做到——至少看起来是这样。创业者当然需要榜样，但这些成功案例中的榜样常常遭遇"悬崖跳水悖论"。

悬崖跳水悖论

喜剧演员诺姆·麦克唐纳（Norm MacDonald）过去常常抱怨有人被赞誉为"悬崖跳水冠军"。诺姆说，其实只有两类——要么你是悬崖跳水冠军，要么你是"岩石上的一块肉"。

只有成功者才能活着讲述他们的故事，但单一因素不会带来成功。悬崖跳水冠军的回忆录常常忽略或忽视特殊情况，如运气的作用。成功故事往往巧妙地避而不谈富有的、成功的父母或其他密切社会关系资本所造就的安全网，而这就意味着不必担心创业失败，更不用担心失败所导致的忍饥挨饿。或许这位创业者有幸与某位名人或首席执行官是邻居，后者在关键时刻提供了饱含溢美之词的推荐、介绍或引见。

科学称之为"选择偏见"，或者更具体地说是"幸存者偏见"。然而，如果只是研究幸存者，难以学到有价值的、实质性的经验、智慧。这就像只检查成功跳伞者的降落伞来评估产品的可靠性一样。正如本尼·希尔（Benny Hill）的一句名言："没有人抱怨并不意味着所有的降落伞都是完美的。"

埃里克·舒尔茨（Eric Schultz）指出，"幸存者偏见"在创业中非常普遍。这是一个罕见的领域，在这里，初次创业成功者觉得自己是专家，完全有资质做创业导师，到处提供创业建议。飞行员往往需要飞行1 000次，才有资格驾驶飞机，成为真正意义上的飞行员；文字爱好者往往写了数十本书后才被称为作家；技工修理了数百辆汽车后才成为合格的技工。但是一个创业者创办了2家公司

（2家都不一定成功），就被称为"连续创业者"，与其说这是称号，不如说是病症。[2]

如果悬崖跳水冠军、幸存者偏见、成功故事有误导性，那么研究失败呢？

自吹自擂

创业的独特之处在于：像庆祝成功那样庆祝失败，而这在商业、艺术甚至个人生活中从不会发生。比如，没有运动员吹嘘自己连续五年输掉超级碗（Super Bowl）*，没有剧作家、编剧、导演或演员吹嘘自己拍了五部烂片，也很少有人吹嘘自己有过五次失败的婚姻，但创业者却把失败当作制服上的特别奖章。

正如某份商业杂志所说："在泡沫弥漫的硅谷，关于失败的故事是一种社会货币。"[3]高科技媒体冠之为"自吹自擂"：我第一次创业时犯了很多错误，因此现在我有了给别人提建议的专业知识，所以他们不必犯同样的错误。

毫无疑问，这种自吹自擂大多是从亚伯拉罕·林肯（Abraham Lincoln）、史蒂夫·乔布斯、托马斯·爱迪生（Thomas Edison）、温斯顿·丘吉尔（Winston Churchill）和J.K.罗琳（J.K. Rowling）等传奇人物的励志故事演变而来的，而他们在功成名就前都经历过一连串痛苦的失败。

许多创业者在展示失败和失误时，似乎是在安慰自己："如果我继续失败，那么我肯定离成功很近了。"但在统计学上，这是典型的"赌徒谬论"（the Gambler's Fallacy）：一连串的失败并不意味着最终会赢。

阅读成功人士的失败故事以及他们犯下的错误，会让读者自我感觉良好。但是，从失败者的错误清单中吸取教训，就好比试图开车避开纽约街道上的所有坑坑洼洼。当然，你的车可能不会被损坏，但你也不会到达目的地。

* 超级碗是美国国家橄榄球联盟的年度冠军赛。伴随比赛举行还会有盛大的庆祝活动。超级碗一般在每年1月最后一个或2月第一个星期天举行，那一天被称为"超级碗星期天"。超级碗多年来都是全美收视率最高的电视节目，并逐渐成为一个非官方的全国性节日。在超级碗开场前和中场休息的时候，会有很多流行歌手和音乐人进行演出。

秘密武器

用谷歌搜索"创业秘诀",你会获得多达1 040 000个结果(0.62秒)。显然,创业者中仍隐藏着不计其数的秘密。对于一个充满神秘感的领域来说,很多网页确实泄露了秘密。

如果某项活动需要足够的自律、知识和奉献精神,就会有人渴望得到快速的答案或灵丹妙药。减肥、健身、人际关系、自我提升等领域都犯有典型的"秘密武器综合征"(secret-weapon syndrome)。

以"秘密武器"为主题的商业书籍通常关注2～3个有趣的"老生常谈"。这些书通常由初次创业人士所写,因为他们偶然发现了某些基本创业原则,并惊讶于这些原则的实效。这些方法可能确实对其初创企业产生了重要影响,而这其实要归功于在正确的时间发现和利用了这些方法。然而,作者把这些方法抽象成令人难忘的流行词——秘密武器,即创业方法。《创新者的窘境》(*The Innovator's Dilemma*)、《精益创业》(*The Lean Startup*)或《顿悟的四个步骤》(*The Four Steps to the Epiphany*)等经典著作并不属于此类。它们提供了非凡的、有见地的研究,并转化成强大的创新创业战略和方法。但不知从何时起,似乎所有的创业类书籍都被视为"创业圣经",成为教学参考书或咨询用书。然而,就像大多数不同版本的《圣经》一样,这些书被追随者曲解和误用。

公式和食谱

然而,比创业"秘密武器"更危险的是创业成功公式,因为这些公式听起来既科学又可信。

诗歌测量

在电影《死亡诗社》(*The Dead Poet's Society*)中,英语老师约翰·基廷[罗宾·威廉姆斯(Robin Williams)饰]要求学生打开课本大声朗读:

"理解诗歌",作者:埃文斯·普里查德(Evans Pritchard)博士，要想完全理解诗歌，首先需要熟练掌握诗歌的韵律和修辞，然后还要回答以下两个问题：①诗歌的目的表达得有多巧妙？②这个目的有多重要？

问题①评价的是诗的完美程度；问题②评价的是其重要性。一旦回答了这两个问题，决定这首诗的价值和意义就相对简单了。把诗的完美程度得分标在坐标图的水平线上，把重要性标在垂直线上，就可以看出其价值和意义。[4]

大多数人在如此测量诗歌的过程中都会表情怪异。测量诗歌：如果能够测量，就可以分析、优化、形成公式、打包出售。研究输入和输出，创建可以优化以获得成功的流程，最终得到可重复的公式，这样的创业指标测量似乎也未尝不可。

公式产生不了伟大的公司。在商业世界里，公式是通过观察可测量的结果并试图分离出产生这些结果的活动而形成的。

坎贝尔定律：当测量成为目标时，它就失去了测量的价值。

有些教授和创业书籍作者利用数据开发出所谓的创业公式，甚至大言不惭地宣称，要想创业成功只需遵循他们制定的"食谱"。创业成功就像赢取国际象棋大赛，需要经验和悟性，才能在不同的环境下针对不同的竞争对手制定不同的战略。"食谱"成就不了国际象棋冠军。"食谱"只适合初学者。

可测量的成果和结果是衡量初创公司的标准，但标准只是用来测量成功与否，而不是成功的原因。

为何是本书?

市场上至少有 93 210 种创业书籍在售,为什么还要多一种?答案很简单:创业不是静态的领域。

科学和工程方面的书籍大多建立在毋庸多言的基础上。例如:物理定律是有效的,数学是可靠的(比如,1+1=2),这些都是不言而喻的假设。但是如果物理或数学的基本定律发生变化了呢?某些无需明言的商业假设不再有效,并被其他原则取代,比如,1+1 不再等于 2,那么会怎样呢?商业教科书将失去精确性,经验丰富的教授失去了价值,标准的工具和方法就更加无效了。对新规则、新工具和新方法的需要由此而生。这就是当下的创业现实。

拿起一本 19 世纪有关电报、电线和运营商的"通信"(communications)类书籍,其中的商业战略、标准、方法以及对信息的认识全然不同于当下,并且,读者的期望也完全不同。此外,生态系统中人们的角色也截然不同。书中的概念早已陈旧、过时。

而改变的不仅仅是技术。技术也改变了人。

25 年前,商学院图书馆里堆满了关于市场营销的"权威"书籍——直到世界发生了变化。电子商务、社交媒体、智能手机等应运而生。我们变了。因此,营销必须改变。从前可靠的传统方法不再适用于当下的数字化环境。

21 世纪已昂然迈入第三个十年,商业基本面早已面目全非。做生意更是物是人非。人变了,人们的期望也变了——对商业的期望、对彼此的期望。改变的还有人们的行为。当然,有些变化是逐渐的,甚至是可预测的。但是当不同的趋势和事件汇聚在一起时,用变化和革命都不足以描述改变的深刻性和系统性——全新的世界正在生成。

游戏规则已改变,过去的规则早已成为陈词滥调。事实上,整个竞争环境已经发生了剧变,最有经验的玩家是那些跌倒、失败次数最多的人:

> 即使是超级明星迈克尔·乔丹(Michael Jordan)从篮球场转战棒球场后,也只是低于平均水平的业余选手。

即使对于成功的创业者来说，在新的创业时代，曾经成功的战略和方法很可能导致失败。就像跳棋冠军，参加锦标赛时突然意识到人们是在下围棋，因此，指导如何下跳棋的书不可能帮助人们赢得围棋冠军。

本书的主要内容

本书既不是回忆录，也不是悬崖跳水者和自吹自擂者的人生传说。本书既不提供任何秘密武器，也不提供食谱、配方或成功方程式。本书既不教授"如何成为创业者"，也不教授"如何创办公司"，尽管大多数概念都是为了帮助读者在这两方面取得成功。如果一定要明确本书的内容，那就是：本书提供了更多关于创业要避免的陷阱，以及哪些模式和方法不再适用于数字化、人工智能时代的创新创业环境。

当今，新的创业者，即元创业者，正冉冉升起。他们的行为和生活之所以成为可能，是因为世界上有成千上万类似的创业者——彼此独立，又互助合作。水大鱼大，他们面临大机遇，也面临父辈意想不到的问题和挑战。然而，本书也无关"我们需要向敏捷、适应能力强、精通新技术的千禧一代学习"这样的时髦主题。因此，就创业类书籍而言，本书另辟蹊径、与众不同。

本书关乎创业的未来——冉冉升起的全新未来。本书也关乎创业者如何摆脱过去的阻碍，在当下和未来取得成功。昨天起作用的战略、思维模式、工具和方法如今已不再有效。因此，本书的主要内容是剧变环境下有效创业战略、模式和方法。

听说过意外结果定律（the Law of Unintended Consequences）吗？元创业就是 X 大奖基金会（XPRIZE）首席执行官彼得·迪亚曼迪斯（Peter Diamandis）所说的"意外聚合结果"（Unexpected Convergent Consequences）——八种不同的指数技术同时出现，这就是元创业的本质[5]。作为新的日益兴起的创业模式和方法，元创业把许多不同的元素聚集在一起，从而形成全新的理念、思维和模式。元创业既不是缓慢的进化，也不是革命性的突变。众多完全不同的元素直到最近才存在，所以"意外聚合结果"也属于新生事物。

本书不是创业手册或指南，尽管书中包含全新的要素、理念、范例和方法，以便聪明的创业者和商业顾问能借此创建独特的战略，从而避免使用传统的旧模式。

本书就像非同寻常的智力拼图游戏：每次组合不同的拼图，就创造出只属于你的个性化图案。

本书读者对象

如果你正在阅读本书，你可能是经验丰富的创业者，可能是帮助过很多创业者的商业顾问、创业导师或商业管理教授，也可能正经营着创业孵化器或加速器，以确保所在地区或社区创业活动蓬勃发展。或者，你刚刚创业，试图寻找引领当下和未来的创业战略和模式，而不是被数十万传统创业类书籍所束缚，那么，本书为你而著。

如果你是初创企业咨询顾问，并指导创业者训练营，结果却不得不经常面对沮丧，甚至绝望的创业者，那么，本书为你而著。

如果你所在的地区洋溢着创业精神，创业活动如火如荼，但似乎从未实现重大突破或培育出大型企业，那么，本书为你而著。

如果你是经验丰富的成功创业者，正开启新的创业旅程，那么，本书为你而著。

对于创业生态系统中的众多从业者来说，本书可能会引起一些不适、分歧甚至愤怒，因为书中有些事实、数据和案例与其所习惯使用的模式或方法有矛盾或冲突。当然，这不是你的错。

本书的一个突出主题是：专业知识和经验可能是创业者最大的敌人，并且，创业者在剧变环境下所使用的创业战略和方法日趋低效，甚至无效。

当然，所有的创业书籍都不能保证成功。创业是行动，成功取决于用独特的方式应用本书中的概念、战略和方法。

就像在陌生环境下发起战斗，指挥官需要俯瞰整个环境，评估新地形、新形势，从而确保赢得战争所应具备的工具和技能。

本书正是如此，为读者呈现了俯瞰新时代的大视野、大格局，从而让读者看清新环境下的创业模式，避开雷区。本书有助于激发读者思考当下和未来创业成功的新战略，并有助于消除创业者因使用过时的创业知识和方法而导致的挫败感。更重要的是，本书将帮助读者重塑未来，成为现代创业者：元创业者。

创业之路 前程漫漫

本书为读者呈现了从熟悉的旧地形到陌生的新世界的漫漫旅程。我将和读者共同探索创业的发展历程，以及曾经成功的创业战略和模式是如何成为当下和未来创业之路上的阻碍。我也将引导读者关注剧变时代塑造商业、文化、客户和技术的主要力量，并了解这些力量如何汇聚、创造新的创业模式——元创业。

第一部分

混沌世界：混沌世界中的创业

风靡一时：创业机构和工具——曾经强大，当下无效

点连接点：剧变时代的商业和思维模式

第二部分

元创业基础

汇聚的力量：组合式创新——由旧变新

剧变时代的新地形、新环境：元创业

连锁反应和运动

第三部分

新行为：新客户、新员工、新公司

最伟大的一代：元创业时代经验丰富的创业者及其时代角色

新创业者：元创业者

混沌世界

创业中的混沌时刻

> "常挂在嘴边的词,可能根本不是你以为的那个意思。"
> ——伊尼戈·蒙托亚(Inigo Montoya),
> 《公主新娘》(The Princess Bride)

一只蝴蝶在巴西拍打了一下翅膀,便会在佛罗里达引起一阵飓风。混沌。数学家的困惑来自每当他在方程式中输入相同的数字时,都会产生截然不同的结果。还是混沌。当他绘制这些方程式时,输出的结果似乎是在模仿自然界中那些美丽又不规则的图案。更多的混沌。当神学家谈论宇宙形成之前那片"虚无"时,也是混沌。而我们其他人则会采用字典中常见的定义:混沌——是一种完全混乱或无序的状态。

如果想试试看我们用多短的时间便能引发人们的困惑,只需问一个问题:谁才称得上是创业者?

哪扇门?

在谈论创业的未来之旅前,让我们从最基本的问题出发:我们究竟在讨论什么?到底什么是创业?

借用一个古老的关于经济学家的玩笑:如果你问100个人"谁是创业者?",你将会得到800种不同的答案。这不仅是对词语含义的分歧,更是一场"宗教战争"。人们以捍卫自己主场足球队名声的热情来捍卫自己对某事的定义。几乎每个人都以某种形式被视为创业者——或至少是有创业潜质的。如果你攻击他们对此词的定义,就是在攻击他们的身份。

但是在21世纪,没有任何定义是不可动摇的,也没有任何身份像我们曾以为的那样固定、死板。不信你只需问"谁是男人"或者"谁是女人"。我们习惯于"这取决于你问的是谁"的定义方式,以及"我只要看到了便知"的身份辨认手段。定义和身份的认知标准达成一致很重要,含糊的定义带来不良后果,所以如何界定创业非常值得讨论。无论是在建造一间男士洗手间,还是在为创业者提供资金时，都面临这样一个问题：谁可以进入那扇门？

时尚杂志测试

在最近一期《福布斯》（Forbes）杂志上，刊登了声誉颇高的风险投资家兼作家乔什·林克纳（Josh Linkner）的文章，他用美国喜剧演员杰夫·福克斯沃西（Jeff Foxworthy）那句有名的"如果……你就是个乡巴佬"的形式提出了自己的假设句："如果……你可能就是一名创业者。"

林克纳先生滑稽地演绎了大量严肃的文章和帖子——每篇都有一系列标准来衡量你算不算得上是一位创业者。这些"清单"很容易被拙劣地模仿。

它们常见的标题包括："20种方法来鉴别你是不是一名创业者"或者"你有成为一名创业者的潜力吗"。

当试图定义是不是创业者时，这些清单遵从了《时尚》（Cosmo）里性格测验的"科学性和严谨性"。在读这些定义时，读者很难不感到荒唐和彻头彻尾的讽刺。

以下是一些清单样本和点评。[1] 这份清单看起来很长，但请相信我——这只是其中的一小部分：

"如果你相信一切皆有可能，那么你就是创业者。"

……那包括彼得·潘，以及基本上年满4岁的任何人都可以算作创业者。

"如果你能在别人看到不可能时看到一个机遇，那么你就是创业者。"

……或者你可能是一名银行抢劫犯或者海盗。

"如果你认为实现梦想永远为时不晚，那么你就是创业者。"

……我可以坐在客厅的躺椅上双手一摊就成为一名创业者吗？

"如果你敢于冒险，那么你就是创业者。"

……像登山者那样，或是马戏团杂技演员？悬崖跳水者？又或者是股票交易员?

"如果你会害怕,那么你就是创业者。"

……我想被抢劫的时候会造就很多创业者。

"如果你敢于尝试,那么你就是创业者。"

……好吧,那这个范围也太广了。

"如果你能忘记自我而为其他人和事业做出贡献,那么你就是创业者。"

……就像把钱放在教堂篮子上的那些礼拜者一样?

"如果你能提出问题,那么你就是创业者。"

……就像学生还有新闻工作者?

"只要有决心,就可以成为创业者。"

就像那个决心闯入我车的家伙一样?

"如果你能做出艰难的决定,那么你就是创业者。"

……我想这也会使总统成为一名创业者。

"如果你相信'没有什么是不能实现的',那么你就是一位创业者。"

……许多服用致幻药的人也是这么认为的……

"如果你正在创造工作,那么你就是创业者。"

……我们不得不承认沃尔玛也创造了很多就业机会。

"如果你很忙,那么你就是创业者。"

……我想这取决于你对于"忙碌"一词的定义。

"如果你对某事,可以是任何事,充满热情,那么你就是创业者。"

……这将创业者的门槛设置得有点低,不是吗?

"如果你感到强烈的爱意,那么你就是创业者。"

……这……到底是什么意思?

注意到所有定义的共同点了吗?首先,它们根本算不上定义,最多只是关于个人特征、品质和信仰的表达,是实际行动或结果产出的反面。让我们来看看对一个具体职业的定义:"如果在你的全职工作中,你定期使用严格的设计方法来编写计算机程序用以解决某些问题，那么你就是一名软件工程师。"

在没有描述独特活动和预期成果的情况下，对创业的定义毫无用处。否则，我们就可以使用个人特质来定义任何职业了——"如果你从未系过领带，也没穿过长裤去上班"*，又或者"如果你对 MBA 和市场营销专业嗤之以鼻"，那么你就是一名软件工程师。这样的刻板印象几乎可以适用于任何人，尤其是当他们正在寻找一种身份认同的时候。

* 我要为此偏见向所有软件工程师致歉。

福瑞尔效应

记得我在读高一的时候，第一次上心理课，迈克尔斯夫人做了一个实验：那天早上走进教室，全班同学收到了来自十二堆纸的"问候"。它们被放在教室中央的桌子上。每一堆纸都标有日期范围和十二星座，我们被要求从中取出对应自己星座的一页纸。

我取出后坐下读了起来，作为一名狮子座，我已经知道会看到什么了：高才智，领导才能，富有同情心、创造力以及一些顽固和幼稚的品质，还有能成为完美浪漫伴侣的特质。是的，这是我，一个典型的狮子座，毫无惊喜。

不过，在读自己星座属性的过程中，我们都觉得有趣极了。我的文档里甚至还列出了一些和我同是狮子座的名人，有很酷的电影明星、摇滚明星、领导人和历史人物等。想到与这些伟人并肩，我不自觉得心里美滋滋起来。

我们被要求用荧光笔圈出能准确描述我们性格的段落，并用蓝笔在那些似乎更适合描述他人特质的段落下画直线。

迈克尔斯夫人请全班进行投票：有多少人把大部分性格特征都圈了出来？大家纷纷举手。有多少人用蓝笔画了直线呢？几乎没人举手——哇，这些性格描述的精准性真是不可思议。

然后，她请了一位金牛座同学阅读他的星座性格资料。内容表述和我的那份完全一样，我是说，一字不差。实际上，每个人收到的星座画像都是一样的。我们却被完全吸引了：列出一连串冗长又讨好人的特质，以及一些辩护和美化你某些缺陷的特征，在这种情况下,你将会认同任何"标签"。

心理学家把这种现象称为"福瑞尔效应"(The Forer Effect,又称"人格确认误导效应")。[2] 让我们重新阅读那些创业者的自我测试题吧,现在明白是怎么回事了吗?

我们都是创业者吗?

> 每个人都是梦想家,每个人都是明星,
> 每个人都在电影中,不管你是谁。
> ——《胶片英雄》(奇想乐队:雷·戴维斯)*

* 《胶片英雄》(Celluloid Heroes)是美国 20 世纪 70 年代的流行歌曲,奇想乐队(The Kinks)是乐队名字,雷·戴维斯(Ray Davis)是乐队主唱。

被描述成创业者的人总给人积极、敢于冒险和有创造力的感觉,甚至还附带着一些有城府和浪漫的气质。创业者被视为出其不意创造奇迹的"逆袭者":汉斯·索洛(Hans Solo)与邪恶帝国(Evil Empire)或大卫与哥利亚巨人(Goliath)。弱者击败了巨人,是每个人都津津乐道的故事。

真正的创业者,一定是史蒂夫·乔布斯、马克·扎克伯格(Mark Zuckerberg)、萨拉·布雷克利(Sarah Brackley)以及其他那些通过自我磨炼拥有改变世界力量的人。

> 创业者是我们这一代的摇滚明星,所以谁不想拥有这个标签呢?

为了满足这种愿望,无数篇文章打着诱人标题来增加自己的点击率:"每个人都是创业者""我们都是创业者"。

可能这些作者真正想说的是,"每个人都可以成为一名创业者",或者"每个人都有能力成为一名创业者"。这样的观点迷人又很有激励性,但却毫无意义——并且贬低了那些真正的创业者。嗯……让我们来看看这样的表述是否适用于其他职业:每个人都是宇航员,每个人都是消防员,每个人都是医生。

所以你看,如果每个人都可以编造自己的定义,那么将会发生什么。他们也会被认作创业者吗?我们不必猜测,这样的情况已经发生了。

某某创业者

（或者，创业概念的碎片化）

我是查理吗？

不，我是创业者。

确实。不，是真的。

创业是新世纪的"自拍照"——是一种现代的罗夏（Rorschach）测试*，每个人都可以通过它来检验自己的职业生涯（图3.1）。你能想到其他职业或活动领域有如此多的人拼命想要自我验证吗？看看下面的列表，就会清楚地发现每个人都对创业有不同的定义。

一层层剥开洋葱，就可以确认谁才是真正的创业者。可是当剥洋葱时，却发现创业并不是一颗洋葱——而是一个石榴：在用力掰开外壳后，它会瞬间爆裂成几百个"小颗粒"。

> * 罗夏测试是由瑞士精神科医生、精神病学家罗夏（Hermann Rorschach）创立，是非常著名的人格测验，也是少有的投射型人格测试。

图 3.1

以下是试图将自己强加上"……创业者"标签[3]的个人、活动或业务的部分列表**：

> ** 详细名单和网址请参见：http://metapreneurship.net/resources/x-preneur-links/。

Agripreneur   用综合农业管理手段实现经济、环境和社会可持续性的创业者

混沌世界   035

Agropreneur	帮助其他农民成功的创业者
Algaepreneur	用藻类生产燃料的创业者
Antipreneur	创业者的反面，反对大型公司和行业大鳄的人
Appreneur	手机应用软件行业的创业者
Artpreneur	把自己的艺术天赋转变成商业价值的创业者
Athletepreneur	用自己的审美能力谋生的创业者
Austinpreneur	得克萨斯州奥斯汀的创业者
Authorpreneur	将自己的文学作品或品牌发展成一门生意的创业者
Awesomepreneur	自认为很了不起的创业者
Beautypreneur	活跃在美容、时尚和生活方式领域的创业者
Blogpreneur, Blogtrepreneur	通过写博客赚钱的创业者
Boomerpreneur	诞生于婴儿潮时期（1946年至1964年）的创业者
Bureaupreneur	政府机构里的创业者
Buspreneur	能成大事的人，比如能在乘公交车的时候构想和启动IT初创公司的人
Causepreneur	主要活跃在社群/慈善领域的创业者
Chefpreneur	厨师创业——通常是知名大厨
Chocopreneur	把巧克力玩出新花样的创业者
Citipreneur	促进城市或者区域创业的人或项目
City/State-Preneuer	在某个特定城市或州的创业者
Coffeepreneur	咖啡行业的创业者
Collabora-Preneur	和他人（可能是朋友或家人）合伙创业的人，家庭初创公司
Comfortpreneur	不愿费心改善或者优化其商业策略和结构的创业者：他们觉得现有的习惯和工作方式都很舒适
Co-preneur	与丈夫或者妻子搭伙创业，或者家庭初创小企业
Couplepreneur	一对共同经营共有事业的夫妻
Craftpreneur	售卖自己手工艺品的创业者，他们通常活跃在易集（Etsy）*这类平台

* 易集是一个网络商店平台，以手工艺成品买卖为主要特色，曾被《纽约时报》拿来与易贝（eBay）、亚马逊比较，被誉为"祖母的地下室收藏"。

Crosspreneur	同时在多重意义上都有"创造性"的人
Culturepreneur	为打造某地提供策略的创新者（增强某地的文化吸引力）
Cyberpreneur	用互联网技术提高产品或服务销售的创业者
Dadpreneur	经营家庭作坊，且在获得盈利的同时有大量时间陪伴家人的父亲
Digitalpreneur	想通过数字化系统、营销手段和策略实现全球生产、销售的创业者
Divapreneur	管理或者经营自己事业（全职或兼职）的女性，同时也激励他人在各自的领域取得成功
Ecopreneur	制作和销售环保型产品和服务的创业者，包括有机食物、物品循环尝试、绿色建筑
Edupreneur	致力于重新定义和改进教育体系的学生或者教师创业者
Encore Entrepreneur	退休后仍致力于将兴趣爱好变成生意的创业者
Entree-preneur	创新食品领域的创业者
Enviropreneur	通过创新来提升环境质量的人，擅长用合约、产权和市场手段来解决环境冲突问题的创业者
E-preneur	业务完全在互联网上的创业者
Etsypreneur	在易集上售卖商品的创业者
Exerpreneur	在健身时发散创新思维的创业者
Extrapreneur	重新构建公司整体领导力学习体系的创业者，推动个人和组织内在力量外延以及外在力量的吸收
Faithpreneur	通过信仰上帝取得生意成功的创业者
Fakepreneur	"假的"创业者
Femmepreneur, Shepreneur	女权主义创业家
Fempreneur	变性女士或非二元性别创业者
Foodpreneur	食品饮料类创业者和专业人士
Freepreneur	只用免费或者低成本的方式开展业务的创业者

Futurpreneur	计划成为创业者或开启创业活动的人
Gardenpreneur	靠销售自家花园作物赚钱的人
Grandmapreneur	"奶奶"创业者
Grantpreneur	依赖捐款启动和运营业务的创业者
Greenpreneur	致力于维护环境可持续发展和人类福祉的创业者
Guitarpreneur	用吉他创出一片天的创业者
Halopreneuers	暂时性或短时间内运用商业平台为善事集资的人
Hermitpreneur	因为不想与他人接触而喜欢在家上班的创业者
Heropreneur	退役军人创业者
Hip-Hop-preneur	用个人名气来创业的明星，如嘻哈歌手
Homepreneur	在家办公的创业者
Hotelpreneur	通过满足低预算游客的需求而进入酒店行业的创业者
Hoyapreneur	乔治城大学（Georgetown University）毕业的创业者
IndiaPreneur	对开发印度市场有兴趣的创业者
Infopreneur	靠销售信息谋生的创业者
Infrapreneur	将创新软件和已有硬件配对的创业者
Innerpreneur	自我主导职业生涯、健康、财务和职场转变的人
Interpreneur	把创造更高公司价值视为己任的创业者
Intrapreneur	大公司里的创业者
Jo' preneur	约旦创业者（关于约旦年轻创业者的纪录片）
Journopreneur	用创新技能让自己的自由职业生涯成功和可持续的新闻工作者
Kidpreneur	拥有超棒想法的创业青少年
Kingdom Driven Entrepreneur	在市场上证明上帝的权力、存在、热情和纯洁性的创业者
Laterpreneur	55岁左右的创业者
Localpreneur	在本地社区内有个小生意，通常围绕社区的价值观和伦理来运转，秉承"本地的就是最好的"原则的

	创业者
Manure Entrepreneur	在肥料行业开发市场、推广商品的创业者
Mediapreneur	教练、演讲家、专家、互联网/信息营销人,或者想在网上发展业务并成为主流作家的人。"媒体创业者"的网上平台包括网秀、播客、博客、视频博客等,他们靠平台赚钱
Megapreneuer	创业领域的名人或明星
Micropreneur	运营一个小规模或者雇员不超五人公司的创业者
Minipreneur	运营初创公司,但是并非完全投入其中的人,或者由顾客转化而成的创业者
Mobilepreneur	通过手机等移动智能设备营销产品的人,或者,无固定工作、住址灵活的创业者
Mompreneur, Momtrepreneur	积极平衡母亲和创业者两个角色的女性
Netpreneur	在互联网上开启事业的人
Nichepreneur	在小市场中做大生意的人
Nomadic Entrepreneur	大量出差来经营自己生意的人
Nontrepreneur	一个宣扬自己当了老板、经营了一家小公司,或者在创业的人,但其实这都只是他的幻想罢了。那些永远不会商业化自己的想法或冒险去全职创业的发明家
Obamapreneur	通过创作和销售与奥巴马(美国前总统)有关商品的创业者
Occupreneur	尽管不曾拥有自己的公司,但他们像是企业领袖或者创业者一样管理自己的事业,因为他的工作本质上就是经营一家公司
Olderpreneur	40 岁以上的创业者
Outpreneur	内部创业起家,并在外部成立公司的人
Oxypreneur	来自洛杉矶西方学院(Occidental College)的创业者
Parentpreneur	在家创业的父母,或者积极平衡父母和创业者角色的人

Passivepreneur	通过过去努力付出而当下无需继续投入就可获得丰厚收入的创业者
Pastorpreneur	牧师创业者,以商业手段运营教堂的人
Philanthropreneur	为慈善事业领域带来创业和创新方法的人
Pitchpreneur	四处寻找投资来开发某个产品的人
Polypreneur	来自香港理工大学的创业者
Poshpreneur	来自上层社会的创业者
Pregnantpreneur	创立自己事业的孕妈
Propertypreneur	用房产作为媒介,表现得像个创业者的人
Propreneur	寻找一个可行的方式来主导自己职业生涯的人
Prosperneur	致力于通过搭配健康生活方式和高营养(产品)的组合来改善人们生活的人
Protopreneur	站在创业之门门口的人,尽管有一份全职工作,但确信自己应该开启新生涯
Recesspreneur	通过创业给处于风险或不利境地的年轻人赋能、教授关键成功技巧的人
Retailpreneur	通过零售把小生意做大做强的人
Ruralpreneur	激发乡村潜力的创业者
Seniorpreneur	年长的创业者
Serial Entrepreneur	连续创业者
Shouldapreneur	永远在等"对的时间"的创业者,但往往发现对的时间可能永远都在昨天
Sidepreneur	有着一份全职工作但仍开辟了副业,并希望有朝一日能全身心投入其中的人
Sisterpreneur	与姐妹(们)合伙做生意的人
Skepticpreneur	一个有点愤世嫉俗且对商业风险非常敏感的商人,他绝对谨慎并寻求简单易得的成果,不接受任何不必要的风险。他的座右铭是"安全驾驶"
Socialpreneur	创立营利性组织的创业者,但相比于赚钱他更多地关注人类福祉

SoftwarePreneur	软件创业者
Solopreneur	完全独立地运营自己的公司、不需要他人任何协助的创业者。他们没有合作伙伴，但凡真的需要帮助，便会付费给专家做咨询
Studentpreneur	在接受全日制或非全日制教育期间开始创业的创业者，通常是受过高等教育的学生
Suitcase Entrepreneur	拖着行李箱满世界跑的创业者
Supermompreneur	在家庭和创业生涯间游刃有余的母亲
Systempreneur	能发现问题根源的专家，并能设立一系列长期和持久的解决方案
Taboo Entrepreneur	一个售卖润滑油或其他性产品的人，用以提高使用者的性生活体验
Teacherpreneur	一个卓有成绩的学校老师，试图模糊老师和教育领导者之间的界线
Technopreneur	科技领域的创业者
Teenpreneur	青少年创业者
Tweenpreneur	8—12 岁就有自己公司并盈利的儿童创业者
Twitterpreneur	大部分或全部收入都来自社交媒体推特的创业者
Uberpreneur	用优步车去扩展其他生意，或者，一个具有宏大的改变世界雄心的人
Underwear Entrepreneur	在内衣领域创新并销售此类产品的人
Vetrepreneur, Vetpreneur	创业的老兵
Wantrapreneur, Wannapreneur	一个把创建一家创新型和风险型公司挂在嘴边，但从未采取行动的人
Webpreneur	拥有和互联网相关业务的创业者
Wingpreneur	在总体的公司运营上占次要位置，但实质上是创始人的重要顾问，为初创公司提供了必不可少的支持——投资、知识和技术等
Zentrepreneur	同时创造一门生意和一种生活方式的创业者

除了常见的后缀外，你能否找出这些词的共同点呢？你不能，

* 通天塔，又称巴别塔，是《圣经·旧约·创世记》第 11 章故事中人们建造的塔。根据篇章记载，当时人类联合起来兴建希望能通往天堂的高塔；为了阻止人类的计划，上帝让人类说不同的语言，使人类相互之间不能沟通，计划因此失败，人类自此各散东西。此事件为世上出现不同语言和种族提供解释。

我也不能。

显然每个人都在自说自话。我想把这一节的标题命名为"通天塔"（The Mythical Tower of Babel）*，尽管这里不存在任何神话。这个"石榴"碎裂得更加混乱了。

创业概念的"巴尔干化"（碎片化）

巴尔干化 [4]：

动词

1. 将一个地区或组别分裂为更小的部分，且通常是互相敌对的部分。
2. 分隔，划分。

如果不存在关于创业者的统一标准，那么每个人都是创业者。请注意我使用的词语：并不是每个人都可以成为创业者；没有一套统一的标准——每个人都是创业者。但是就像地理意义上的巴尔干化一样，这种创业概念的碎片化创造了一个"利基国度"——他们说不同的语言，并且在一个日益连接起来的世界中以独立的方式工作——而且彼此之间经常产生矛盾。最终这样的定义变得浅薄且毫无意义。

可燃的、易燃的和不燃的。为什么有三个这样的词？你不认为两个词就够用了吗？

——乔治·卡林（George Carlin）

正如下一章所阐述的，创业有很多支撑系统：加速器、孵化器、大学和经济发展计划、讲习班、书籍、导师、顾问以及一些独一无二的资源，例如风险投资家和天使投资人。但是，如果你正在从事帮助创业者的工作，那么你如何知道谁可以从你的帮助中真正受益呢？

如果无法界定创业者，那么如何帮助他们呢？马克·扎克伯格和"妈妈型创业者"同属于一个加速器吗？如果创业者有 150 个不同的"身份"，是否需要 150 个"卫生间门"呢？

也许我们问错了问题。让我们尝试去问"谁不是创业者"——而不是问"谁是创业者"。

驾驭混乱

话谈到一半，他很生气——甚至眼中含着泪向我大声吼叫。他曾经是一家律师事务所的职业律师，最近在社区大学开设了指导学生创业的创业课程。他向我征求一些建议，但当他说出自己对于创业的定义时，谈话就变得混乱起来："我的父母一生都是伟大的创业者，我从他们那里学到了有关创业的一切。"他父母做了什么呢？他们拿到了麦当劳的特许经营权。

我的回复需要像拆核弹一样谨小慎微，小心翼翼地接近红蓝色的电线。我试图指出——尽管任何商业活动都可能充满风险并可以通过创新来改善，但没有多少公司比麦当劳的特许经营更具"公司性"了。他的父母遵循的是麦当劳经过充分测试的公式和步骤，几乎没有任何产生偏差或创新的余地。

我必须说，我的回答非常清晰且睿智，直到核弹终于被引爆。显然，是因为我抛出了终极的——在他看来简直是人身侮辱的论断：他的父母不是创业者，我还顺便提了一下，他也不是创业者。考虑到人们理解何为真正的创业者所需要的时间，我不应该对他的反应感到惊讶。

你不是真正的创业者

提到创业者的特征——有一套无可争议的标签：大师、专家、创新领域的禅宗大师和半神。毫不夸张地说，这些表述只恰当地描述了一个人：史蒂夫·布兰克（Steve Blank）。

任何关于当代创业的讨论都始于并终于史蒂夫·布兰克。他是硅谷连续创业者、首席执行官、投资人，也是斯坦福大学的教授和受人尊敬的作家。他的著作和技术催生了精益创业运动，同时也是全世界成千上万所大学、孵化器和加速器中创业课程的基础。他是经典著作《顿悟的四个步骤》和《创业者手册》（*The Startup Owner's Manual*）的作者，可以说他为现代创业编写了指南。

2010 年 6 月，史蒂夫以博客的形式发表了一篇文章，文章标题是："你不是真正的创业者"。[5] 它引起的争议和带给创业者在艰辛创业路上的反省一样多。在文章中，他阐明了许多经验丰富的创业者和投资者已经知道的道理，但其他人对此却很难接受：

> 并非每个成立公司的人都是创业者；并非每个创新者都是创业者。

在一个被叫作创业者是表达赞扬的时代，被撤销这一头衔绝对是一种侮辱。如果去告诉一家小公司的创始人、一个三人组成的咨询工作室或一个致力于将兴趣发展成事业的个人，他们没有资格佩戴"创业者"的精英标签，必然会引起他们的困惑或出于本能的反驳。

这是一粒不得不吞下的苦药。

为什么就创业概念达成一致这么困难？

造成所有困惑和争论的原因很简单：创业多年来一直在变化。它已经发生了转换、进化和变形。并且自20世纪中叶以来，这种转变加速了。

创业是属于它所处时代的产物。1917年的典型创业者与2017年的创业者不同。三十年前，创业者们建造了世界上第一台个人计算机，并围绕着它创立了新的商业形态。如今，一名工人每天可以组装出100台个人计算机，但他们完全不能算是创业者。相同的活动在不同的时代，贴着不同的标签。

昨天的创业者是今天的专家。

专家——将他们的职业生涯和生活致力于研究创业，与创业者合作推动创业"科学化"发展——在专注于定义这一点上取得了更大的成功。

让我们从《韦氏词典》开始——其中对于创业者的定义是：

> "一个组织或经营一家或多家企业的人，并为此承担了比正常情况下大很多的财务风险。"

这个定义相当模糊。与谁相比承担了更大的财务风险？比尔·盖茨生来就拥有财富和特权，他的财务风险非常低——但很少有人否认比尔·盖茨的企业家标签。仅以经营企业这一点作为创业标准，仍然太宽泛了。

在过去几年中，最受欢迎的定义之一来自哈佛商学院霍华德·史蒂文森教授（Howard Stevenson）：[6]

"创业是对机遇的不懈追求，且不会顾及当下手里到底有多少资源。"

尽管这个定义听起来确实更好，但该标准几乎适用于所有活动。

当定义太模糊时，我们永远无法独特地描述一位创业者到底在做什么——更不用说清楚谁是创业者了。

这导致创业定义的分裂和碎片化。为什么定义很重要？因为如果我们无法找出创业者，就无法去帮助他们，并且创业者也无法互相帮助或主动寻求合适的帮助。

还是让我们回到专家那里，这可能让气氛稍微轻松点。

"维基百科"对于创业者的定义更为具体：

"创业是创立一家企业或其他组织的过程。创业者开发出一套商业模式，获取人力和其他所需资源，并对其成败负全部责任。"

目前为止，我们可以打磨出一张定义创业者特征和相关活动的"候选清单"。它们具备以下要素：

- 创建新公司或运营企业（初创企业、新公司）。
- 失败风险，特别是财务上的风险。
- 模糊性和不确定性——伴随在追寻成功的路上（没有固定的公式，没有确定的结果）。
- 包含创新的某些方面——一种全新的技术或有创意/新颖的方法。
- 对企业有强烈的主导感以及对产出结果有极高的责任感（所属权）。

但这些特征还是不全面的，以此划分我们仍然能找出足足150个不同类型的创业者。难道注定只能用"仁者见仁"的方式来定义创业了吗？

盲人摸象

> 有六个印度人
> 出于对知识的渴望
> 他们结伴去看大象（尽管他们都是瞎子）
> 每个人通过自己"观察"
> 可能会满足他们对于大象的想象
> ——摘自约翰·戈弗雷·萨克斯（John Godfrey Saxe）的诗歌（1816-1887）

想必你之前已经听说过盲人和大象的故事（图 3.2）。

六个盲人，都不曾见过大象或听过大象的嘶叫。每个人都通过用手触摸来进行观察，他们想借此来了解"什么是大象"：

图 3.2

- 第一个盲人首先触碰到了大象的身体，于是说道："大象就好像是一堵墙。"
- 第二个盲人摸到了尖锐的象牙，大叫："大象像一根长矛！"
- 第三个盲人伸出手抓住了扭动的象鼻，说道："大象像一条蛇。"
- 第四个人盲人双臂抱住象腿，于是说："大象像一棵树。"

- 第五个盲人碰巧碰到了一只象耳,大喊:"一头大象就像一个大风扇。"
- 最后,第六个盲人抓住了大象的尾巴,得出结论:"大象就像一根绳子。"

创业概念的"大象"

任何接触过创业概念的人都会得出自己的结论。就像那六个盲人一样,他们边走边思考:

- 创业是经营属于自己的一家企业;做自己的老板。
- 创业是始终跟随内心热情,追求自己的梦想。
- 创业是建立下一个尖端的颠覆性品类,比如:苹果、优步、特斯拉。
- 创业是创新、发明一些东西。
- 创业是通过商业来"改变世界"。
- 创业是"挑战现有体系",即使身处大公司。

这些解释中的任何一个似乎都不够好。发明某些东西或遵循自己的梦想,会使你成为发明家或梦想家,而不一定是创业者。

风险投资家、作家兼创业思想领袖布拉德·费尔德(Brad Feld)提供了一个更加全面的定义:[7]

"……创业者是创建这其中的任何一家公司(本地企业、高增长企业、初创企业、规模型企业、瞪羚企业、独角兽企业)的人。另外,创业就是创建并运营其企业的行为。

注意"另外"后面的这半句——你需要同时成为企业的缔造者和经营者才能被称为创业者,而不仅仅是经营者。"

毫无疑问,费尔德的定义几乎就要击中靶心了。他比其他任何人对创业者工作内容的解释都更具体。并且,他开始对不同类型的创业进行分类——结合关键行为及其所属范畴。

想一想这个范例:几个世纪以前,对"科学家"一词只有一个广义的定义。如今,有数十种科学家——物理学家、生物学家、天文学家——取决于各自的主要技能、行为活动和追求的成果。对创业的不同"风格"进行分类是定义现代创业的重要组成部分——不是通过小领域或某种"思维方式",而是通过其关键活动和预期成果。

一头更好的"大象"

"盲人版"对创业的认知几乎是正确的(图3.3)。

创业包含了以下几个至关重要的组成部分:

- 公司**创意**
- 公司**运行**
- **风险**
- **模糊性**(没有一条既定的路线)
- **新颖性**(**创新**)
- **自主权**

适用于以下类别中的一个:

图3.3

- 生活方式型企业
- 小微企业
- 高增长型企业

- 研发型企业
- 社会行动主义

当所有上述组成部分都以某种形式存在时，我们才能称这个行为是创业活动。例如：没有一定程度的自治权，说明你是在为别人工作；没有模糊性（在结果达成层面上），那么任何人都可以遵循既定路线来保证成果。

虽然这些组成部分（特征、行为）对所有创业来说是共有的，但类别上却有巨大差异，且分类方式并不取决于企业规模和主体。

每个类别都有自己独特的一套——

- 可能的**结果**
- 关键**活动**
- 需要的关键**资源**
- 可获得的外部**支持**

正如我们将要看到的，在这四个关键点上保持清晰和一致是至关重要的。这将决定一家企业走向成功还是冗长的失败。

协同失败

考虑这个问题：你想成为宇航员吗？你想去月球还是火星，或者国际空间站？你想乘坐一枚火箭冲向土星还是打算搭乘航天飞机？抑或是等待"太空电梯"成为现实？

而在哪个时刻你才会成为真正的宇航员呢？是第一次穿上太空服还是完成训练的那一刻？还是得成功绕地球飞行一周？50年后的今天，当太空游客都可以做到这些事情时——那他们算得上是宇航员吗？

通常来说，所有宇航员都必须保持良好的体型和身体状况，需要了解天文学、物理学和空气动力学，具有冒险精神，并能在压力和与外界隔绝的情况下良好地完成工作。但是，在踏上发射台之前，太空游客只需要对目的地有清晰的了解。另外，成为航天飞机上的乘客所需的技能与驾驶月球舱所需的技能截然不同，这不只是两个区域使用的燃料不同，支持系统和工作团队也不同。

对于创业者来说，成果（预期的目的地）将决定需要的资源（燃料）的种类。预期的成果决定了成为哪种类型的创业者（采取的行动）以及有哪些合适的支持系统（图3.4）。

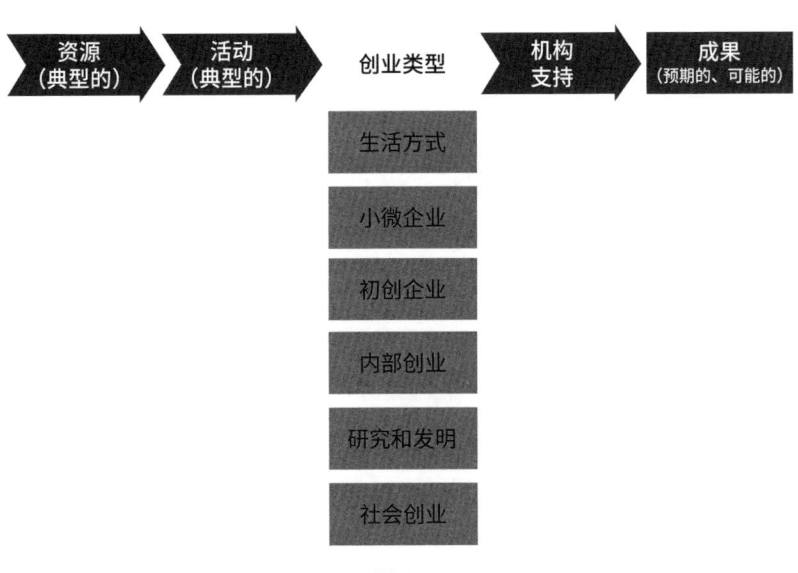

图3.4

每种类型的创业都由一套独特的资源、活动和预期的成果组成。一旦将这些所属不同类别的元素混淆起来,那么创业者面临的就只能是一败涂地了。

资源（典型的）	活动（典型的）	创业类型	机构支持	成果（预期的、可能的）
储蓄、销售额	创造性/工艺/艺术产品和服务	生活方式	贸易集团、同龄群体	私人收入、边际收益、创造力认同
银行贷款、储蓄、私人信贷	商业运营、服务于一个特定市场（空隙市场,针对本土）	小微企业	孵化器、小企业管理局、当地政府	给雇员的报酬
天使投资、风险投资	产品研发、商业模式的测试和发展	初创企业	加速器、孵化器、大学	规模化（市场主导型）给创建者和投资人的回报
部门预算、公司内部资源/运营费用	和一家大型公司合作	内部创业	内部创新计划	职业晋升、加薪/分红/分立公司
科研补助金、机构资助	专利、商业化	研究和发明	大学、技术转化办公室	授权收入、版税、无新的实体经营
政府补助金、影响力投资人、慈善机构	慈善活动/利他的外联服务（寻找捐赠者和接受者）	社会创业	慈善机构、非政府组织、企业、专门的加速器	对于特定群体社会福利和生活条件的改善

图 3.5

图 3.5 概括地说明了是什么让每一个创业类型都独一无二。成功的创业组织不一定是按照相同顺序发展起来的。许多创业者起家于他们在某个领域的非凡才能,并且这也决定了他们的创业风格,然而还有一些创业者则可能从身边已有的资源或支持系统出发,开辟了创业之路,这也决定了其取得何种成果。

例如,如果某个人想"自己当老板",经营自己的企业并产生收入,他很可能是想成为"小微企业创业者"。此类企业需要的典型资源是银行贷款、个人储蓄和信贷,以及美国联邦小企业管理局（SBA: Small Business Administration）和地方政府机构提供的大量支持。如果成功获得这些资源,他就可以着手经营一家企业并雇用少量的员工（图 3.6）。

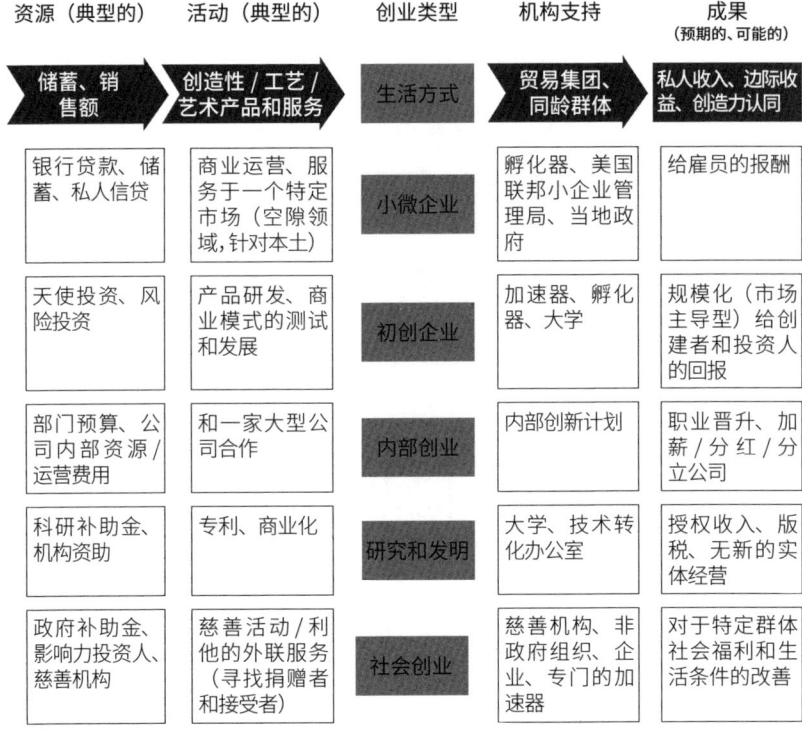

图 3.6

从资源、活动、支持到预期结果的直线（图 3.7）。

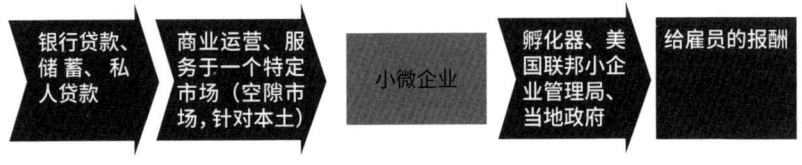

图 3.7

如果这些必要的组成部分没有协同，就会产生混乱、失望和失败。

小微企业的创业者若是花费大量时间寻求风险投资或申请进入加速器就会不可避免地走上一条永远无法到达理想目的地的轨道（图 3.8）。如同航行中的宇航员，错过目的地并不意味着必然降落在另一个星球，而通常意味将永远逐流于浩瀚太空，直到氧气和食物耗尽，生命随之消失。许多协同失败的创业者也正遭受着类似的命运。

| 银行贷款、储蓄、私人贷款 | 商业运营、服务于一个特定市场（空隙市场，针对本土） |  小微企业 | 孵化器、美国联邦小企业管理局、当地政府 |  给雇员的报酬 |

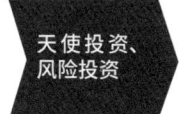 天使投资、风险投资

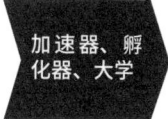 加速器、孵化器、大学

图 3.8

为什么这一点很重要？

至此，定义"什么是创业"和"谁是创业者"的重要性更加显而易见了。创业者经常发现自己走错了路——还在期待不切实际的结果，执行一些徒劳的活动以及追求错误的资源。

因此，那些控制资源或提供支持系统的人便无法帮助这些自称为"创业者"的人。诸如机构、政府组织、大学、顾问和导师等支持系统需要加持到正确的创业者身上。

绘制图表可以使定义变得清晰，但仍有一个问题：不知不觉，形式已经发生了变化。所有这些活动、成果和支持系统都是设计于20世纪的，这对今天的创业来说意味着什么呢？

风靡一时

最后一战

"早上好,欢迎来到土木工程系 101 教室,请拿出你的计算尺,让我们开始吧。另外,别忘了多买一些打孔卡,早点出发,好在学校计算机前占据一席之地,这样才有机会安装上你的 Fortran 程序。"

如果这个场景发生在 20 世纪 70 年代初,我们可能正无意中听到了来自麻省理工学院工程专业最棒的消息。但是今天,我们只有在黑白纪录片中才能听到一位教授说出这段话了。如今,即使是最懵懂无知的大学新生,也会立即意识到那些工程工具和技术是多么的落后。学习它们就是浪费宝贵时间,这在将来工作中毫无用处……

计算尺和打孔卡这些工具的过时对我们来说是很容易理解的。但是对于一个全新课题,我们除了信任专家外别无选择。既然是第一次学习这些技术,你无法明辨对错。如果专家教授的理念在你毕业时已经过时,那么带着失灵的技能投入社会职场无疑是一个高风险行为。

接下来,让我们考虑一个更具动态性的领域,比如计算机科学。如果课程框架是基于 5 年或 10 年前开发的概念和所谓的"最佳范例"设计的,那么问题就显而易见了。大学生将会学习一些过时的技术——这注定了他们在工作中的碌碌无为和无关紧要。

大多数专业知识和教学都是基于"站在巨人的肩膀上"这一理念发展的。在过去的 25 年中,涌现了许多非常成功的创业公司,专家们有如此多的案例可以进行研究并挖掘它们身上的共同点。很自然地,专家们也希望将这些经验应用到教学中去,用来鼓励更多的创业者获得同样的成功。毕竟,谁能去反驳逻辑呢?

要了解这种逻辑是如何失效的,尤其是对于创业这件事,那就让我们先来回顾一些历史吧!

法国的"长城"？

500年来，发生了多起大型军队参与的现代战争：一排排步兵前赴后继地奔向敌军——每支军队都配备了步枪、大炮和长剑。射击、刺杀、砍割、屠宰、前进、后退和重新装弹。军队领导者很快就明确了建造防御工事的优势——既可以保护自己的部队，又能阻止敌人的前进。

在第一次世界大战期间，没几个国家像法国那般受苦受难。法国与德国接壤，很快被后者入侵。一战的主战场就位于法国本土，即西部战线。单从人数方面来看，法国的伤亡人数比其他任何国家都要多。

西部战线论证了防御工事的有效性——漫长的、精心设计的战壕。战壕战是一战期间的关键性策略——它非常有效，但也过于有效了，以致两军陷入了长达四年之久的血腥僵持之中。德国军队确实一直无法前进，但是战壕战造成的僵持导致了数百万人的死亡。[1]

一战后，法国军事战略家们决心永不再遭受入侵。他们把整条西部边境线都开辟成了战壕，如果德国再次尝试入侵，他们面对的将是绝无仅有的宏大的防御工事。他们给它起了个名字：马奇诺防线（Maginot Line）。

马奇诺防线北起卢森堡，横跨整个德国边境，南至瑞士，在欧洲相当于中国的长城。

马奇诺防线不仅是"路障"，还包括将近1 000英里的加固墙、战壕、瞭望塔、障碍物、武器装置和地下铁路（图4.1、图4.2）。它由步兵、工程师和炮队把守，而这些人都生活在装有空调的营地里。这个耗时10年建造的工程有500座单独的建筑物和一个通信系统组成。[2] 德军应该永远无法越过这堵墙，也不会再有来自西侧的入侵，更不会再产生新的西部战线了吧。

图 4.1 [3]　　　　　　　　图 4.2 [4]

那么第二次世界大战期间，马奇诺防线在保护法国免受纳粹入侵时表现如何呢？简直"完美"：纳粹军队几乎没碰触到它——仅在完工后的短短几个月内，纳粹军队就绕过了马奇诺防线。投入了100万名士兵和1 500辆坦克，纳粹军队穿越了比利时，从北部成功入侵法国并在一个多月内就攻陷了巴黎。

今天，马奇诺防线是一个警世故事——委婉说法是"一个激发了盲目安全感的防御性战略"[5]，但这不仅仅是一个悲剧性的愚蠢错误。军事专家对一战进行了详细的研究和分析，但是与先前的战争不同，新的德国陆军驾驶着汽车、坦克和飞机得以飞速前进——这不再是一个渐进式的变化。纳粹的行动是如此之快，以至于他们根本不需要停下来挖战壕。那时，想打胜仗不再意味着拥有坚固的战壕，而是行动要足够快速和敏捷。

马奇诺防线生动地说明了当我们利用先前的教训来应对当今的挑战时会发生什么。二战后不久，学者和历史学家都开始使用这句格言：[6]

> 将军们总是打最后一场仗，经济学家则与最后一次衰退作斗争。

将军、经济学家和其他专家一样致力于研究胜利、失败和其他标志性事件——这样他们就可以从中学习和吸取教训。但是，经验、智慧和学术的"严谨性"带来的失败往往和成功一样多。

让我们明确一点——产生这种效果不是因为缺乏远见、思维僵硬或无能，而是在于：

> 有些领域经历了如此多的根本性变化,以至于在我们意识到之前,过去的经验都已经不再适用了。

专家常被以下三个方面出其不意地打击:

1. 有许多微小且互不相干的变化——它们每个看上去都十分琐碎并且毫无关联。似乎没有任何单一变化会对全局产生重大影响。

2. 专家们太过忙碌以至于只顾得上研究"最后一战"的教训。

3. 所有具有破坏性和累积性的小改变产生的影响都是看不见的——直到下一场"战争的爆发"。

微妙、琐碎、不易察觉——但是这些变化带来的影响是如此显著,以至于我们要将它们按"时代"和"时长"分门别类。地质学和考古学中充斥着许多这样的例子,毫不起眼的小变化日积月累成为质变,导致先前的寄居者无法适应这个结局而走向毁灭。恐龙曾统治地球,但因无法适应环境的变化而退出历史舞台。工商业界也存在着自己的"恐龙"——它们最终退化为教科书中的"警示性故事"。

近代史中,我们用最杰出的"破坏性"或标志性活动来定义每个时代:地理大发现时代、工业革命时代、第二次工业革命时代、信息时代和网络时代。回头来看,我们习惯于将新技术、新商业战略、具有重大意义的政策或法规变革视为新时代来临的动因。

然而,通常是微小变化的累积导致了整体形势的改变,一旦形势不同了,就意味着一个新的时代来临,人们也会相应做出调整,行为举止和日常活动以及对事物的预期都会改变,总体来说:门槛提高了。成功的规则已今非昔比——这是一个可预见的循环。

互联网时代随着万维网的出现而到来,它渗透到我们生活的各个领域。但是,仅仅用蒂姆·伯纳斯·李(Tim Berners-Lee)发明的万维网或者20世纪90年代初马克·安德森(Marc Andreessen)发明的第一个流行的网络浏览器作为定义互联网时代的关键性变革就过于简单了。还需要许多其他微小的发明来为这个时代奠基：

在不可思议的互联网开始繁荣之前，这个领域都是由各个政府部门开发的。调制解调器、商业电信和电缆分布系统都亟待被进一步开发和改进。而当这一切终于都融合在一起时——突然之间一切都不同了。人类，也因此不同了。门槛又一次被大大提高，成功的规则随之改变，而且每个新时代到来的速度越来越快。

对于创业者来说，这个循环看起来应该是这样的：

阶段 1

- 出现了一系列有趣的全新创意，或者开创性的监管或政策变革。其中大多数最初都是微小且渐进的，没有什么实质的影响力。
- 人们开始以新的方式行事——这些行为在以前看来通常毫无逻辑（例如：无处不在的移动电话催生了位置签到这一功能）。
- 这些新兴的行为创造了新的期待、机会，当然也包括新的问题。
- 在这一阶段，创业者开始浮出水面。

阶段 2

- 大量的应用程序激增以鼓励大众养成新的行为习惯。
- 新工具和新的解决方案应运而生。
- 不再仅仅是一个备选，"新方式"开始成为默认选项，并成为主流。

我们完完全全地身处于这个繁荣的新时代，而创业者快马加鞭地推动着时代的进步，并立志成为各自领域的佼佼者。

阶段 3

- 这个阶段已经有了足够多成功的"新方式"案例，累积了足量的数据和信息让我们理解何为最佳范式。
- 这些最佳范式的数据会被捕获、分类、编码，并转换为通用的方法和程序。
- "新方式"的危害和弊端也变得愈发明显——它受到监管、

限制、补贴以及标准化管理。

- 然后咨询顾问来了，他们创建专门的工作室，并撰写书籍。这些"新方式"的研究结果将会在大学和其他机构中被教授给更多的人。
- 最后，足足一代的创业者以小心翼翼的、跟随权威的方式学习这些"最佳范式"。

这个循环周期的最后阶段是合乎逻辑的：从成功案例中学习并汲取养分，以推动自身的成功。但这个逻辑有一个明显的例外：当我们进入这个时代的第三阶段时，显然也意味着开始进入下一个新时代的第一阶段。当最佳范例被人们研究、分析和教授时，这个世界其实已经进入了新时代的创新循环里。

于是，刚刚起步的创业者所学的都是上一个时代的工具和方法。也就是说，创业者精神的将领们教授给士兵的都是上一场战争的经验。

贸易武器

人们很容易将其归档在"这一定不会发生在我身上"的类别下，毕竟，我们都认为自己是聪明人。没人会带着一把刀去参加一场枪战，也很少有人认为自己会掉进过度准备的陷阱，只有因准备不足而导致悲剧的可能。但反证这一点很简单，问问法国人就知道了。

创业者，尽管因其立志走在时代最前沿的决心而被冠以此名号，但也经常沦为"上一场战争综合征"的牺牲品。

这种现象是如何产生的呢？一切都归因为工具。创业者使用各种工具——不仅是生产商品所用的工具，还包括商业策略、营销技巧、商业模式、增长策略和其他助其超越对手并赢得客户的方法。创业者通过观察他人，通过彼此共享以及从大学、加速器和其他机构提供的各种教育资源中习得如何使用这些工具。

然而，弄明白你使用的是不是错的或者漏洞百出的工具困难吗？不，这太容易了。我们很容易发现有漏洞的工具——你要做的就是把它一脚踢开。相比之下，当使用一个逐渐变得没什么效果的工具时，事情反而变得困难得多了——这感觉就像用一把越来越钝的刀切菜一样。

创业者身边围绕着各种过时的指导和建议。环境变化越快，这些工具就会变得越迟钝——直到它们失效甚至适得其反。然而，对于创业者来说——其使用的工具被越多的人用过，效果就会越差。最终，它将失去所有优势并成为一种负担。

但是想法是很难消亡的，并且许多想法根本不会消失，这才是问题所在。落后的想法、方法和技术经常在采用它们的机构中舒舒服服地活着——有些甚至永不消亡。

正如我们将在本章中看到的，某些机构和组织可以从培训下一代创业者这个项目中获益匪浅。从逻辑上讲，机构需要依靠被验证的技术、方法和最佳范例来开展业务，但当这些工具变得越来越无效时，机构也就无法跟上时代了。

罗杰·冯·奥希（Roger Von Oech）博士在他的经典创新著作中讲述了搬运工作家埃里克·霍弗（Eric Hoffer）如何来描述另一种机构——工会：[7]

"20世纪30年代，工会就像一个21岁的女人。她年轻漂亮，有着曼妙的身姿和活泼灿烂的性格，吸引了大量的人加入工会运动。问题是，这个21岁的性感女郎现在已经60多岁了，体重超重了40多磅，急需做面部除皱手术，而且性情也糟糕透了。"

"困难在于，"他补充说道，"她仍然认为自己还是21岁。"

创业者就是被这样的机构包围着：经济发展组织、大学、孵化器、加速器、顾问和导师。像我们的"工会女士"一样，这些机构曾经是美丽、迷人且有效的，但它们传授的技术和工具越来越过时且乏味。

这些组织的领导人就像我们的将军，很聪明并下定决心要赢得下一场战争——但是形势变化得太快了。参与这些机构的创业者，就和那些曾被训练去捍卫马奇诺阵线的士兵一样。不到最后一刻，你怎么知道你正在拼杀于人生的最后一役呢？

创业的"货箱崇拜"

二战期间，美国和欧洲军队使用南太平洋上的偏远岛屿作为安全中转站。那里可以储备粮食和补给，用以提供给太平洋战场上的士兵和战舰。某些岛屿上居住着原始部落，他们生活在竹棚小屋里，以用长矛捕鱼为生，他们信奉超自然的神灵，这一切在西方人看来极其落后。当地居民的形象可以在电影《叛舰喋血记》（Mutiny on the Bounty）或《现代启示录》（Apocalypse Now）中窥得一二。

来自不同文明的双方都对彼此充满着好奇，互相观望。士兵们会给土著居民一些礼物：货机飞过时降落伞带下来的物资，包括食物、搭帐篷的材料和娱乐部落主的一些西方玩意儿。对于当地人来说，那些箱子从天而降，简直就是个奇迹。

后来战争结束了。这些南太平洋的岛屿突然间就被遗弃了——它们不再具有军事意义——士兵们拆除了那几年用来方便飞机投放物资的设施。

但是当地人仍然渴望着天空中降落的宝藏。为了再次得到物资，岛民们又修建起了类似指挥塔的建筑。他们用木头雕刻了头戴式耳机，甚至造出了几架木制大型飞机模型（图 4.3）。每天早晨，他们站在开辟好的开阔的跑道上，还有些人站到了跑道的正中央，伸出双臂，手掌时左时右地摆动着——就像曾经的士兵指挥一架准备徐徐降落的飞机停稳那样。他们坚信，如果他们重现所见并模仿曾目睹的那些动作，就能盼来那份神奇的馈赠：来自天空的货箱。

图 4.3 [8]

诺贝尔物理学奖获得者、作家理查德·费曼（Richard Feynman）有着传奇般的天赋和纯真的好奇心，富有洞察力且坦率真诚，他总结了这种效应：

> 他们所做的一切都是完全正确的。形式是完美的，看起来和曾经的实际情况基本一模一样，但这却行不通……他们遵循所有表面的准则和形式，却遗漏了最本质的东西，所以那架飞机永远不会出现。[9]

货箱崇拜：它们是最吸引人的文化现象之一——当下的事物吸引着过去，而过去则试图影响未来。已知至少有186个的"货箱崇拜"事例的存在[10]，这生动地说明了常见的因果谬误：当我们搞错了状况，贪求结果，却不真正了解原因。或许，更糟的是，我们可能一遍又一遍地重复这些动作，像做仪式一样，期望终有一日能得到想要的结果。

盲目崇拜

可悲的是，创业者领域也有很多类似的"货箱崇拜"行为。在旨在促进创业并协助创业者成功的机构、团体和组织中，"货箱崇拜"逐渐兴起：从加速器和孵化器、大学课程、企业创新计划到政府的经济发展以及许多其他计划，都在遭受这种"货箱崇拜综合征"的困扰。它们正在努力吸引和培育创业公司成长，以便从后者的产出中获得经济回报。

这样的迷信行为并非全无可取之处：当它起作用时，效果出奇得好，创造的财富也是真金白银。于是，人们觉得一个伟大的成功故事可以抵消其引发的数百个失败事实——当然，除非失败的人是你。然而，对于成功的渴望滋生了"货箱崇拜"般的邪教热情。

用"邪教"一词看似是一种煽动性的宣传，其实，并不尽然。以下是一些词典摘录，让我们来看看用"邪教"到底是否合适：

- 对某人、某个思想、物件、运动或工作极度的热爱。

- 有些会让成员实践某些仪式或遵循某一套既定规则。该组织通常认为，其宣扬的生活方式才是唯一正确的生活方式，那些不听劝并拒绝加入组织的非成员注定会遭受可怕的命运。
- 对某人或某事的不合时宜或过分地崇拜。

我们会发现，在描述创业的词汇中，"邪教"是一个相当恰当的隐喻。

本质上讲，创业的人都是独立的思考者，因此他们一定不会受"邪教"的影响——或者会敏锐地意识到事情不对劲。但是，又有哪个邪教成员会觉得自己是在信邪教呢？难道鱼知道自己是在水中游泳吗？

创业者也会有这样的倾向，经常过度投入一些"邪教"般的仪式和行为中。你只需向一些技术创业者询问他们偏爱的编程语言或商业模式，然后就可以看到其"邪教"般的忠诚。

创业是一种孤独而令人沮丧的生活方式。除此之外，它还具有与生俱来的风险性和模糊性，因此，这个领域充斥着"货箱崇拜"行为就不足为奇了。当然，作为创业者，你首先应该避免加入"邪教"。但是当遇到时，你能识别出它吗？

硅谷崇拜

> 十亿美元并不是很酷，你知道什么最酷吗？1万亿美元。
>
> ——来自社交网络，并根据通货膨胀进行了调整[11]

苹果、谷歌、脸书、雅虎、英特尔、思科、惠普、甲骨文的市值均达数千亿美元，有的甚至高达数万亿美元。仅苹果公司的估值就超过了2万亿美元。[12] 这些公司大都坐落在美国硅谷。

硅谷还是其他数以千计高科技企业的发源地，它们为其雇员和地区经济带来了巨大的财富。事实上，世界上没有名叫"硅谷"的城市或乡镇，因此，从字面上看，它是一个虚构的地方——就像乌托邦、亚特兰蒂斯和廷瑟尔敦等神话圣地，而反观"硅谷"实在是一种谦虚的说法。"硅谷"这个词给人的印象是：一群年轻创业者在车库或宿舍里将自己的技术反复融化了再敲打，没过多久，在喝掉了几桶咖啡后，这些孩子就将他们的才华铸造成了价值数十亿，甚至数千亿美元的商业帝国。一个让从门卫到秘书，再到数百位其他参与者都财富倍增的帝国，而一切都源于不断打造一个原始创意。

成功进一步孕育了成功，被称为"硅谷"的地区不断吸引着最聪明、最负有抱负的创业者、工程师和其他人才。更多的公司、更多的就业机会和财富吸引了更多的创业人才入驻该地区，并试图成为"成功风暴"中的一部分。

该方程式不只是一厢情愿的想法。一项由尤因·马里昂·考夫曼基金会（Ewing Marion Kauffman Foundation）基于近30年数据的研究得出：

> 当提及美国的就业增长时，初创公司并不是全部——它们是唯一。实际上，净就业增长仅发生在美国经济中的初创公司……现有公司都是"净就业破坏者"，每年净流失一百万个工作岗位。相比之下，初创企业第一年就能平均增加三百万个工作岗位。[13]

经济增长源于新的就业机会。显然，能使一个地区看到就业率增长的最好的方法（假如不是唯一的方法）就是成立新公司：初创企业。不是那些为创始人自己和一两个家庭成员创造岗位的初创企业，而是那些"规模式"的、能快速创造成百上千个工作岗位的初创企业，扩张速度甚至快过了为这些新员工购买书桌和椅子的速度。

世界上每个地区都希望有这种速度的就业率增长。就业率上升意味着经济繁荣和生活质量的提升。如果你负责促进偏远村庄的繁荣，那么你如何使财富从天而降呢？

生态系统

如果你希望通过创业带来经济增长，那么可以通过以下三种方法中的一种来实现：

1. 建立多个创业公司——像播种一样，一个又一个的——希望总有一些嫩芽长成参天大树。
2. 通过激励手段吸引公司搬到该地区。
3. 打造有利于本地创业者创建新公司的外部环境。

大多数人都在为最后一种方法而努力——试图建立一个像硅谷一样的生态系统。

哈佛大学法学院伯克曼中心（Harvard Law School Berkman Center）研究员詹姆斯·摩尔（James F. Moore）是该领域的先驱，他将商业生态系统定义为：

一个建立在组织和个人间频繁互动基础上的经济共同体，即商业世界的有机体。这个共同体为顾客提供有价值的产品和服务，顾客们同时也是这个生态系统中的成员。成员组织还包括供应商、主要生产商、竞争对手和其他利益相关者。随着时间的推移，各成员组织在相互作用中实现能力和角色的共同进化，并倾向于朝着一个或几个中心企业靠拢。这些公司间谁占据主导地位可能因时而异，但领军者的作用始终被整个生态系统所珍视，因为正是它促使各成员都朝着共同愿景不断迈进，持续优化、协同各自的投资以及相互支持的角色。[14]

创业生态系统是一个支持初创公司的经济共同体。那么谁是推动建立区域创业生态系统的主体呢？主要有以下三类组织：

- 机构：政府组织和大学
- 私人：加速器、孵化器和创新工厂
- 有机体：个人、社区和集体

只有政府组织才是真正意义上承担刺激经济增长任务的一方。这可能有一些争议，但经济增长是政府组织的首要目标，它们通过经济发展计划来实现目标。

经济发展的"货箱崇拜"

对于政府官员，特别是当权者来说，逻辑很简单：经济繁荣能使选民满意，而就业增长能带来经济繁荣，新工作又来自创业型初创公司。

他们已经在硅谷的生态系统中看到了这一点，因此，各地的经济开发者自然会尝试再造那些明显的优势特征：重点研究型大学的创新成果、风险投资、大量人才以及一个可以使整个生态系统酝酿和发酵的社区，直到见证新公司准备好成为下一个微软、苹果或谷歌。

它真的有用吗？

在担任经济发展专家25年之后，戴维·霍克曼（David Hochman）[15]开始谨慎行事。作为一名终身经济发展专家以及纽约州经济发展委员会前理事会成员，他为全国各地的经济发展项目提供咨询和建议，但是他也承认其中大多数项目都是失败的。他观察到，在很多时候，不是说区域经济发展组织不能为创业者的成长做出足够多的支持，而是，他们可能做得有点过头了。

经济发展机构能使用的工具无非就是这几样：

- 税收：税收减免、免税优惠和其他类似的激励措施。
- 房产物业：特别规划的建筑、办公空间以及创新工厂和孵化器。

- 资助计划：赠款和创业大赛；资助技术转让（有时候是对技术领域的投资）。
- 营销：为该地区摇旗呐喊，打响地区品牌，旨在吸引新公司搬入其中。

这些举措伴随着剪彩、演说和寒暄，都积极高调、引人注目。但是，对于那些建立有前景的公司、创造就业机会的创业者来说——带来的影响不痛不痒。

对于一家还没什么收入的潜在高增长（初创）创业公司而言，减税是没有任何意义的。当这个小型团队正在努力证明自己的市场潜力并吸引投资时，获得一间办公室往往不在他们优先事项清单上。

补贴和直接拨款听起来都很有吸引力，但是政府机构严重误解了创业者在拥有风险投资和天使投资人的市场中是如何茁壮成长的。从政府获得拨款和其他补贴花费的时间一点不比从投资机构和天使资本那里拿到融资来得少。对于其他类型的创业公司，即小型企业和生活方式企业而言，赠款和补贴可能是比较受欢迎的资金形式，但是这类公司不太会创造大量的新工作岗位。

吸引公司迁入是一把双刃剑——诱使一家公司转移阵地始终是某个经济发展机构的营销手段。一家拥有 200 名员工的公司可能会搬迁到该地区（因为重大的税收减免许诺和一幢华丽的办公楼）——但这样的交易并不会在该地区创造大量的新工作，人们只是为了好处从一个地区转移到另一个地区。

美国排名前五的创业生态系统为：[16]

- 硅谷
- 纽约
- 洛杉矶
- 波士顿
- 芝加哥

上述没有哪个生态系统是通过扶持初创公司的官方经济发展计

划而获得成功的。在硅谷之后，其他四个区域之所以能够蓬勃发展，是因为它们都具有三个共同的内在属性：人口密集、一流大学扎堆、重要的金融中心。

政府部门永远不会停止尝试使用前面提到的政策工具来吸引更多的创业者"从天而降"。最近的尝试之一是名为"创业纽约"的计划——产生的结果也和之前的大同小异。《福布斯》杂志总结的成果如下：[17]

> 州政府最近披露，风风火火的激励计划在运营的头两年花费了5 300万美元。据说该计划吸引了159家公司，创造了408个工作岗位，每份工作的年薪近13万美元。这能算作成功吗？
>
> 而这5 300万美元只是州政府为"创业纽约"计划的推广和宣传所花费的部分花费，还不包括税收优惠产生的开销。[……] 税收优惠范围包括企业的全部经营收入、销售收入、物业税以及大多数雇员的个人所得税。[……] 基本上，州政府就是向这些公司提供资金以支持它们本来就会去做的事（无论是否有资助），并且将会在接下来的十年继续为其提供资金。"

在区域经济发展机构试图将高成长的创业公司吸引到其地区的过程中，实际上很难量化其失败的程度，霍克曼认为首要的原因就是，虽然这些举措伴随着海量资金和较高的期望，但这些期望和目的通常是开放式的、模糊的。

但正如霍克曼所承认的，其中的因果关系并非如此简单、直接，且测量手段也可能非常复杂。被创造出来的工作岗位带来的经济影响并不均衡，薪酬水平也不总是能决定影响的大小。例如，一个单纯的咨询公司能为其所有者带来丰厚的收入，但可能永远不会产生新的工作岗位；而有些创业者在最初的2～3年内可能无法盈利，但他们创建的公司却雇佣了2 000名员工。

眼镜蛇效应

如果你是一名创业者,那么从政府那里获得"无附加条件"的资金支持简直太有吸引力了。只要你的初创企业能获得运转现金,谁会在乎政府为经济发展作出的努力是否有回报呢?但讽刺的是,与我们的直觉恰恰相反,财政激励措施实际上可能会伤害初创企业。一味追求捐款、参加多个创业比赛和其他筹资项目可能会延迟企业的成功,因为这些程序总是龟速进行,有时甚至需要数年才能完成——这导致初创公司跟着政府的工作效率运转,其代价就是牺牲了其他机遇。更糟糕的是,他们最后发现融资机会可能只是镜花水月。

最近一项针对 14 个州 4 200 多个经济发展激励政策的研究发现,大公司才是最大受益者。几年来,总额超过 32 亿美元的各种激励计划虽然表面上对大小公司一视同仁,但其中 90% 的资金都到了大企业的口袋里,这表明政府或机构对小企业存在着严重的偏见。[10]

> **当试图解决问题的方法实际上使问题变得更糟时,就会产生眼镜蛇效应。**[18]

大多数经济发展机构似乎都过度依赖其工具箱中"搬迁"这一项工具。这其实一点也不奇怪,因为运行该项目可以获得相对来说立竿见影的成果,而且"运营公式"也更加清晰明了:努力给自己的区域做宣传和推广,传达为潜在客户提供一切激励措施的意愿,若成功说服他们入驻,那么就能宣布一夜之间为本地增加了 200 或 10 000 个工作岗位。

然而这种经济发展方式疏远了该地区现存的初创企业(其所有者大概率也是纳税人)。当他们的地方政府向该地区以外的公司提供激励资源时,就会让本地创业者气馁,没有动力去创业。所以这种做法又鼓励了当地创业者出于同样的激励政策而选择搬迁到外地去。

> 当地方经济发展机构用经济激励措施吸引新公司入驻时，就像是你的父母收养了一名交换生还给他支付了大学学费，而你却正在为自己的学费一筹莫展。

吹牛的权利

大多数人在阅读本章时可能会想："我所在的地区确实在发展创业生态系统方面取得了成功，我们的经济发展组织在增长就业、吸引公司入驻并促进其成功上备受赞誉。"似乎每个月都会收到一份捷报，展示我们地区取得的详细成绩。

衡量经济发展计划的成果和其投资回报率是十分重要的，即使仅仅为了衡量是该继续（还是终止）该计划本身。这就是为什么霍克曼和其他学者认为由这些机构自行完成（或"影响"）评估报告是一件相当危险的事。创造就业岗位这件事本身具有的复杂性和间接性导致了一些机构采用"乘法系数"这一做法，也就是乘上一个数值——在某个投资回报率结果上乘上任意系数，得到另一个更漂亮的结果。通过这种做法，我们可能永远都不会知道到底哪种经济发展计划是有效的。

在最坏的情况下，这些衡量方法会保持那些最无效的发展计划长期存续，而不是揭示哪些做法实际上是有助于创业公司提升就业增长的。

更糟糕的是，没有独立的第三方衡量经济发展计划成功与否或投资回报率的体系，几乎所有成果评估都是由那些机构和官员自己完成的，而正是这些人该为计划的失败负责。霍克曼和其他许多人都认为这种方法论很可疑且完全是自说自话。自己评价得来的成功就像让学生给自己的 SAT *打分一样——然后冠之以"影响力报告"的名号。

自然而然地，这些"影响力报告"的内容都是积极正面的，同时列举出了全部为实现目标而采取的行动，但对有效结果的描述却几乎

---

*Scholastic Aptitude Test，学术能力测验和学术评估测试，是由美国大学委员会委托美国教育测验服务社定期举办的测验，和 ACT 一起作为美国各大学申请入学的重要参考条件之一。

总是模糊的。人们往往会根据项目的目标或质量来重新塑造结果："这项实验很重要"；"我们可能确实说过想促进创业创新，但其实我们真正追求的是更高层次的公平，或者更多的包容性……"[19]

失调

如果税收优惠、资金支持、市场营销和搬迁曾是政府经济发展计划的有效工具，那么显然它们已经随着时间的流逝而失去了"法力"。如今对于创业者而言，减税、债券、物业等培育、吸引或刺激创业的因素已经变得越来越不重要。而各个经济发展机构正在努力用过时的方式去"投喂"新型生态系统，后者却早已经变了"胃口"。

在上一章中，我们已经研究过，当把创业资源、成果和行为混为一谈时会发生什么——而这不仅仅是创业者会犯的错误，背后的支持系统也会犯同样的错误——用错误的资源来获得想要的结果。

有时，失败源于使用了过时的甚至是错误的工具。也有些经济刺激计划会使用恰当的资源来瞄准正确的结果，但还是有些不对劲的地方。

韦恩的世界

美国综艺节目《周六夜现场》（Saturday Night Live）中的传奇人物迈克·迈尔斯（Mike Myers）和达娜·卡维（Dana Carvey）主演了一部故事片。影片根据他们在《周六夜现场》里表演过的幽默短剧改编而来，讲的是两个热爱重金属音乐，整天摇头晃脑、吊儿郎当的青年人，成年了还和父母住在一起。每天除了谈论音乐和流行文化，偶尔去商场闲逛一圈外，他们几乎无所事事。在父母的地下室外面，他们捣鼓起了《韦恩的世界》（Wayne's World）——一档简朴、悠闲的脱口秀节目，在镜头前讲述他们最喜欢的主题（音乐、女孩和商场生活），他们把这档节目放在免费的公共有线频道播放。在电影中，《韦恩的世界》在当地大受欢迎，还引起了一家大型网络频道的兴趣，该频道计划利用这档超多受众迷恋的节目大赚一笔广告费。

节目被收购后，两人开始到该频道专业的摄影棚继续主持。在这里，主办方按照原貌打造了他们原来的地下室，从沙发到每一张海报都一模一样——简直就是复制粘贴。节目开始后，两位主持人却感觉很不真实且十分迷茫：这里看起来完全像他们之前的地下室，但总有些什么地方不对劲。他们自己也表达不太清楚到底差在哪儿，但这家财大气粗的金主频道就是漏掉了一些根本性的细小差别——从此《韦恩的世界》完全不一样了。

这个场景似曾相识：一个大型组织在错误的尝试中投入大量金钱和资源，以重新见证它在其他地方的成功。从表面上看，它所做的一切似乎都是在实现目标的道路上，但是，就像"货箱崇拜"的故事一样，当人们试图重现目睹过的欣欣向荣的生态系统时，却很少能获得成功。它们重新创建了所有相同的元素和组件，但总是缺了点什么，于是结果就不同了。

这种"缺了点什么"和"有点不一样"的状况来源于一个有趣的窘境：创建和运营这些经济发展计划所需的技能和专业知识几乎与创业者所需要的背道而驰。就像"货箱崇拜"中的部落首领，行政人员和政府官员很少会花时间去体验何为创业者，相反，他们的经验主要来源于对创业者的观察。因此，当他们尝试重建成功的创业生态系统时，结果通常是"货箱崇拜"式的硅谷复制运动：这里有很吸引人且精心策划的活动，但遗憾的是没有货箱"从天而降"。

对创业者来说，真的很难忽略经济发展计划发出的诱人"汽笛声"。然而证据表明，这些机构正在使用陈旧的工具来打最后一战，创业者们利用这样的经济发展资源开疆扩土可能会是一个致命错误。

天鹅绒绳崇拜

> 我不想加入任何一个把我当作其成员的俱乐部。
>
> ——格劳乔·马克思（Groucho Marx）

在关门歇业 30 年后，仍然没有出现比"54 工作室"（Studio 54）更加出名的俱乐部。不论电影怎么拍都没法夸大这个俱乐部在 20 世纪 70 年代和 80 年代初的社交场合中的重要性和影响力，因为这里挤满了当时最著名的摇滚明星、模特、艺术家和政客，所以只要在那里被发现并被拍下一张照片，这个人就可能一举成名，当然也可能立刻声名狼藉。

越过"54 工作室"门口的那条天鹅绒绳就意味着你已经是名流，或有足够的魅力可以为俱乐部添光增彩。对于初出茅庐的艺术家或音乐人而言，这可以算作艺术生涯的起点。与俱乐部里的众多社会精英共度时光可以使你的社交资本更接近顶流。是的，仅仅踏进这道门就能使你成为更有吸引力的大人物，而被拒绝越过那条尊贵的"天鹅绒绳"则是一种耻辱的标志，或者至少明摆着的是——你根本不配。

在那个时代，出现了许多其他俱乐部，它们都从"54 工作室"的成功中学了一点皮毛。每个城市至少都有一个，但你可能从未听说过，它们难以重现"54 工作室"昔日的荣光。在这些俱乐部里闲逛可能是个不错的消磨时光的方式，但对你的成名事业却丝毫没有帮助。

在由一些绝顶聪明的、穿着运动鞋的创业者组成的世界中，产生了一个新的"54 工作室"：加速器、孵化器和创新工厂。它们从用于启动初创公司的实用性技术发展成为绝无仅有的品牌性组织。如果你的企业被这些组织接纳，你就可以向全世界发出信号：你的公司已经成功了一大半——这和被一所精英预科学校录取是一个感觉。

这个比喻并非是一种嘲讽。这样的故事情节反复出现在情景喜剧中：父母想方设法将孩子送进顶级幼儿园，因为这将确保他们未来能够进入私立小学、顶级的预科学校，最终拿到常春藤学校学位和七位数年薪的工作。对于奋力拼搏的创业者来说，被顶级加速器接受可能是倒下的第一块多米诺骨牌。

加速器、孵化器和创新工厂——我的天呀！

AIFs（加速器、孵化器和创新工厂）：这些是创业生态系统中的"私人"驱动力。不同于希望通过就业增长来实现地区经济繁荣的公共驱动器（政府组织），AIFs专注于培养一小撮精心挑选的初创企业，其主要受益者是公司的创始人、投资者和AIFs本身。无论动机如何，他们的目标是一致的：鼓励和加快创业公司的成长和成功。

在促进创业时，政府采取"维他命和生活方式"的方法，而AIFs使用的则是"解剖刀和外科手术"——它们的举措更加具体和深入。AIFs根据其促进手段来命名：加速器旨在加速初创企业的成功并迅速使其进入"下一阶段"；孵化器主要提供一个温暖、安全的环境，在这里萌芽的企业可以变得健康而强大，最终能在外面的世界生存和发展；创新工厂则意味着结构化的教育和发展计划，几乎就像流水线一样——创意和创业者鱼贯而入——然后产品和公司就出来了。

AIFs在方法上基本雷同。例如，有些孵化器将创业投资作为其使命的一部分，而有些加速器也有正式的培训计划。总之，它们越来越多地反映出现代创业的快节奏性质，并迎合有潜力的初创企业快速增长的需求。

AIFs的高度竞争性（在吸引和接纳最有前途的创业者的层面上）迫使它们在所做的事情上精益求精。接下来我们会讲到顶级AIFs在帮助创业者方面的卓越表现。因此，在"天鹅绒绳"后面等候的队伍越来越长。这也催生了无数个远远观望的"崇拜者"，个个都梦想着自己的"货箱"从天而降。

孵化器

孵化器通常根据客户公司的需求为其提供不同时间跨度的项目、服务和空间。[20] 孵化器的主要特征是它提供具体的办公场所，收取租金且没有设定期限。

美国的第一家企业孵化器于1959年在纽约州巴达维亚开张，但是在共享设施中为初创公司提供商业支持服务这一概念至少在20世纪70年代后期才正式出现。[21] 自1980年以来，孵化器数量已从约12个激增至1 400多个。[16]

企业孵化器培育了初创公司，帮助它们度过最脆弱的初创阶段。这些服务项目为客户提供了针对年轻公司的业务支持和资源。[9] 从概念上讲，这个模式是相当有用的：为新生的公司提供一个稳定的环境，并使其逐渐成为一家"稳定"的公司，从而进一步脱胎换骨成为高盈利、飞速发展的公司。

在成为孵化器领域的专家和权威人士的道路上，梅尔巴·库尔曼（Melba Kurman）不止一次地"越界"。曾身为微软产品营销经理的库尔曼女士积累了快速迭代的、商业化的高科技领域经验，而大多数经济发展咨询人士的简历上似乎都没有类似的经历。在将这些经验应用于大学任职期间推动技术转让和创新领域后，库尔曼女士最终开启了作家和顾问的职业生涯。作为"三螺旋创新"（Triple Helix Innovation）的首席执行官，她撰写了大量关于复杂的孵化器、创新项目和发展计划的文章。

尽管长期以来库尔曼女士都是孵化器的倡导者，但她承认，虽然大多数孵化器的使命是远大的：帮助创业者创建可以在孵化器之外维持生计的高增长企业，且他们的终极目标是促进经济增长、繁荣、就业和创造财富，但是到大部分的孵化器里随便走一圈，你就会发现其实它们只是配备了办公空间的建筑物，向租户收取租金和商业服务费。

通常作为协议的一部分，孵化器的管理层会要求占有承租公司的部分股权。从很多方面来看这还算合理，如果孵化器能为这些新公司提供有价值的好处，比如在其他地方无法获得的指导、基础设施或服务，甚至是与孵化器里其他初创企业间的协同共赢的机会。说句公道话，一家资金拮据的初创公司一定期望孵化器至少能给些租金或是服务上的有力支持。

可悲的是，期望、常识和现实之间有着很大的差距。典型的孵化器不太可能具有比其他办公场所更具吸引力的租赁条款——唯一的好处是孵化器可以提供非常小的空间，小到可以出租隔间的1/2——而租户之间可以共享公用区域（大厅、会议室、复印机、咖啡机/厨房），当然这些还需额外付费。如果仅从面积大小来说，创业者通常可以在传统办公大楼里找到更好的选择。孵化器还有另一个不足为奇的优势，它们通常愿意按月出租空间，因此，创业者在其起步的高风险阶段不必在租金上承担长期的财务投入。

库尔曼指出，尽管目前孵化器的重点是提供"砖块和水泥"（办公空间），但物理上的空间对于如今的创业公司而言越来越无足轻重。在一二十年前，促使企业搬进孵化器的重要原因就是可以使用其提供的实验室设备和高速互联网。如今，互联网访问已不是一项独特的服务。过去，一家初创公司可能需要一间办公室和会议室才能与客户碰面或让工程师们沟通讨论，但如今这些会面完全可以在星巴克里完成。

对于新公司而言，选择孵化器的真正优势也许是有机会与其他公司协作（假设该公司可以与其他新公司共事并共享专业知识）；也可能有来自孵化器的专业指导、建议和培训——甚至孵化器管理层可能帮你对接上投资人资源。显然，从这些角度来看，在孵化器里额外付出的成本就说得过去了。

事实证明，孵化器的管理者和所有者有一个首要目标：把孵化器中的空间都租出去。当然，如果有大量的租户可供选择，那么选择能互补和协同的租户组合是最理想的情况。但是，无论孵化器的总体目标如何，衡量成功最明显的指标（尤其是短期内）就是租户数量。因此，孵化器的经理们将大部分时间都花在营销宣传和接触新租户上就不足为奇了。

至于对创业者以及当地创业生态系统而言，孵化器的效果如何呢？最近，在对企业孵化器的一项全面研究中，人们得出了以下结论：[22]

[……] 孵化器的影响可能不利于新企业的长期生存和业绩。身处孵化器中的公司在就业和销售增长方面开始优于同业，但优势很快就会削弱。这些发现对扶植孵化器作为提升当地就业率的战略制定者和赌上全部身家创业的人来说都十分重要。然而，宣扬孵化器非常成功并有能力服务于众多企业的说法绝对是夸大其词的。

在过去的十年中，很多组织已迅速过渡到在线协作，它们被称为虚拟组织。既有的大量公司可能需要办公室和会议室才得以运营，而现代的初创公司可以随时随地开发产品并开展业务，成员们根本不需要集聚一地——这简直太便利了。库尔曼女士将这个现象总结为："孵化器可能在出售客户根本不再需要的东西。"

许多经验丰富的创业者不会动摇他们已经根深蒂固的观念——在没有一间办公室前还算不上真正的公司。毫无疑问，许多孵化器都将这点作为营销利器。对于许多人，尤其是那些在当地开展业务或咨询服务的创业者而言，拥有办公室是公司运行的重要组成部分：它给人一种稳定和可信的感觉。对于"创新和发明"类创业者——试图将大学技术转化的创业者，以及需要初始实验室空间或制造空间的创业者而言——孵化器是唯一的出路。

但在这个日新月异的创新时代，孵化器正在用过时的工具"打最后一仗"。

有趣的并不是孵化器在创新生态系统中的重要性逐渐下降，而是接下来发生的转变：原有的创业预设模式倾向于走向高增长、高科技的公司模式。这些处于初期的成长型公司不太依赖物理空间，而更依赖于由合作伙伴和投资者形成的网络。对于这些公司而言，人脉和速度至关重要。换句话说，孵化器的没落催生了加速器的兴起。

加速器

创业加速器在当今的科技世界中起着非常重要的作用,几乎每天都会有新的加速器项目启动。

加速器通过培训、指导和融资为早期成长驱动型公司提供支持。加速器有别于其他支持机构的四个要素为:固定期限(fixed-term)、数量制胜(cohort-based)、导师驱动(mentor-driven)、在企业顺利落地或展开投融资对接时终止。[23]

本质上来说,加速器的运作就是在预定的时间内(例如 3 个月)带领数家公司完成一系列特定流程,最终以一场公开落地活动结束。加速器通常还会在每个参与的公司中进行种子期投资,以换取股权,而许多孵化器并不会做出这样的财务承诺。由于大多数加速器都拥有公司一部分有话语权的股权——通常为 5% 至 7%,因此加入加速器的代价不低。[24]

加速器体验是密集、快速和沉浸式的培训过程,旨在加快创新企业的生命周期,将原本要经历数年的"边学边做"的初创期压缩到短短几个月。[25] 如全球著名加速器"技术之星"(Techstars)董事总经理奈提·左拉(Natty Zola)所说的,"加速器已经成为一种新的商学院",也是全球成千上万创业者必须经历的仪式。

十多年前世界上第一个加速器"YC 创业营"(Youth Combinator,简称 YC)正式启动。"技术之星"(Techstars)于 2007 年开发了第一门课程,"梦想资本"(DreamIT Ventures)则是在 2008 年,"天使资本"(AngelPad)启动于 2010 年,而 2011 年诞生了 500 多家加速器公司。[26] YC 利用了保罗·格雷厄姆(Paul Graham)*等人的人脉和声誉,而戴夫·麦克卢尔(Dave McClure)**是"贝宝(PayPal)帮"的一员——他认识足够多的人,更重要的是,足够多的人认识戴夫。这些加速器通过庞大的人脉网络,可以将某家新公司的信息链接到数十个人——在多数情况下,这些人都会选择投资这些新公司。这绝对是 YC 公司的强大竞争优势[7],于是,这根"天鹅绒绳"后面的队伍就更长了。

结果却不尽相同。根据"天使平台"嘎斯特公司(Gust)***

---

* 美国著名程序员、风险投资家、博客和技术作家。

** "初创企业 500"(500startups)创始合伙人,硅谷超级天使投资人。

*** 总部位于纽约的全球性初创企业投资机构。

的最新调研，美国和加拿大仍然是加速器行业的领导者，共有111家加速器向2 968家创业公司提供了9 030万美元的投资。欧洲紧随美国和加拿大之后，共有113家加速器公司，在2 574家创业公司中投资了4 100万美元。[27]

在加速器模式开创十年之后，"种子—数据平台"（Seed-DB）的统计显示，加速器"毕业生"获得了超过100亿美元的投资，300多家公司已经退出，其总价值超过35亿美元。通过加速器支持的公司的总价值也已经达到数百亿美元。[28]

成绩斐然，难怪加速器项目的数量会持续猛增。创业者应该很幸运能够获得如此有效的工具。然而事与愿违的是，加速器的全面有效性被高估了。种子加速器中76%的风险投资资金都涌向了这五个加速器项目的"毕业生"："YC创业营""技术之星""初创企业500""天使资本"和"梦想资本"。[29]

在已出现的数百个加速器中，绝大多数的成功案例都来自这前五名。

成功加速器的最常见模式是为每家公司提供相对小额的种子资金（如20 000美元），并为它们提供工作空间和3个月的指导，以换取股权投资。加速器通过扶持那些能获得后续投资并最终获利退出的高质量初创企业来赚取利润。

大多数加速器无力为加入的多数初创公司提供资金或等待它取得成功，因此它们不得不依靠其他形式的收入维持运转：对外募资，对内对客户收取租金和服务费。实际上，全球范围内有91%的加速器在短期内依赖替代性的创收模式，而有75%的加速器计划在未来较长时间内继续依赖代替性渠道盈利。[30]

顶级加速器的成功在很大程度上源于申请者想在此获得融资，或者接触到顶级合伙人以及加速器闪闪发光的创始人。如果其他加速器无法切实地提供这些好处，那么它们又可以提供什么呢？又靠什么继续维持运作呢？

事实证明，绝大多数加速器无法维持与前五名相同的商业模式。取而代之的是，这些加速器正在演变成一种新型的组织——创新工厂。

创新工厂

创新工厂通常以固定的程序来开展课程、培训和发展计划（如短期课程、系列研讨会、快速原型迭代等），通过收取类似学费的方式实现盈利。

20世纪90年代后期，当第一批现代互联网巨头的成功创业者"退出"他们的公司时，其中许多人早已深谙在其专业领域内打造产品和公司之道。于是一些人利用自己的知识和经验创办了新公司，一些人成为了风险投资家和天使投资人，而另一些人则开始手把手指导年轻创业者去执行被精心设计的程序——检验创业点子、潜在问题和市场规模；开发解决方案或产品；创建公司并发布产品。

创新工厂有多种别称：创业工作室、创业工厂、创业车间、创业学校和创新实验室。公认的第一家创新工厂"创意实验室"（IdeaLab）由连续创业者比尔·格罗斯（Bill Gross）于1996年创立，现已帮助创建了150多家公司，并进行了超过45次的首次公开募股和并购。[31]

但是创新工厂的概念多种多样，并且发展迅速。它曾经是关于公司或创始人开发产品和公司的独特方法。自从"精益创业"（Lean Startup）*问世以来，几乎所有通过讲师培训计划的人都可以教授"从概念到产品"的快速开发过程。

对于起步的创业者来说，接受这种培训确实很有价值，而对创新工厂而言，它减轻了提供种子资金或承诺对接投资者的负担，况且创新工厂还可以对此培训收费。毕竟，这是一项服务。

随着顶级加速器纷纷落地于纽约、硅谷和博尔德，创业者们也不得不搬到这些地方，这样才有机会跨过那条"天鹅绒绳"。创新工厂像流水线一样容易建立，所有大学和许多经济发展机构都在全国范围内建立了创新工厂。创新工厂缺乏知名加速器拥有的知名创

---

* 由埃里克·莱斯（Eric Ries）创建，其受到了斯蒂夫·布兰克（Steve Blank）客户开发方法论的启发。

始人和圈子资源，因此，它们不得不采用本地创业生态系统内的导师、顾问和专家来做培训，这些人也常常很乐意参加。

没有投资、没有高品质的投资人社群、收费，创新工厂看起来也没有那么吸引人。但是对于没有经验的创业者来说，创新工厂可以提供行动框架和可靠的流程——这些都是能节省宝贵时间的无价之宝——它们加快了成功，或者说是失败的过程（失败了好尽快从头来过）。

对于新兴创业者而言，创新工厂还有一个意外的优势——它们为创业者提供了一种与当地创业者生态系统连接的通道。通过参加创新工厂活动，新创业者可以融入本地企业家、导师和咨询顾问的社交圈——而所有这些人都是潜在的合作方。

换句话说，创新工厂项目在无意间创造了更有价值的东西——创业者的有机社区。

社区崇拜

坊间将创业者的形象塑造成令人崇敬和有远见卓识的独行侠,但是大多数创业者都自叹独自打拼的感觉就像坠入地狱。他们欢迎所能获得的所有帮助,实际上,一句话就足以让一位创业者感动得眼噙泪水:"我能帮上忙吗?"

创业者需要共享知识和资源的社区,需要了解创业的社群。这不仅仅是创业者组成的社群,还要有在大型公司和机构工作的人、投资者、合作伙伴和客户。他们需要社区来理解并促进创业,这样创业者才能不断地蓬勃发展。

但是创业是独一无二的。创业者面对的是高度模糊、高风险和高失败率。他们仅有限的资源,还要成为有创新性和打破常规思维的思想家——同时努力争取外界对其不寻常且未经检验的想法的支持。因此,有价值的创业者社群可以容忍并理解失败,鼓励新想法的诞生,加快获取资源的速度,并认可各种形式的成功。

从崇拜到崇拜

除了少数几个区域,大部分地区的创业者都在缺少有价值的社区支持的情况下苦苦挣扎。在这些地区,经济发展项目、组织机构、孵化器和加速器这些初期看起来前景光明的事物,最终的作用似乎是弊大于利。

于是,全球各地的创业者选择卷起袖子组建自己的社区。其中一些社区欣欣向荣,取得了巨大的成功。他们在政府和机构失败的地方取得了成功:在全世界各个角落创建起了"迷你硅谷"。

凤凰城是美国第六大城市[32],人口数量比硅谷还要多。然而,数十年来,凤凰城在几乎所有创业榜单上垫底。尽管这里有两所一流的创业型大学——亚利桑那大学和亚利桑那州立大学*,它们支配着当地的创业生态系统。两者都为各自的创业项目投入了大量资源。该州主导的经济发展机构举办了全球最著名的创投竞赛之一,每年会向亚利桑那州的企业提供 300 万美元的奖励,[33]但是由此产生的创业成功故事转瞬即逝,在该地区之外就更鲜有人关注。

* 排名第三的是正在崛起的大峡谷大学(Grand Canyon University)。

几年前，该地区的创业者自发地组织并成立了一些社群。在没有领导者或计划的情况下，他们创建了共同的工作空间、孵化器、加速器。最初，所有活动都是相互独立的，直到逐渐开始合作和协同。大学、私企和服务专业人员都开始参与其中，并做出一定的贡献。久而久之，凤凰城成了一个创业者社区，并很快演化出一个名为 #YesPhx 的运动。[34] 凤凰城近年连续被评为美国最卓越的创新创业地区之一。[35] 凤凰城堪称完美的创业社区成功案例。

博尔德之题

当前所有对创业社区的讨论都始于并终于企业家布拉德·费尔德（Brad Feld）和科罗拉多州的博尔德市（Boulder）。费尔德是企业家、天使投资人和风险投资家，也是"技术之星"的联合创始人。费尔德在创业社区领域具有卓越的影响力，还撰写了《创业社区》（Startup Communities）一书。[36]

大多数创业社区的宗旨都是基于费尔德在博尔德社区中的经验，他称其为"博尔德之题"（The Boulder Thesis），读起来就像建立创业者社区的宣言。大多数宗旨都是直截了当的文化特征，例如：培养强烈的合作意识、具有包容性、实验并快速失败、保持"先舍后得"的心态。

创业社区强调导师制，并介绍了一些导师和创业者如何参与其中的具体方法——其称为"导师宣言"。费尔德花了大量时间识别和描述创业社区中的所有参与者，并将他们划分为领导者和支持者。与传统观点相反，他认为是创业者领导着创业社区，而其他人则为社区提供各种服务。这些支持者包括政府、大学、投资者、导师、服务提供商和大公司。

即使有了蓝图，建立创业社区也绝非易事。布拉德·费尔德还提出了一些十分关键的问题：创业社区是如何陷入典型陷阱而趋于平庸的。揭示了一些"典型问题"，例如：族长问题（"有钱的白人老头"仍占据着舞台）、过于依赖政府、对新来者的偏见，以及支持者试图控制社区的行为，等等。*

* 由我来总结《创业社区》一书中的概念对作者本人和他的书都有失公允。因此，建议所有领导者（创业者）和其他有兴趣的读者亲自阅读布拉德·费尔德的《创业社区》一书。

社区崇拜

布拉德·费尔德介绍了创业社区中的一些最成功的案例，例如博尔德、奥斯汀、西雅图、洛杉矶——这些城市都已经成为全世界的楷模。但是"眼镜蛇效应"随之产生，这些成功的故事产生了意想不到的后果："货箱崇拜"——其他地区试图复制创业社区，并期待财富从天而降。

这样的"货箱崇拜"行为不仅仅是徒劳的——它甚至可能毁了创业者社区在未来十几年的发展。我们把这种行为称作"儿童棒球创业"。

"儿童棒球"创业

你应该知道儿童棒球吧，这是一项适合4—8岁儿童的运动项目，使孩子们能在安全的环境中体验打棒球的感觉。使用的装备和规则旨在人为地简化这项运动，从而使比赛变得更加有趣且容易上手。(图4.4)

儿童棒球赛中没有投手，球排成一排，可以选择随意挥杆次数。没人会因为三振不中出局*。每个人都有机会击球，每个人都可以攻垒，人人都有奖杯，人人都是明星球员。

* 棒球的一项专业术语。

图 4.4 [37]

"儿童棒球"创业（T-ball Entrepreneurship）发生在创业社区"用力过猛"时，参与者和领导者从最好的意图出发，希望创造出一个鼓舞人心的环境，所有人都可以参加，所有人都可以成为创业者。但是这些良好的意愿将创业社区变成了儿童棒球游戏，每个人都是明星，没有人失败，每个人都自我感觉良好。每个人都会获得奖杯——但没人为棒球联盟赛做好准备。

下面是儿童棒球创业社区的四个支柱：

- 啦啦队崇拜
- 竞赛崇拜
- 教练崇拜
- 焚烧异教徒

看看以下内容是否描述了你所认识的创业社区吧！

啦啦队崇拜

社区中有很多啦啦队吗？喊叫声最响亮的啦啦队员是创业社区的领导者吗？

儿童棒球啦啦队让自己的产品看起来都很棒，像对待下一个谷歌一样对待每家公司，把所有创业者都看作超级巨星。首次创业的人会成为热门文章的主角，发表主题演讲，并在专家小组中脱颖而出——仅仅因其创办了一家新公司，而非基于什么其他成就。展示出的新产品都被视为技术突破，不论有无市场验证或其他证据表明其重要性。

在批评这些啦啦队的付出时很难避免被贴上坏脾气、怀疑论或消极者的标签。啦啦队一如既往地积极向上、鼓舞人心并乐于给创业者提供支持，谁会把他们视为一个问题？然而儿童棒球队啦啦队在讨好所有人上实在是用力过猛了——如果每个人都是"明星"，我们就无法分辨到底谁有才华，而谁没有。靠善良和仁慈无法分辨真实的成绩。

啦啦队不仅努力去鼓励创业社区的成员，而且还试图宣扬整个社区的"胜利成果"。当然基本前提是这些"胜利成果"能明显提升其有别于其他社区的地位，从而吸引投资者、客户、合作伙伴，并激励更多的创业者。

在"儿童棒球"创业中，积累胜利成果意味着"吹捧"社区的创业者和他们的行为，并将这些都转化为胜利。啦啦队非常喜欢谈论胜利，他们不停地组织游戏，比如无休止的各类竞赛和案例比赛，就是为了产生胜利。

竞赛崇拜

事实上，在商业活动中衡量成功的指标相当少，如利润、收入、客户、市场份额、投资回报率，有时还会有股价。即使是这些标准有时候也具有相当大的误导性。初创企业通常还没有这类传统指标可以测量其成功与否，因此便依赖一些其他指标。通常，这些临时性的标准或替代性指标仅暗示着取得更大成功的可能性——推出产品、吸引风险投资、获得专利、建立合作或得到大订单——这些都是吹响企业在通往成功之路上的捷报号角，而非实际成功。

但是，如果一个创业社区没有积累任何胜利，那么啦啦队们绝不会坐视不管，必然会想法举办大量的创业大赛——因为竞赛会创造"赢家"。竞争与比赛确实是激发和鼓励创业社区（以及外部大众）的好方法，但在多数情况下，赛事仅仅是用来维持儿童棒球组织的创业精神的。

充其量，这些竞赛展现了该地区最有前途的一些公司——但这仅仅是相对于那里其他更普通的公司来说的。一家位于奥兰多的软件公司获得了竞赛胜利，这可能会提高他们在奥兰多地区的声望，但对于提高其在整个软件行业、在客户或风险投资家眼中的地位并无多大用处，这只是个本地的胜利罢了。

竞赛使本地初创公司花费了宝贵的时间（去备赛），而最糟糕的是，竞争会催生那些不合格的创业公司的发展。为什么会这样呢？因为初创企业的竞赛并不像体育运动那样，是团队之间互相直接竞争的，而是由评审团选出胜者。这就是许多区域创业社区偏离正轨的原因。

教练崇拜

你如何判断一位创业者比另一位更有前途？你又如何判断一项处于早期的风险投资比另一项更有把握？职业风险投资者的判断成功率甚至无法超过20%。

如果创业社区没有经验丰富的、有过创业经历的专业人士，那么比赛的评委人数就实在太有限了。更糟的是，评委通常是由各种赞助组织（政府机构、大学或大型公司）来选择的。这些组织内很少有人具备充分的创业经验来评判比赛，更不用说有能力选出一位合格的评委了。

所选的评委通常是前执行官、经理、律师、顾问和其他服务提供商的组合，而这些人几乎没有直接的创业经验。评审专家的来源有很大缺陷，虽然比赛一定会选出优胜者，但他们不一定会为创业社区赢得什么成功。

布拉德·费尔德警告说，需要注意试图接管社区的"支持者"，但更加具有破坏性的（通常出现得也更微妙）是那些伪装成领导者的支持者。

> 中美洲有一种蝴蝶，它们的身体是蓝色、橙色和黄色的，并且翅膀上有毒，毒性足以使鸟的心跳停止。但是鸟儿们以某种方式知道了这一点，因此不会去吃它们。但还有另一种蝴蝶，它们也是橙色、蓝色和黄色的，翅膀上却没有毒。他们飞来飞去，只是外表看上去很危险罢了。
>
> ——马克·惠塔克（Mark Whitacre），《内幕》（*The Insider*）

在儿童棒球型创业社区中，最危险的蝴蝶便是冒充创业领袖的支持者。这些导师和顾问从未有过成功的创业经历，也从未直接参与过创业活动。

这些人通常来自服务业、大型公司、机构或经营过咨询公司、小微企业，而他们可能恰巧最近参加了一些精益创业或工作坊课程。更常见的情况是，由那些会讨好每个人的儿童棒球啦啦队来运营一个区域的创业创新组织。

但是就像那些披着橙色、蓝色和黄色外衣飞来飞去的无毒蝴蝶一样，他们不过是假扮成职业联赛教练的儿童棒球教练罢了，而这些社区也将为此付出巨大的代价。

儿童棒球型创业社区的一个明显标志是：本地大学或经济发展机构拥有来自商业社区的数千名导师的数据库——这确实是一个"数量胜过质量"的恰当例子。而这种做法稀释了具有完整创业经验的导师和顾问的价值，它逐步降低了创业导师的门槛，进而降低了创业社区的门槛。

焚烧异教徒

但是，如果你确实有成为成功创业者的潜质，如果你已经是一名成功的创业者，作为"职业玩家"走进儿童棒球赛场会是什么样的感觉呢？你会立即成为明星和其他人的榜样吗？大概率不会。

如果职业棒球选手参加了儿童棒球比赛，那么在他每次都击球飞过围栏后，他很可能会被逐出球场。他的存在对其他球员来说极具破坏性，他的知识和才华也将威胁到教练。他的建议将被忽略，因为每个人都带着不同的目的，玩着一个低难度的游戏。最终，职业棒球选手将被降级为露天看台上的观众。

这就是一位有经验、有成就的创业者加入儿童棒球赛等级社区的真实写照。他们被这样的社区疏离了，因为彼此玩的根本是不同级别的游戏，他们淹没在啦啦队的噪声中：遭受排挤。

儿童棒球啦啦队可以是令人难以抵抗并具有传染性的，试想谁想成为那个说出"皇帝没穿衣服"的人呢？当啦啦队联合大家盛赞不属于"职业联赛"级别的产品、公司或创业者时，几乎一呼百应——我是说，几乎所有人。

当经验丰富的创业者试图指出某个产品或创业者并不属于"职业联赛"水平——比如和世界其他地方同类产品和创意完全无法匹敌时，往往颇感压力。当他们指出某些殊荣毫无根据时，他们常常被忽略，甚至被"鄙视"。诚实的反馈总是在微妙间被抵制，尤其当这种反馈不屑奉承时。

有经验的创业者可能会因为过于消极而被无视，最终被刻上"社区异端"的烙印，那些在儿童棒球啦啦队和教练的喧闹声中试图道出真相的异教徒——就像历史长河中出现的异教徒一样，人们试图将他们烧死在柱子上：将他们边缘化，驱逐出教会。

没有异端，儿童棒球社区就将成为啦啦队和教练的"传声筒"。排斥不同的声音是危险行为，因为它会削弱整个创业社区的质量，导致这个社区仅能支持儿童棒球级别的玩家。

难怪会有那么多天赋异禀的创业者逃离"儿童棒球"社区，涌向硅谷。

创业社区对于现代创业者至关重要。如果行事方法正确，它们会是真正有用的创业生态系统、支持系统和培养成功创业者的摇篮。但同时它们也容易误入歧途，最终沦为儿童棒球型创业社区，尤其当自己也置身其中时，一切会变得难以抵抗。

崇拜的尾声

本章有关创业中"货箱崇拜""最后一战"和"儿童棒球"的要点并非意在"全盘否定经济发展计划、孵化器和加速器、顾问和指导以及创业社区"。如果做得正确，这些资源将赋能创业者并帮助他们获得成功。通常，是这些组织和资源的前5%——用正确的方法为创业者、投资者和社区带来了意外收益。

30多年中，创业企业，尤其是高增长的创业企业，在数量、规模和复杂性上都呈爆炸式增长。过去的工具和计划没有跟上时代的步伐，变得越来越愚钝和破旧，尽管它们在"最后一战"中发挥过奇效。

我们正处于创业者的新时代。在探索如何在这个新时代乘风破浪、势如破竹前，先看看具体发生了什么变化。

点连接点

有多少跳格？

想象一下你将和外星人开展一个文化交流项目。客人来自开尔文星球，他们友好又聪明，并渴望成为"开尔文·地球人"，完全融入人类社会。现在，他们拿到了地球生活的必需品：一部 iPhone 手机和一些现金。接下来，他们还需要一点必备的配件——充电器、手机壳和耳塞。你能解释获取这些配件的基本步骤吗？可能看起来是这样：

- 首先，你要找到一家卖配件的商店——苹果商店（Apple Store）是个不错的选择。
- 接下来，进入商店并查看货架上的配件，价格标在了货品的下方。
- 从货架上找到这些物品，并将其交给苹果商店的员工——他会告诉你需要支付的金额。
- 给员工准确数量的现金，他们将允许你把物品带走。
- 概括来说——找到要买的物品，把价格加起来并支付总额现金。你可以将这些步骤写在纸条上供外星朋友随时查阅，以便他们知道该如何购买东西。

但以上并不是唯一的获取路径。外星客人可能会注意到有人将一张塑料卡而非现金递给了店员。当然，你也可以写下如何用信用卡付款的步骤，但你必须先描述如何开设和维护信用卡账户，并支付最低还款额，因此这个清单会变得越来越长。最终，你可能不得不解释人类最初是从何处获得这种叫作金钱的东西。

采购说明书实际上并不是一系列操作步骤——它们更像是跳房子游戏：按正确的顺序组合，你可以从起点到达终点（图 5.1）。即使是像购买 iPhone 手机壳这样简单的事情，组合的可能性也是无穷的：使用贝宝或比特币在线付款，或通过易贝拍卖购得——每一种支付方式都增加了一层"跳格"。结果一样，但路径却大相径庭。

图 5.1 [1]

对于我们的"开尔文星人"朋友（以及大多数人类）而言，这些步骤和选择可能会令人抓狂和不知所措。不过问题不大，这些指导都是具体且可重复的。按步骤操作，你将完成目标，或者其他任何人遵循这些步骤，也都将获得相同的结果。

直线

如果有一系列的步骤指南，人们就能更好地理解和掌握商业模型。为什么不呢？没有人想要以一种模糊或费解的方式来赚钱或购买产品。起码顾客需要可重复的、简练的具体步骤。历史上一些最成功的企业都是那些从现有商业模型中删除部分步骤或减少"摩擦"的企业。

当考虑到这点时，我们更倾向于掌握一系列可将我们"从这里带到那里"的步骤，而其他一切行动似乎都在闲逛。在现代商业中，当一份提议中没有明确的流程时，人们会感到不适——尤其对于以下的问题："我们如何赚钱？"或是"客户该如何付款？"

想象穿越回古代，就说 100 年前吧，你可能会和这些"外星人"

一样困惑。营销大师兼作家塞思·戈丁（Seth Godin）提醒我们，在一个世纪以前，"价格标签"这一概念是个新发明，大多数消费者都还没见过。那时，当你走进杂货店时，大多数物品都放在里面，所以你想买什么必须要询问——然后，店主进去拿好你所需要的物品并将其带到柜台——并由他来决定你该付多少钱。戈丁解释说："价格标签和事先约定的薪资在那个时代都是相当创新的想法，这些想法从根本上改变了我们的文化。通过对商品和劳动力的定价，企业家推动了商业的流通。"[2]

看看过去和今天的区别，就知道创业者使消费者的生活变得更轻松了。在某些情况下，他们通过创造"更好、更快、更便宜"的产品来做到这一点（尽管增量发展通常是已有旧业务的领域）。但是，真正具有颠覆性的革新通常不在于突破性技术，而在于创建新的商业模式——更确切地说，是采取和以前截然不同的步骤。在这些情况下，创业者通过创造替代性"路径"——大部分是通过完全删除某些步骤来获得成功。典型的例子就是商业链中日益减少的中间商。在这里，有人遭受损失，但结果并非总是如此。在其他商业模式中，替代性步骤为其他人提供了参与流程的新方法。

点连接点

元创业时代的根本属性之一是"从这里到那里"的路径增加了，这不仅包括商业模式，还包括有关产品、工作方式、引领、跟随和开展业务的全新思维模式。成功不再遵循一系列固定的步骤或程序。线性发展方式越来越少，事实上，曾经的直线已碎裂成一个个的点，新的选择有很多，但必须由你自己去把点连起来——点连接点。

如果想找一个惯于遵循死板、一直直线运作的典型行业——如今已分崩离析——那就是新闻业。

无纸化追逐消亡

每个行业和领域都不可避免地经历剧变和颠覆，然后开启重生或再造。科学、艺术、医学、自然、政治或商业——毫无例外，革命因此应运而生。约瑟夫·熊彼特（Joseph Alois Schumpeter）称其为"创造性破坏"——如果你是幸存者之一，那么这确实是挺入耳的。大多数破坏并非像地震那样瞬间摧毁一切，破坏也可能是微妙而缓慢的，就像拧开了水壶下面的加热开关，于是众所周知温水里的那只青蛙就这样被活活烫死了。速度慢并非意味着影响小——如果你洋洋得意，对其不屑一顾，那么破坏带给你的就可能是致命的"惊喜"，已经有部分行业像新闻业那样经历了缓慢又极具破坏力的颠覆，一切已今非昔比。

新闻业因抵制创新而落得奄奄一息的下场，经常作为反面案例出现在教科书中。历史表明，这种描述是不公平且不准确的。伴随着在媒体和发行领域的每一项重大创新，新闻业也正经历着巨大的飞跃性发展。当印刷机、移动式印刷机、广播、电视、计算机和人造卫星接连引起文化、政治和商业革命时，新闻业的范围、影响力和质量都达到了新的高峰。

但是，近代互联网引发的一系列创新使新闻业突然转向了悬崖末路，开始了缓慢的"自由落体"状态。曾被有线和卫星电视取代的网络电视新闻，如今又开始了与在线新闻、推特（Twitter）、脸书（Facebook）和优兔（YouTube）的殊死奋战。知名杂志，如《美国新闻与世界报道》（*US News & World Report*）等，已不再以印刷形式发行；《新闻周刊》（*Newsweek*）正在迅速线上化；《阁楼》（*Penthouse*）也不再进行印刷了（我们肯定会想念至少其中的一本吧）。

曾被众多资深记者和报纸所推崇的顶级出版刊物正在从濒危物种向灭绝清单迈进。今天，大多数千禧一代接触报纸的机会大概就是他们搬家时需要找点纸来包一下盘子和碗。

现代新闻业的消亡完全是因为新闻消费方式的改变，新闻本身并没有消失，只是我们熟知的商业模式正在消失——这就像当世界正朝着数字化和网络化前进时，柯达公司还在依靠胶卷和35毫米相机为生。柯达倒闭了，但是摄影业繁荣依旧。新闻业——作为新闻采集、报道和写作的艺术、科学和工艺——比以往任何时代都生机勃勃。

就像现代创业一样，新闻业正在蓬勃发展，对每个人来说也更容易接触到，但是形势不同了，工具也不同了，规则就在我们眼前被改写。

在一所培训21世纪新闻工作者的学校中我们可以看到这些差异。

失调

* 沃尔特·克朗凯特，美国哥伦比亚广播公司"金牌主播"，美国电视新闻的标杆人物，被誉为"美国最受信赖的人"。

亚利桑那州立大学（Arizona State University）的沃尔特·克朗凯特新闻与大众传播学院（The Walter Cronkite School of Journalism and Mass Communication）与其冠名的人物*一样久负盛名。

与常春藤大学里的新闻学院不同，克朗凯特学院的大楼是崭新的、超现代的（甚至比优兔、脸书和推特公司大楼更加新潮）。其被称为"多元文化现代主义"的建筑设计风格，听上去就已经抢占先机了。这幢凭借绿色环保设计——超过300块太阳能电池板为学校供电——屡获殊荣的克朗凯特学院楼是凤凰城区的核心景观。

学校的各个方面都象征着新闻行业的过去、现在和未来。在克朗凯特学院这栋漂亮的建筑内聚集了美国最有成就和最有经验的新闻工作者，尽管这样说其他人会有不同意见。大部分教授和讲师都在大型报纸、有线新闻网络以及广播电视网中有过数十年的从业经历。这些"老兵"教导着新闻行业的未来接班人。

参观这座六层楼高的建筑，你将见识到最先进的设备：4间电视演播室、17个新闻编辑室和一个容纳380多台电脑的计算机实验室。这里的设备都是最先进的，以至于学生们毕业后经常发现雇主们仍在使用着旧设备——因此不得不再学一遍如何操作这些老古董，以便适应真实世界的新闻传播现状。

步行到主楼，就能看到学校的图书馆，但你很快会发现馆内竟然没有一本书。下楼走远一些，会来到"新闻博物馆"，这里陈列着胶版印刷板（那些巨大、笨重的金属板，整版报纸的文字都由上面的铅印制），还有一些打字机和早期的苹果电脑（Apple-IIe）。而恰恰在博物馆中，你会发现大多数书籍都这儿！新闻工作者们确实尊重他们的历史。

当新闻系的学生学习如何进行调查、追踪线索和报道新闻时，他们可能采用书面形式，也可能站在麦克风或电视镜头前。与此同时，他们还需要发布网络新闻、剪辑视频并通过社交媒体进行报道。他们不仅要学习新闻学和新媒体的基础知识，还要学习编程，以便学会在线创建深度交互性故事，还要学会成为创业者。实际上，年轻的记者是典型的现代创业者。他们是元创业者。

矛盾

在克朗凯特学院大楼的南侧，二楼和三楼是教职员工办公室。大楼的其余部分都像传统的新闻编辑部那样喧嚣，而办公楼层却非常安静。门口的标识牌上清楚地写着使用者的履历：前全美主流报纸的出版人、编辑，电视新闻负责人和普利策奖（The Pulitzer Prizes）得主，等等。其中最重要的一间办公室属于丹·吉尔默（Dan Gillmor）。

将头探进丹的办公室，你可能会想，院长是雇用了一位演员吗。丹·吉尔默大概是记者或编辑的典型形象：瘦高的身材，看起来睿智的灰白色头发总是有点乱糟糟的，似乎每时每刻都在赶截稿日期，永远对最新的丑闻、争议或政治辩论充满激情和百分百的敏锐，只有在每段新闻的间隔时间才看起来有点疲倦和无精打采。

丹·吉尔默曾是密歇根大学新闻学研究员和底特律自由新闻社记者，他最出名的一段经历应该是曾长期担任《圣何西水星报》（San Jose Mercury News）的商业编辑——这个角色在硅谷互联网的大起大落中举足轻重。从事新闻业30多年的丹应该顺理成章地被归类为"老兵"——但你可能错了，人类历史上没有几个人像丹·吉尔默这样预测甚至加速了传统新闻行业的颠覆进程。

作为新闻行业精英的摇篮，克朗凯特学院还有一个有趣的彩蛋：这里活动着众多出书的作者：正如你首先能想到的——有关新闻业的书籍，还有广播、媒体、公共关系等方面的教育读物。但有意思的是，他们甚至还出版了有关移民、政治、体育、旅行和小说等其他主题的书。

丹的第一本书便是极具开创性的著作：《媒体：来自人民、服务人民的草根新闻业》（We the Media: Grassroots Journalism by the People, for the People）。该书被广泛认为是第一本诠释新闻与科技之间的冲突以及由此导致的媒体创作和渠道上的民主化变革的图书。毫不奇怪，他的声誉和履历吸引了著名的欧莱礼媒体公司（O'Reilly Media）——后者于2004年出版了该书，并通过鲍德斯书店（Borders）、巴诺书店（Barnes & Noble）和亚马逊（Amazon.com）等传统和线上渠道进行发行。

但是丹·吉尔默绝非因循守旧之人，从一开始，他就坚持要求将该书的版权归入"开放获取"许可，换句话说，这意味着允许人们免费下载该书。当然，如果你还是喜欢阅读实体书，那就购买纸质版。除此之外，他又进一步——不仅可以随意下载，还允许人们随意复制和分享。丹并不是慈善家，也不是自恋狂——成名并不是他的动机。他的这一做法让大多数"资本家"都在问："为什么他会允许人们窃取他的产品？""他到底如何赚钱？"

事实表明，对于像丹·吉尔默这样的人来说，他们正将一些全新的点连接成线。

主动媒体

2010年，沃尔特·克朗凯特新闻学院召开了一次特殊的教职工会议，丹·吉尔默在此次会议上介绍了他的最新著作《主动媒体》（Mediactive）。大多数参会人员都拿到了预印本，并为这本书的主题和写作水准深深折服。他们准确地预测到了《主动媒体》将成为新闻界的超级影响力。而今天是丹的同事和粉丝的提问时间：你是如何想到写这个主题的？分享一下写作的过程和写作风格吧！肯定有很多出版商在排队想获得这本书的出版权，那你会选择哪家？

丹却默默地投下了一枚炸弹：他已经决定避开传统出版商，直接签了一家在线的自助出版公司。自助出版？这不是业余作家做的事吗？这一屋子经验丰富的作家们也不得不费劲地理清此刻晕头转向、认知失调的脑袋——这感觉就像史蒂芬·斯皮尔伯格（Steven Spielberg）宣布他用 iPhone 手机拍摄了一部新电影，还把它发布到了优兔上一样！

当你成为某个领域的高级人物时，不可避免的副作用就是会轻视那些在自己眼中属于低级玩家的人，对他们不自主地带有轻蔑和嘲弄的态度。谷歌和脸书的工程师可能会嘲笑微软（Microsoft）工程师开发的产品；常春藤商学院的毕业生常会把来自较低排名学校的同事当助手来看。每个领域都有尊卑顺序之分，写作行业也不例外。几年前，如果你是一位作家，作品出版还远远不够——出版社也是有等级差别。前总统和名人作家以自己的书印上西蒙·舒斯特（Simon & Schuster）、皇冠出版社（Crown）和兰登书屋（Random House）的标志为荣。名不见经传的业余作家就只能找名不见经传的小出版商出版。而最低的等级是什么呢？——自费出版。

大多数人都熟悉传统出版社的商业模式。备受追捧的作者从出版商那里获得一笔"预付款"：这笔钱用来买断其书籍的独家版权，然后更多的收益来自出版商继续买断此书销售渠道的代理权。若作家采取自费出版的形式，那么他需要向出版商付费——这意味着，要不是你出钱，根本没人愿意印刷和销售你的书。这就好比演员要付钱去参演电影，或一个橄榄球四分卫要自掏腰包才能留在队伍中。

但在自费出版之下还有一个梯队——"自助出版"。对于写作精英来说，"自助出版"意味着即使你付钱都没人愿意出版你的书。但是在400年后，图书出版界发生一场巨变——几乎是在一夜之间。

对于丹·吉尔默而言，网上自助出版《主动媒体》仅仅是另一个拥抱新技术的选择，但对于会议室中那群经验丰富的记者来说，这确实标志着一场范式转变和全新现实带来的震撼："他们其中的一个"竟会欣然接受自助出版。然而这种转变正愈发激进，就像他的第一本书一样——任何人都可以免费下载和共享《主动媒体》。

连环漫画上的对话气泡开始漂浮在房间内"老兵"们的头顶上方：作家要自费出版吗？读者可以免费下载吗？"疯狂"是一种新的商业模式吗？这到底算得上是商业模式吗？

颠覆

商业模式不仅仅是创业者拥抱的概念，顾客在习惯了某个商业模式后，也会自动依赖这个舒适且熟悉的规则。当熟悉的商业模式发生变化时，人们就会用"颠覆"这个词来形容这种转变。这就像当你开车进入自助洗车场时，努力将轮胎与导轨对齐，可突然间轮胎跳脱了导轨，这可不是你想要的，于是开始疯狂地尝试重新将轮胎放回导轨中。现在，出版商和作家必须适应刚刚才从僵化的导轨中跳出来的商业模式。

丹·吉尔默到底能从他的书中赚钱吗？我打赌他会的，只是这些钱不再像从前那样直接进入囊中。书发布后，他被邀请去做演讲——当然是有报酬的那种。当他在演讲时，会有人现场购书；而另一些人则会免费下载电子书。然而具有讽刺意味的是，作为免费下载的结果，甚至会有更多的人去买书——包括实物书、电子书或Kindle版本；这还间接使丹作为一名演讲者、作家、老师、学者、董事会成员或顾问在各个领域愈加备受追捧。"间接"带来深远的影响。在写书之前，没有人能确切地预测从写书到产生收益的路线到底是什么样的。"直线"消失了，通往成功的路不再固定，有更多的点可以被连接起来。

把点连接起来

在元创业时代，创业正成为一场将各个点连接起来的游戏。优点是人们实现目标的途径更多，收获的可能性也更多；缺点是，没有一条能确保人们直通成功的路线——无论是创建一个产品，还是成立一家公司，甚至是打工，统统都不再是老模式了。如今，通过连接点的方式实现"从这儿到那儿"的方法只会越来越多。

> 世界已经从等级关系和线性关系转变为一个网络世界。
> 网络世界意味着网络化的经济，意味着任意两点之间一成不变的直线模式已经走到了尽头。

每个人都必须习惯于没有既定道路可以遵循的世界，这里充满颠覆和迷惘，同时又让人振奋并能自由翱翔。

最终，我们大多数人都能生存并成长，至少可以适应它的变化多端。但在一开始，颠覆总会令人感到不适，如果你是既有商业模式中的一员，那就更不是滋味了：感觉未来深不见底，感觉它带来的一切令人费解。当既定模式中的人们发现自己处于颠覆的风口浪尖时，他们的反应是可以预测的，即悲伤的五个阶段：拒绝、愤怒、讨价还价、沮丧和接受。那让我们先从否定开始说起……

自由之地

白鲸

当一个行业处于被颠覆的早期阶段，变化是很难察觉到的。2004年下半年的某天，我和五位年长的、功成名就的绅士坐在一个早餐馆里，他们年纪都在55~75岁。在硅谷，在拥挤的小餐馆里举行风险投资会议就和在董事会议室里开会一样常见。我们边吃边决定着那些寻求资金的创业者的前途与命运。在我们开会的大约同一时间，Friendster（美国早期在线社交工具之一）、MySpace（美国早期在线社交工具之一）、脸书和热门节目《下一个大事件》（*The Next Big Thing*）都在杂志封面上大放异彩。通过一些标志性的早期投资，我们在社交网络领域小有斩获，心中洋溢着建立一家前景无限的新社交媒体帝国的豪迈之情。

终于轮到我了：我曾和同事们讨论过创业——创建一个社交网站，人们在这里可以读到其他用户撰写的评论，内容几乎涵盖了人们日常生活的方方面面，从餐馆到精品店，从按摩治疗师到律师。当我侃侃而谈时，我可以瞄到五双充满怀疑和迷惑的眼睛。终于，其中一位风险合伙人——曾是一位高科技公司首席执行官，开始用断断续续的声音自言自语起来："为什么有人会花时间为牙医撰写评论，还把它发出来给所有人看呢？而且不求回报？"

接着就是另一个问题："该网站的其余部分收费吗？""哦！那也是免费的。"

随后我被一个声音打断了，就像选角电话那端导演突兀又高高在上的语气："谢谢，下一位……"就这样，我们没有得到这笔投资，莫比·迪克*逃脱了。

* 小说《白鲸》（*Moby Dick*）中的主人公大白鲸莫比·迪克

与大多数颠覆性概念一样，用户生成内容和社交网络在15年后变得越来越普遍。但是，在当时我们很难准确给出这些问题的答案。今天，我们有数十亿人加入了社交网络，所以很容易弄清楚如何以及为什么普通人愿意在网站上发表自己的评论。

但是那些为了报酬写作的专业人士呢？他们应该"义务劳动"吗？

愤愤不平

阵阵令人难以置信的抗议浪潮席卷了职业作家群体，从呼声上来看，人们会以为是有人提议要废除美国宪法第一修正案；或者像是某位新闻记者因为要保护他的消息来源而被关进监狱；也感觉像是某位参议员逼迫记者把故事烂在肚子里。但都不是，这次抗议浪潮发生在《赫芬顿邮报》（Huffington Post）的网站上。

《赫芬顿邮报》在 2005 年创立时，和其他新闻综合发布平台或政治博客类似。它是从保守派转为自由主义者的媒体女王艾瑞埃纳·赫芬顿（Arianna Huffington）和她的一些朋友的心血结晶。他们创建了一个可以自由撰写自己的政治和时事观点的平台。很快，他们开始组建内部作家队伍，并发表了很多由公众人物和名人撰写的文章和评论。

经过短短一年的运营，《赫芬顿邮报》就拿到了第一笔风险投资。2008 年获得了又一轮投资——这些资金使网站得以全方位扩展：全天 24 小时的内容更新，推出根据不同区域的个性化网站，还开发了一些全新类别，如生活方式、文化、体育和娱乐内容等。随着不断的延伸发展，《赫芬顿邮报》不仅广受读者追捧，在作家群体内也非常流行。

《赫芬顿邮报》广受赞誉且受众广泛。通过在平台上引入谨慎挑选的政治人物、学者和专家，《赫芬顿邮报》也在质量方面树立了良好的声誉。《赫芬顿邮报》在使"博主合法化"方面发挥了重要作用。渐渐地，作家、专家以及其他人——不再需要平台手动挑选或批准，《赫芬顿邮报》为所有人提供了一个创作平台。

博客的发展时间几乎与互联网差不多，但是其声誉总是浮浮沉沉。由于博客的质量、可靠性和真实性常常鱼龙混杂，它总是被人们称为"狂野西部"，或者是阴谋理论家、心术不正或匿名怪咖的避风港。与此同时，博客也使一些最好的作家和思想家与读者建立了密切联系，他们在这里发表一些内容更深刻的文章，同时这些创作者也能无限度地吸引新受众。小说作者和非小说作者通过书籍的纽带在博客上与读者保持联系。专家可以在这里提供建议、帮助以及高超的见解来巩固和提升自己的声誉。

知名作家和新闻工作者也很喜欢《赫芬顿邮报》提供的公共写作平台，至少一开始是这样的。这让他们在众多读者之中变得耳熟能详，在这里他们可以按自己的节奏发布文章，且不必花大力气去吸引读者。许多作家还享有在非自身专业领域里发表主题文章的特权。例如，技术领域的作者时不时地也可以写写政治观点或电影评论——而这些都是他们的"主领域"出版商绝不允许的事。

而这一切都在 2011 年变得不同了——美国在线（American Online）以 3.15 亿美元的价格收购了《赫芬顿邮报》。对赫芬顿女士和她的合伙人来说，这绝对是一笔巨大的意外收入，也是多年努力所到达的巅峰。但是，除了所有权上的改变，网站本身或运营并没有太多的变动。这项投资使《赫芬顿邮报》实现了全球化发展并提升了其网站技术。对于读者和作家来说，这次收购完全没有带来任何变化。

那么，这些知名作家到底在义愤填膺地抗议什么？——是这笔 3.15 亿美元的收购使他们意识到了一直以来到底在发生着什么——他们没有获得来自《赫芬顿邮报》一分钱的报酬。

显然，专业作家的付出理应有回报：无论是记者、小说家、自由职业者、杂志特稿作家，还是拥有自助书籍的专家。当他们得到接触更广泛的受众和提高其声誉的机会时，《赫芬顿邮报》的收购案恰好点醒了他们。对其而言，这样的出售是一种不公和背叛，它引起的争议和影响蔓延至今。

《赫芬顿邮报》确实雇用了一些全职拿薪水的创作人员，毕竟新闻媒体需要有专人及时发布突发新闻和持续报道特殊事件（例如体育赛事和新闻发布会等）。但是，网站提供的绝大多数内容都是非雇员自愿发布的。

《赫芬顿邮报》也有一些专门的编辑，他们持续搜寻读者感兴趣的内容，尤其热衷于扩大高利润产品类别，例如育儿、时尚、青少年或者健康。当他们找到一篇合适的文章时，会向作者发送电子邮件希望得到转发的许可权。其中一位作家是演员威尔·惠顿（Will Wheaton），年轻时他就以电影角色而闻名，他最广为人知的角色是在20世纪90年代的《星际迷航：下一代》（*Star Trek: The Next Genertaion*）中饰演的韦斯利（Wesley）。他很早就开始写博客，并且在千禧一代中颇受欢迎，他谈到了与《赫芬顿邮报》的这次交流:[3]

来自《赫芬顿邮报》的一位非常出色的编辑昨天联系了我，问我是否愿意准许他们的网站转发我那篇关于"七件重启我的生活的事情"的文章。

《赫芬顿邮报》观点广泛，并且拥有相当多的读者，我也很想与更多人分享这个帖子，所以我告诉编辑自己很感兴趣，并问他们能给予文章作者何种回报。

好吧，得到的答复是："很遗憾，我们目前无法为博客作者提供酬金。大多数博客作者都在这个独一无二的平台中找到了价值，并可以访问我们网站的所有内容，但我们也完全理解有些博主因为没有报酬而不愿意和我们合作。"

在礼貌地婉拒了《赫芬顿邮报》的请求之后，威尔开始思考：

也许我本应该接受他们难以置信的"免费"转载请求？不，我不这么认为，那毫无道理。《赫芬顿邮报》的估值已超过五千万美元（原话如此），他们绝对有能力支付文章作者报酬。它不仅拒绝支付而且还能侥幸成功，这令我感到痛心。

一位来自《赫芬顿邮报》的编辑试图解释：[4]

最近，人们常常问道：为什么有人会在博客上免费创作，而同时这里仅向部分其他创作者付费呢？请注意，"免费"赋予你的部分权利是免于"必须工作"的自由。没有固定的工作时间，没有交稿期限，没有熬夜完成的压力，也没有周末加班。你可以在任何灵感涌现的时候工作，这是一种自由。

好吧——免费意味着自由、独立、自治（和公开）。这听起来很吸引人，除此之外，听听威尔的结论：

"你无法凭借'这个独一无二的平台和访问我们的内容'来支付房租啊。"

不管《赫芬顿邮报》是真挚还是险恶，或者是作家们短视或唯利是图，这种状况都不仅仅发生在《赫芬顿邮报》这里。如今，几乎所有作家都面临着这个问题。在《纽约时报》发表的一篇文章中，作家蒂姆·克雷德（Tim Kreider）总结了这个问题：

不久前，我在一个星期内收到了三个邀请，要求我为他们的平台提供一篇原创文章或做一场演讲，报酬均是零美元。那些认为指望别人免费给他们理发或送罐苏打水喝算不上什么奇怪事的人，会绷着脸问心无愧地问你，是否愿意为他们白白写一篇文章或画一幅插图。[5]

讽刺的是，他还是免费写了那篇文章。这个反转不仅仅揭示了写作本身是如何被瓦解的。如同新闻业一样，这样的转变不局限于写作：从市场营销、设计、销售到产品开发等各个领域的专家都已经看到了这一点——有些人说这太夸张了——被要求免费工作或只能获得一些不涉及直接报酬的补偿性回报。

作家、创业者以及思想领袖斯拉玛娜·米特拉（Sramana Mitra）[6]将这种现象称为"对免费的狂热"[7]：

互联网上充斥着认为所有东西都该免费的人［……］资本主义假

设价值得以创造的共识是消费该价值的人将为此买单。如果这个假设被推翻了，那资本主义的体系最终也将不复存在。

……在21世纪，机会意味着你以某种形式受到某一挑战的影响。尤其是媒体行业，它们给自己挖了一个深不见底的洞，打开了免费提供信息的大门。现在，地震来了，整个行业的绝大部分都将被掩埋地底。

"体系崩塌、深不可测的黑洞、劫数难逃、行业的世界末日"，这些都是被颠覆的群体挫败而绝望的呻吟之词。*

> *作为受人尊敬的连续创业者、十多本创业类书籍的作者和企业管理咨询专家，斯拉玛娜·米特拉绝非卢德分子（卢德分子特指19世纪英国工业革命时期，因为机器代替了人力而失业的技术工人），她只是表达了众多创业者、自由职业人士和员工的情绪。

在免费的世界里，金钱在哪儿？

这是21世纪，一个崭新的商业时代。但这是否意味着每个人要么穷苦要么破产？不受限制的互联网资源是否只教会了我们不劳而获？

创业根植于资本主义。资本主义经济学充斥着描述生产者和消费者之间假定关系的公式和图表。如果价格上涨，则需求趋于下降。但是传统经济学诞生于旧世界，经济关系只有两方面：生产者和消费者，或者商人和客户。如今，人们之间的关系变得更加复杂，并且愈加相互依赖。这些全新的关系带来了全新的行为和情感，以及日趋上升的不确定性。

以前那条扯不断的"线"如今都破碎成了"点"。交易不再是从一个点到另一个点的直线。想象你把球传给了朋友，等着他把球扔回给你；然而，你不但没等到回来的球，你的朋友也不见了；他转身把球丢向了别人。随后，当你走在街上时，一个突然冒出来的陌生人将球交还给你。没错，这大概就是当下商业的样子。

在元创业时代，成功在于理解和管理新的经济学。对于创业者来说，这是一个全新的领域，但并非无迹可循。

穿过卢比孔河

在"免费的世界"里,商业模式不是金钱与产品或服务的直接交换,而是间接的。起初,它看上去十分模糊、不准确,甚至很难预测。生产者到达消费者之间的纷繁路径让人感到头晕目眩。消费者习惯了直线和等式,而不是不确定的跳格。当融入新模式时,一切就都显得自然而然了,当然也不会再质疑它。实际上,一旦消费者习惯了这样的新模式,"直接"的商业模式反而会令人困惑。

很难想象?那让我们来看一个熟悉的场景:

急诊室经济学

在最新一集真人秀节目《急诊室里那些不为人知的故事》(Untold Stories of the ER)中,一名患者的处境非常尴尬:当时是凌晨两点,而他急需医生从他的隐私部位取出一个卡住的性爱玩具。在开始紧急手术前,患者很认真地询问医生手术将花费多少钱。医生也没有概念,她也得向医院管理部门询问,而病人坚持要知道花费多少后才肯进入手术室,于是他们大半夜叫醒了管理员,最终病人如愿得知该手术的费用大约为 9 000 美元。患者当然想要匿名接受这次手术,所以他要求支付现金。而对于观众和医院前台人员来说,这个要求就不太寻常了。于是管理员不得不打了多通电话,咨询医院收现金方面的政策并找到适当的协议文件。折腾了很久,终于病人付了现金,医生也成功移走了那个物品。

一个世纪,甚至五十年前,用支票或现金支付医生或医院的治疗费用就和买其他任何东西一样自然。消费者付钱,商家服务,这是一条直线,就像经济学课本教给我们的一样。然而今天,试试从口袋里掏出一沓 20 美元的钞票来支付牙医诊费(并要求找零),就会出现我们在急诊室故事中看到的那一幕,直接付现金这事儿已经变得相当不寻常了。

我们现在已经习惯了不用现金,大多数人在看医生或急诊室就诊时,都靠医疗保险或保健项目报销。付款人要么是政府,要么是我们的雇主。医院的治疗是"免费的",至少在我们获得医治的时候确实无须付钱。当然，它并不是真正的免费：医生最终会得到报酬，护士、助手、管理人员也会得到报酬。你的医疗保险公司是付钱的人，而他们从企业主或者政府资源那里获得收益。还有一部分保险金则来自保险公司为覆盖成本而进行的高收益投资。而最终，你又会通过自己的支票和所得税间接支付这些账单。

钱从各种渠道流动并最终汇集在一起。有很多点被连接了起来，而对于每笔交易来说，连线的方式不总是相同的。

穿过卢比孔河

对于出生在这个新时代的人来说，免费文化和"连接不同的点"已经是一种自然的生活方式。但是对于我们这些跨越新旧时代分界线的人来说，这确实是一种范式上的转变。因此，新的范式已经到来，我将以一系列插图的形式来解释：

你在河的这一边，"成功"在河对面——你要做的是完成这个过河的任务（图 5.2）。

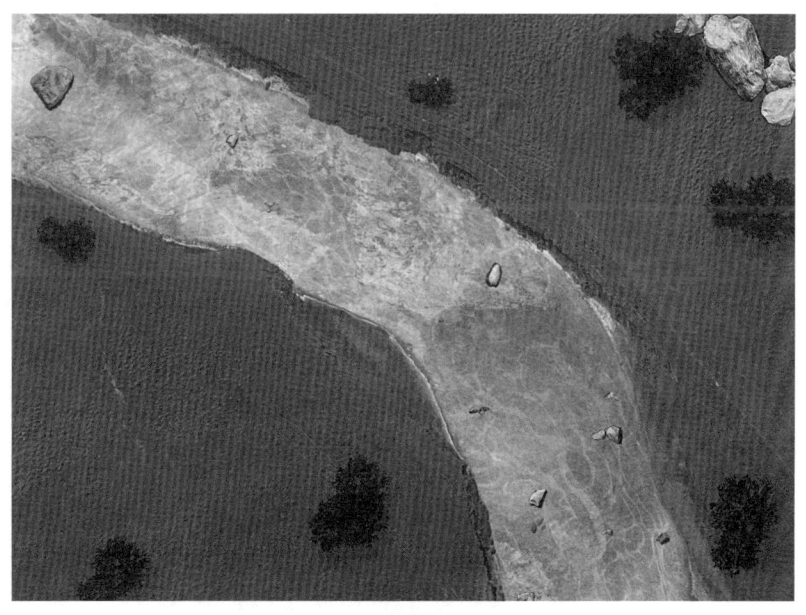

图 5.2

以前，河上一定会有桥，我们很容易看见，并毫不费力的走过去（图5.3）。你只需要选择走哪座桥过河即可。这些桥象征着商业模式。

图 5.3

但最终有些桥开始慢慢坍塌了，或者不再能通往你想要到达的地方（图5.4）。

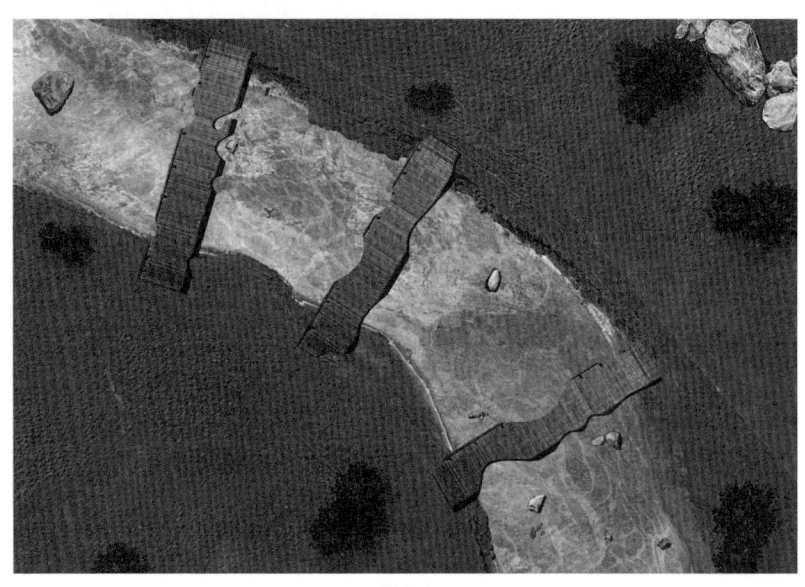

图 5.4

因此，创业者开始搭建全新的桥（图 5.5）。

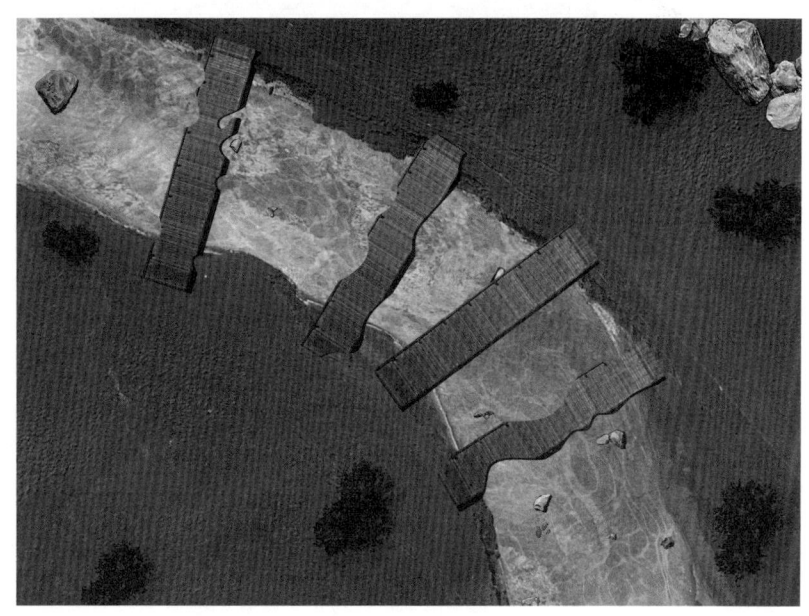

图 5.5

起初，人们对此疑虑重重，不知道这些新桥能不能通向美好未来，或者担心它们是不是足够坚固。早期的实践者是第一个勇敢走上新桥梁的人。最终，其他人得以识别出哪些新桥是安全的，并且能又快又好地到达目的地。最终——这些新桥成为人们眼中的"默认路线"。

对创业者和颠覆者来说，桥梁代表了旧商业模式的范式。这些是人与公司之间僵硬的预先设定的关系，而交易和资金也遵循着可预测的路径在此关系中流动。

一个没有桥的世界

在新的范式中，桥梁消失了，因为根本无法确认何处是起点或终点。

但河还是要过的，因为达不成交易，你只是孤零零地守着自己的想法。可当你环顾四周时，发现河面上不再有桥梁，而是散落在水中的石头：它们是你的垫脚石（图 5.6）。

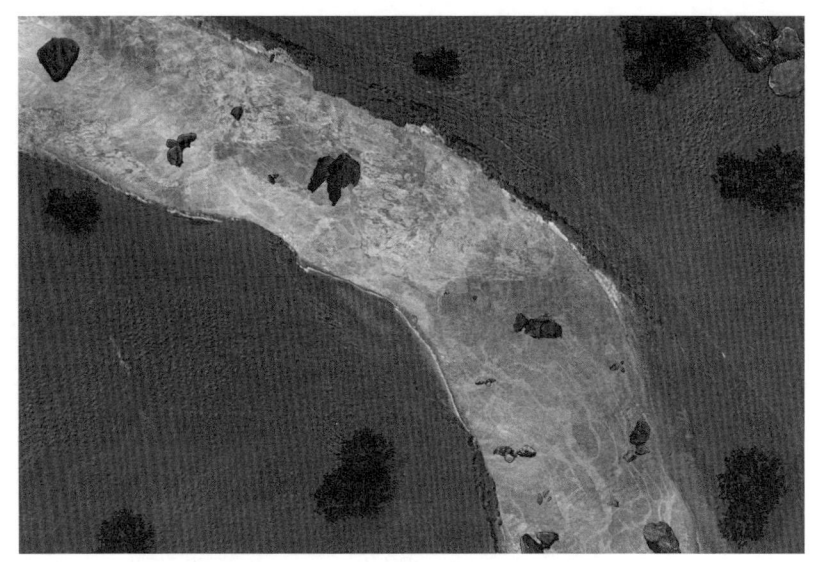

图 5.6

如果这一幕用旧经济思维模式去想,我们肯定会想要寻找或是期望有一排石头能将我们与河的另一边连接起来(图 5.7)。

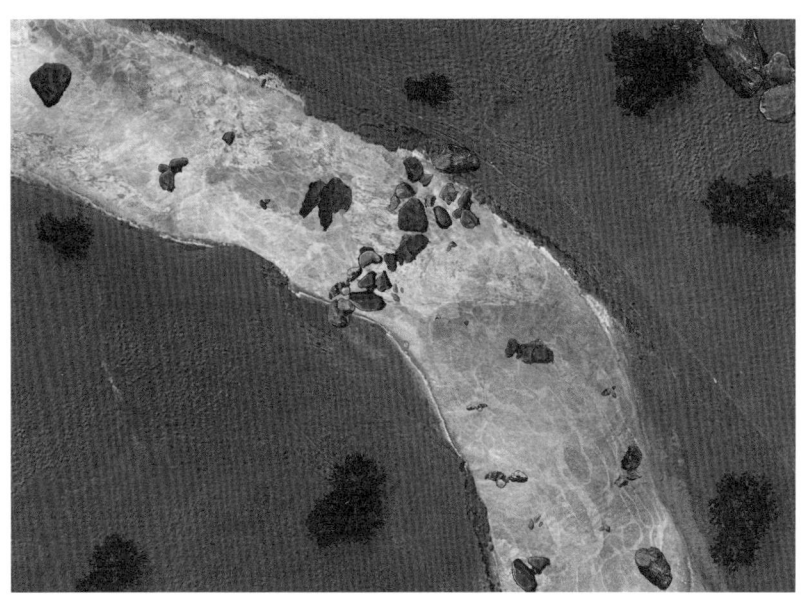

图 5.7

但是我们也知道不可能那么幸运,即使足够幸运,那条路也会很快变得拥挤不堪,最后没几个人能顺利到达河对岸。新的现实是,我们必须自己找到合适的组合,把散落的石头连接起来,以便能抵达目的地(图 5.8)。

我就暂且把它称为"多跳格法则"吧——"跳格"是中介们之间的连接：可以协助你跳到下一关的人员、公司、产品和服务。如果你尝试走捷径——那么小心有可能因错过下一个跳格而跌入河中——但这种风险也可能会让你收获惊喜。

而且，根据你的起点或想去的方向，每次跳石的组合也可能会有所不同。

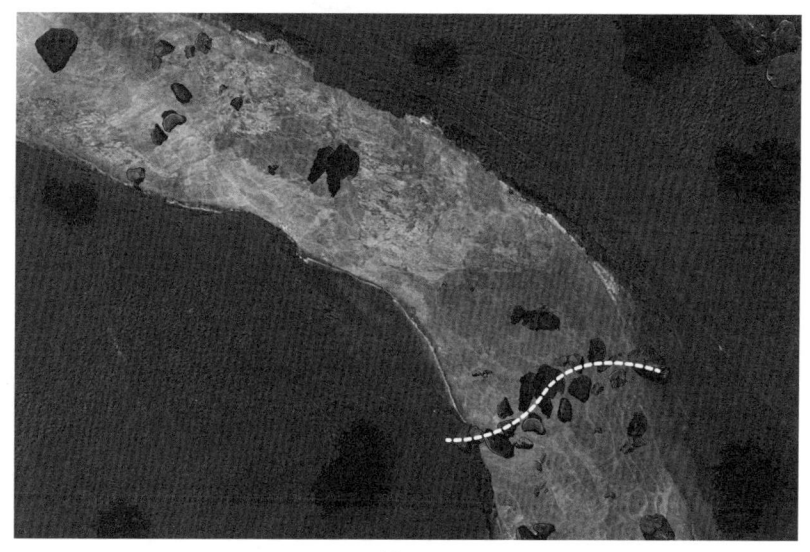

图 5.8

这件事的实际含义究竟是什么呢？在"免费文化"中，这意味着自由职业者、雇员、雇主和创业者需要认识到直线型的商业模式正在消失，桥梁正在坍塌。相反，他们必须在不断连接点与点的模式下展开运作。

有人要求你"免费"写一篇文章吗？好吧，现在这可能等同于在急诊室里不付钱给医生，但这只是因为，你尚未搭建起自己的点接点模式。丹·吉尔默允许所有人免费下载他的书籍，这是由于他已经建立了间接的商业模式，因此最终的收益比卖书只会多不会少。

欣然接受新的"点连接点"商业模式确实是一个飞跃，因为需要放弃那些传统的模式。就像穿越卢比孔河——一跃而起，再也没有回头路可走。但是，不要忘记，凯撒大帝在跨过卢比孔河后征服了罗马。

通道

每个新时代都可以用发生在那个时代的典型性颠覆活动来定义：技术创新、政治动荡或政府法规的巨变；期望和集体行为的转变。但是，在元创业时代，有一个方面发生了根本性的变化：商业交易参与者之间的"直线关系"开始逐渐消失（图5.9）。

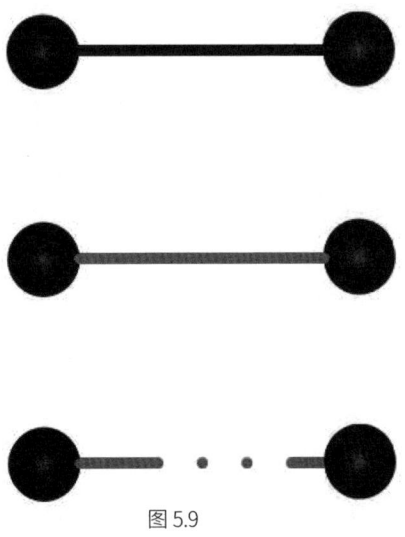

图5.9

实际上，我们这个时代的典型特征之一就是几乎所有传统角色和关系都在被重新定义：男人、女人、父亲、母亲，甚至是夫妻、约会对象之间的关系；朋友之间——脸书朋友？Snapchat（欧美流行的一款"阅后即焚"社交工具）朋友？还是现实中的朋友？此刻，当你停下来想一想，雇主—雇员、客户—卖方—竞争对手—合作伙伴之间的传统商业关系其实也在发生变化（图5.10）。

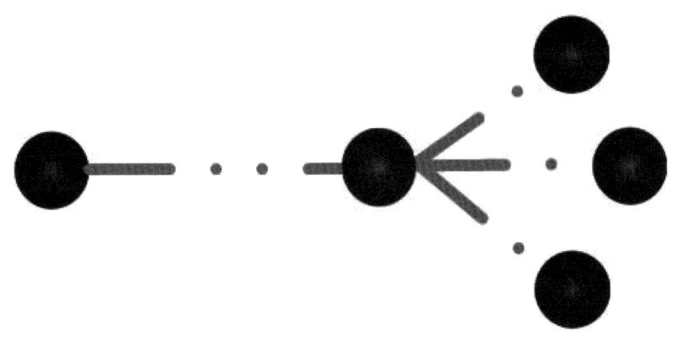

图5.10

商业生态系统中的每个角色现在都像散落在河中的石头，或者更确切地说，我们现在生活在一个网络世界中，每个人都是一个"节点"（图 5.11）。如今的商业模式和交易在于如何在这片网络世界中建立连接。

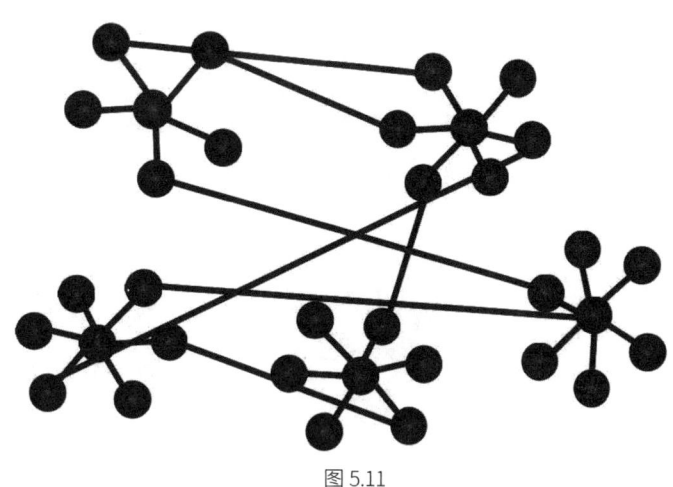

图 5.11

我们基于教育水平、职业、年龄、兴趣等多种因素组成各自的社群，即社交圈（图 5.12）。

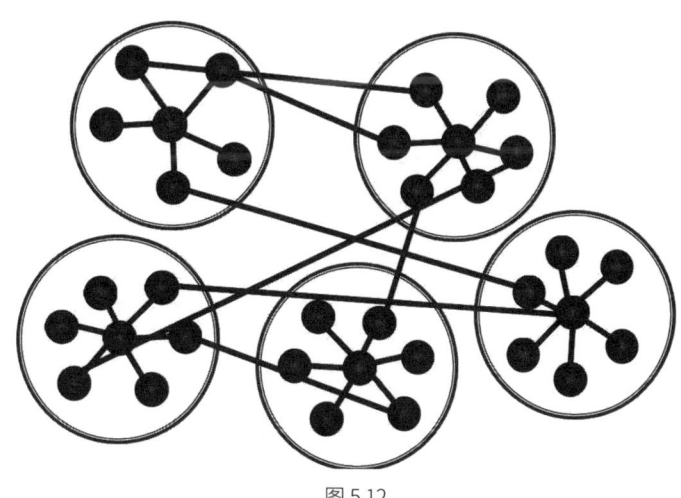

图 5.12

有些人是强大的连接器，但不是终点。有时你也会是一个连接器。你在生态系统中的角色并不固定，你的角色取决于周围的环境。影响力指的是一种吸引节点并将其连接到其他节点的能力（图 5.13）。

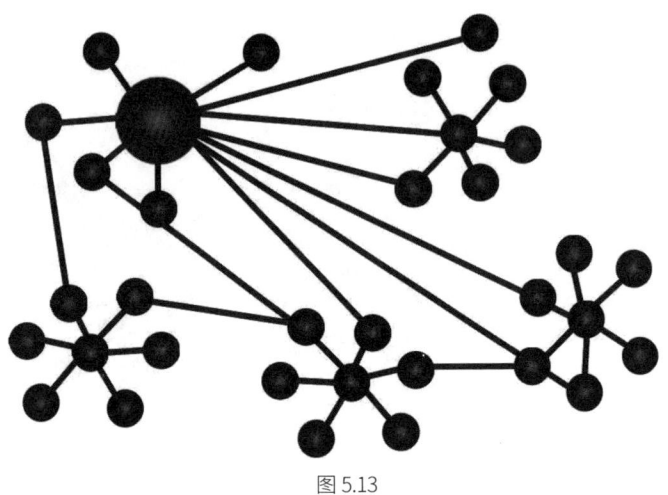

图 5.13

有形和持久的价值来自于帮助一系列节点连接起来完成交易。想象这样一种典型的情况：你需要完成一笔交易（如赚钱），你需要"从这儿到那儿"。在过去你仅仅需要与客户或买家对接起来即可（图 5.14）。

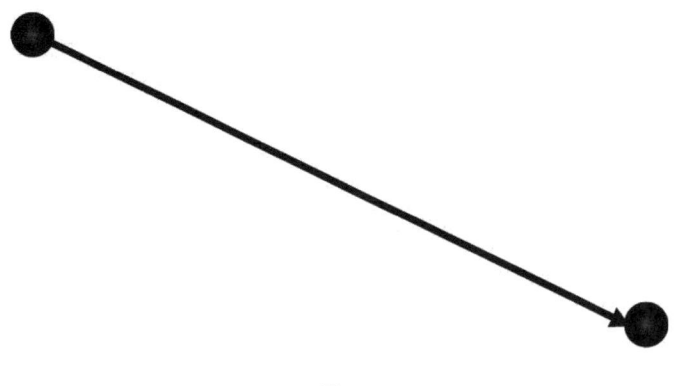

图 5.14

客户很容易被识别出来，我们熟知这一传统的角色及关系。供应商和客户之间的交易是直接的，是直线关系（图 5.15）。

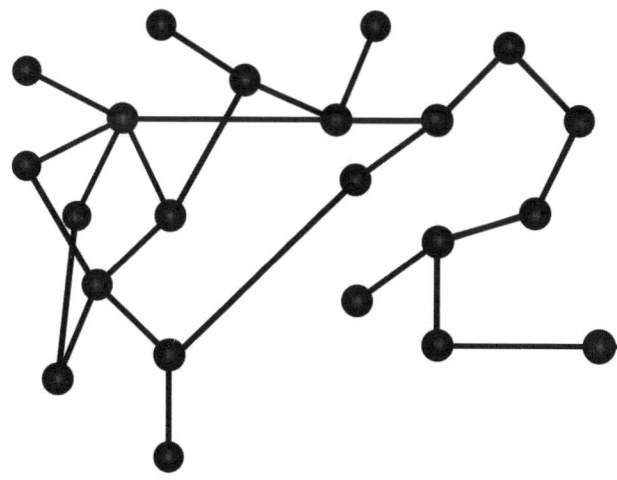

图 5.15

如今，以网络为中心的世界充满了喧嚣和混乱，甚至确定最终买家都是一项十分艰巨的任务，与这样的客户建立连接就变成了一种点连接点的游戏（图 5.16）。

元创业时代的成功建立在找到这些多步骤的商业模式，并与多个不同的人和公司进行互动，直到找到最终客户。

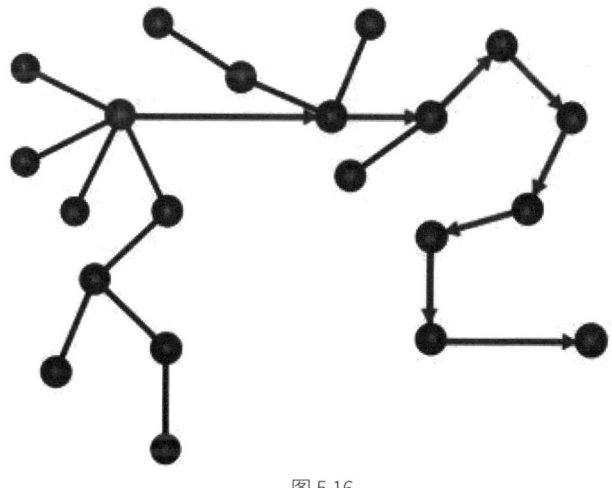

图 5.16

这不仅仅是一个单纯的"网络"，为了从一个点跳到另一个点，你需要提供一定的价值，即有人愿意将你连接到下一个节点的理由。从某种意义上讲，这就像是你在试图逃离一个残暴政权的监狱，你需要认识能帮你开门的人，于是你才能跑到下一个"检查站"，依此类推——你必须给这些帮助你的人一些好处。他们不一定需要或想要钱。通常，他们想要一些无形的东西，而只有你有。最终，你在这个网络里一步步前行并找到出路（图 5.17）。

找到路径后，创业者的责任之一就是确保这是一条可重复的路径。这是一种全新的商业模式：将合适的影响力人物、连接者和其他参与者建立成一个网络，并在整个过程中添加独一无二的价值。

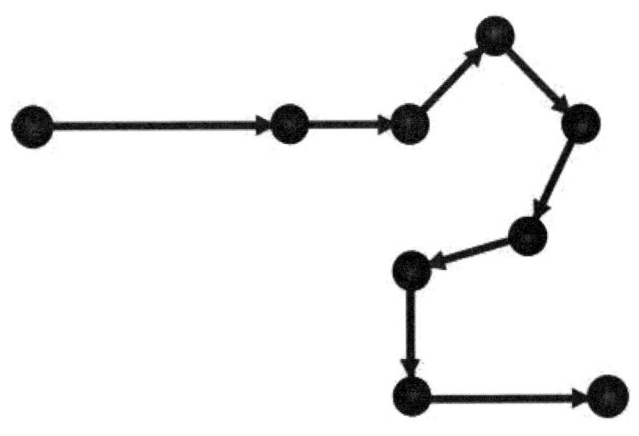

图 5.17

创业者需要时间去适应新的"网络化"商业模式。大型或头部企业仍可使用传统的直线商业模式进行运营（图 5.18）。但说到底，结果也就是直到它们失去优势或领头羊的位置为止。

对于创业者而言，直接的关系以及两个组织之间固定角色的概念正在消失。

图 5.18

找到客户、顾客或合作伙伴，然后直接获取报酬已成为不复存在的奢侈品。如今，向确定的顾客提供有价值的产品或服务是一件相当复杂的事情。

因果关系的概念——即刻的因果关系——正在被重新定义。因为已经完成的交易、资金流动或者不论最终目的是什么，都不太可能是一对一直接互动的结果。就像急诊室中那位坚持付现金的病人和医生之间的互动一样，他们之间的交流不再是金钱交易。他们需要在一个网络里通过更多的"跳格"或节点去完成整个交易。刚开始时，这样的交易相比以前需要更多的时间去完成。

可以说，元创业时代是一个"延迟满足"的时代。令一些人感到不安的是，他们在每次互动过程中得到的回报（或贡献）可能都是微乎其微的，人们也很难知道到底什么时候会取得实质进展。

向风投公司筹资的初次创业者会切实体会到这一点。在这种情况下，你的最终目标是交易达成，即获得一份风险投资。首先，你发送无数封电子邮件、不停地敲门并和不同人握手，希望见到那个终于肯大笔一挥给你签支票的风险投资家。

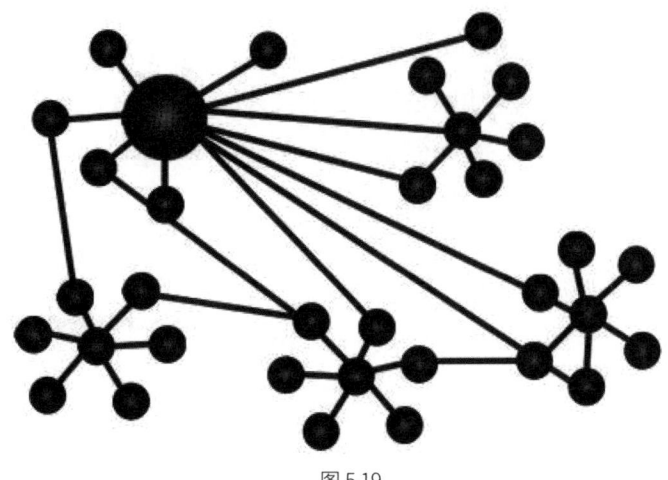

图 5.19

但这管用吗？基本没什么用。然后你意识到需要别人的引荐，如果你不认识任何可以引荐你对接投资人的人，那就得再找到一些"垫脚石"。这样做效果稍好，但通常进展缓慢，因为一开始创业者可能并没有为介绍人带来价值。在这种情况下，价值就是可以激励下一个网络参与者将你连接到再下一个节点的东西（图 5.19）。

价值等于金钱吧？尝试一下，你会很快发现，如果你试图给介绍人一笔钱来帮你达成连接，带来的效果一定是负面的。网络中的参与者通常使用非金钱形式的价值进行交易。在网络世界中，流通的货币是可以帮助提高接收者未来价值的东西：更大的影响力、更高的曝光率、连接其他节点的机会，或为自己创建新连接和路径的力量。

最重要的是这个短语——"提高未来值"，因为如果互动是即时生效的，那么这仅仅是一场交易，两者关系就此结束了。网络化的世界里交易与"关系"合而为一：建立稳固的联系和可持续的路径。

当你能为别人创造越多价值时，你在网络中的价值和影响力也就越大。

除了通过"连线任务"为他人增加价值外，还有一些新方法可以提高你在这个网络中的效率，例如：

1. 夺人眼球，其他人就会主动来找你。对于寻求资金的创业者来说，除了走出去并和投资人取得连接之外，你还能想到其他更有效的方法吗？有时，额外的曝光度是你从尝试通过网络连接的其他人那里获得的价值。

2. 不断为网络增值，以便其他人希望与你建立联系。

3. 不断参与到网络活动中去，特别是对你还没有直接利益的时候。

4. 理解提高自身影响力与连接的数量无关，而是与其质量和恰当性有关。潜在的连接是否会进一步巩固你和他人的职业路径？

5. 路径是网络切实的连接，你拥有的路径越多，便可以从网络中获取越多价值。

6. 最终，你要创建属于自己的永久性路径（商业模式），同时也要记得成为他人路径中重要的组成部分。

连接的数量本身并不是成功的决定性因素，潜在连接的"临界质量"才是最关键的。换句话说，孤僻的人、反社会者和自私的人在网络世界中运气不佳。

没有人可以确定究竟哪一组连接能够将你带到成功的彼岸（图 5.20）。这可能是一个令人不适的概念：以网络为中心的策略（从商业角度看）比传统的假定条件、因果关系以及公式更为重要。

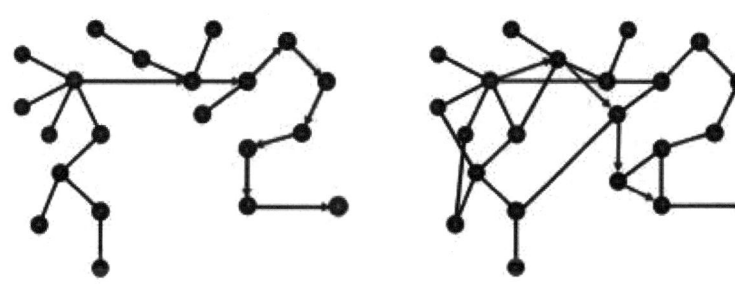

图 5.20

达到连接的最小临界值是成功的关键。由于你不知道哪些连接将带来回报，因此正确的策略就是持续不断地进行连接，并始终为连接增值（图 5.21）。

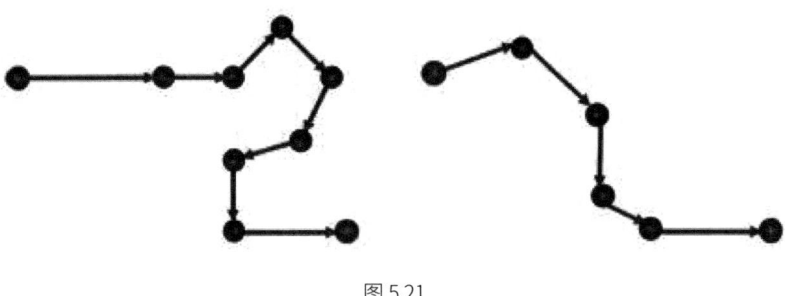

图 5.21

尽管听起来可能是令人难以置信的利他主义，但其实只是商业新思维罢了。

在传统的商业模式和人际关系时代，员工获得报酬，志愿者免费工作；位于两者中间地带的是临时雇员，通过兼职工作获得报酬；而自由职业者和顾问则在交付工作时获得报酬。这些都是过去传统的直线交易模式。

如今，人们已经习惯了同时扮演多重角色：员工、雇主、顾问或自由职业者。"免费"仅意味着一个人需要连接网络中的另一个节点，以便在未来达成交易。

一直在为《赫芬顿邮报》写博客的作家们理解"点连接点"这一概念。"免费"写作意味着增加他们在网络上的影响力和价值。反过来，这又创造了建立更多连接、更多途径和完成更多交易的机会。

一旦你成为"免费国度"的居民——一位元创业者，那就好说了。这只是连接点的问题，这是一种新的才干和技能组合。对于创业者来说，这是个好消息，因为他们将有更多的可能性去修建成功大道，而困难的部分在于它比以往更加复杂、模糊且难以掌握。不再有一系列预先设定的步骤，这是一个跳房子和点连接点的游戏。

2005年，史蒂夫·乔布斯在斯坦福大学的毕业典礼上做了一个令人回味无穷的演讲。他谈到了一生中那些看似随机的事件和经历，是这些事使他从漫无目的的嬉皮士变成了一位传奇的创业者。他在演讲中总结了以下经验：

……向前看时你永远无法把这些点连接起来，只有回头看才会发现一切自然而然。所以，你必须相信这些点将在未来以某种方式连接起来。你必须信任某些东西——勇气、命运、生命、因果，等等。这个方法从未让我失望，它彻底改变了我的生活。

史蒂夫的非凡见解具有预见性，因为它描述了我们在元创业时代中的运作方式——回头看把点连接起来，结果当然是显而易见的。而将未来的点连接起来是一种新技能，这个由垫脚石和网络构成的世界是一片全新的领域。那么该如何在这个新国度里来去自如呢？首先想象自己飞过头顶，飞到10 000英尺那么高吧，再低头观察这个新地势，寻找某种模式和可能的连接。一切从思考"元"开始。

元（META）

超越创业

> **meta-**
>
> 1. 作为前缀使用（prefix）
>
> 表明变化、改变或者交替，例如：新陈代谢 metabolism, 变形 metamorphosis
>
> 2. 作为形容词使用（adjective）
>
> 意为"超越"（beyond）

创业几乎可以说是历史最悠久的职业，在整个人类历史中，创业以多种形式存在。在我们的祖先完成了最基本的生存和安全挑战后，他们开始组建社群。在社群里，每个人除了自己要掌握特定的生产技能外，同时也依靠邻居的生产技能实现彼此的互补——开始不仅为自己所需而从事生产工作。随着社群里的"创业者们"开始物物交换，或者买卖交易，他们也试图从其他社群里寻找贸易伙伴。

在文艺复兴时期、大航海时代以及第一次和第二次工业革命期间，创业活动变得更加频繁。创业不仅意味着商业和贸易，更意味着创新、发明技术和大众市场的开拓。创业者们选择开发新的市场，而不仅仅是开发新客户。他们跳出了传统手工制作和人工搬运的旧模式，选择用自动化的机器来扩大生产规模。这是历史上第一次创业者们亲手创造出了不依靠国家或贵族赏赐的机会和财富。

第二次世界大战前，创业者更像我们现在所说的发明家或工厂主，如托马斯·爱迪生（Thomas Edison）、亨利·福特（Henry Ford）、大卫·萨诺夫（David Sarnoff）、霍华德·休斯（Howard Hughes）等人。他们的经历在现代创业者眼中简直难以置信，因为那个时代的创业者通常是在没有任何竞争的情况下主导着一个新兴行业。但讽刺的是，他们的公司最终成为教科书中的商业寡头，如福特、美国无线电公司（RCA）、3M、美国电话与电报公司（AT&T）、通用电气（General Electric) 和西屋公司（Westinghouse）等。

直到第二次世界大战后，现代意义上的创业时代才真正来临。

创业 1.0

现代创业史的第一阶段大约在 1950 年到 1980 年之间。

每个时代的创业至少要从两个特殊方面来定义：重大变化带来的私人投资热；技术发展促成的新领域。1950 年之前，初创企业主要由资助者和政府提供资金，那时候还没有正式的私人投资产业。当时流行的商业策略是技术垄断，即阻止其他企业效仿或改进其产品。

二战期间，战需产生的大量政府投入激发了全方位的创新，在航空、电子、通讯、医学等各个领域都发生了技术大爆炸。这个紧张而混乱的时期犹如巨浪席卷而过，开辟了现代创业的历程。战争的结束直接催生了第一批风险投资公司的诞生。[1]

由美国研究与开发公司（American Research and Development Corporation，ARDC）和惠特尼公司（J. H. Whitney & Co）领导的这些新的风险投资公司推动了第一波现代创业公司的兴起——这些公司登上了信息时代腾飞的舞台：从仙童半导体（Fairchild Semiconductor）、美国国家半导体（National Semiconductor）、数字设备公司（Digital Equipment）到惠普（Hewlett-Packard）和英特尔公司（Intel Corp）。而这些公司卓有远见的创始人也都如雷贯耳：戈登·摩尔（Gordon Moore）、肯·奥尔森（Ken Olsen）和罗斯·佩罗（Ross Perot）。

创业 2.0

1970 年代后期，我们再次见证了以下两种力量引发的创业领域的巨变：私人投资方式的调整和新技术平台的出现。

20 世纪 70 年代末，美国风险资本的监管改革全面生效，与此同时，资本利得税税率也大幅降低。这一政策大大增加了新兴成长型公司的可用投资资本。

值得一提的是，也是在同一时期，第一台个人计算机问世了。

这两股力量共同引发了创新创业宇宙的"寒武纪生命大爆发"，从计算机硬件和软件的繁荣到随之而来的互联网的崛起，新时代隆重开启。这是互联网巨人涌现的时代：苹果、戴尔、微软、莲花

（Lotus）、网景（Netscape）、亚马逊、易贝、贝宝、雅虎和谷歌，群星璀璨。而这个时代标志性创业者的名单则更长：史蒂夫·乔布斯、比尔·盖茨、杰夫·贝佐斯、马克·安德森、斯科特·麦克尼利、拉里·佩奇和塞尔吉·布林，等等。

与 19 世纪后期的那些工厂巨头截然不同，这个时代的创新成为了巨大财富的原驱动力。这次，创业者建立的公司和发明的产品使数百万其他企业家也得以获得成功。个人计算机、电脑软件和互联网——不仅对于消费者来说是强大的产品，同时也是支持整个时代创业者实现抱负和成就的平台。

现代创业史的 2.0 时代大约在 1980 年至 2010 年间。

混沌与过渡年代：2010—2015 年

在 2008 年金融危机和经济衰退的余震后，创业活动再次风起云涌[5]。讽刺的是，此时天使投资和风险投资活动都达到了互联网经济泡沫破灭以来的最低点。[6] 当然，可能也说不上讽刺，毕竟事实证明，彼时的经济衰退为下一个时代的伟大初创企业提供了温床。[7] 一定程度上，经济低迷和资金缺乏变相促进了创业活动。

这个阶段创业活动激增的另一个原因是"精益创业"概念的出现——这是由埃里克·里斯（Eric Ries）提出的一系列方法，基于史蒂夫·布兰克开创的"客户发展"（customer development）理论而创立。精益创业提供了一个框架，帮助创业者快速开发产品、做市场测试，并为"概念到市场"的过程提供方法和建议。

但是，在这个过渡时期还有更加特别的事情正在酝酿之中，一场新的风暴正在发生。

由于技术成本急剧下降，创业者只需花费数千美元，甚至几百美元就可以创办公司、开发产品。这远远低于注重效率的风投机构的门槛（对于那些管理着五亿美元的风投公司而言，向多么有前途的初创公司投资 10 万美元都是不划算的买卖）。实际上，投资的含义也开始发生了变化：A轮融资不再是"第一桶金"。现在，我们有了种子轮、Pre-A轮以及Pre-种子轮。

对于早期阶段的初创公司而言，当天使投资与风险投资相比毫不逊色的时候，天使投资人、"非专业的个人投资者"的数量开始猛增。20世纪30年代以来未做更新的陈旧的证券交易法规已经无法应对奔涌而来的个人投资浪潮。

最后，这个时代的社交网络已经完全成熟并成为主流。如今很难想象没有脸书、推特、Instagram和Pinterest等软件的世界。但就在2008年，它们中的一半还不存在呢，甚至连脸书也尚未成为主流社交软件。而如今，几乎所有产品都内置了社交属性。结果，大众的核心行为也发生了变化——有时我们发布照片或更新动态已经不完全是出于自愿了。举个例子，就在几年前，如果招聘者在网上发现了求职者的社交媒体账号，那其大概率是会给他贴上"非主流"的负面标签。而在今天，这却是潜在雇主一窥候选人情况的方式之一。社交网络不仅是定义了这个时代的技术，而且也成了主流用户的默认行为。

创业3.0

像1.0和2.0时代一样，创业3.0时代也以初创公司融资方式的重大法规变革为标志。众筹（crowdfunding），是低成本技术浪潮、新的个人投资者群体的产生以及主流社交网络行为的集合体。

2016年，股权众筹（equity-crowdfunding）在美国完全合法。这代表了美国证券交易委员会（SEC）对"新兴成长型公司"如何筹集资金的相关法规的变革。

低成本技术快速发展、无处不在的社交网络以及"群众投资者"取代了传统风投，成为初创企业的投资人，这些元素共同定义了创业新时代。

元创业

元创业（Metapreneurship）意味着"超越创业"（beyond entrepreneurship）。它是网络世界中的现代创业，也是合作型创业，元创业可以被称为创业 3.0。

接下来将分析元创业意味着不仅仅成为一名创业者。在网络化世界中，人们通过多种形式相互连接，对于创业者而言尤为如此。个人的努力变成了团队合作，创新的延伸和加速通过即时连通的网络变得容易和流畅起来。光是这一点就改变了一切，它改变了创业过程中的基本互动、角色、行为和价值观。

为了弄清楚这些新型创业者的特征，让我们来看看一个熟悉的故事在 21 世纪的新版本：

盲目的石匠和他们的大教堂

在参观一个大型建筑工地时，你遇到了数十名石匠，他们都各自拿着锤子或凿子叮叮当当地敲打着那些昂贵的大理石板和花岗岩。出于好奇，你跑去问第一个石匠他在做什么，他迷茫又鄙夷地答道："谁知道，反正他们只告诉我要把这些石头凿成碎片"。

你继续前行并问另一个石匠同样的问题。"不管怎样这是我的工作，"他带着些许骄傲继续说道，"我靠打磨这些石头赚钱来养活自己和家人。"

很快，你遇到了第三个同样在凿石头的工人，但他看起来似乎有些与众不同，他的动作更像是一位雕塑家。他的作品富有创造力又很独特，而脸上则写满了骄傲和使命感。于是你又忍不住问他："你在做什么？"他兴高采烈地回应道："我正在建造一座大教堂！"

这位石匠自豪地畅想了后代将如何在这座大教堂里找到他们的精神庇护，艺术家们又将怎样在此面向观众举办展览，这座大教堂将如何成为整个社区的精神港湾，以及在未来的数百年间又将如何作为该地的丰碑光芒万丈。

这位石匠身上兼备洞察、远见、专注、奉献以及独立思考的精神，显然，他绝不仅仅是工人，甚至比艺术家或手工艺者更伟大。从某种意义上来说，他雕琢每块石头都是完成自己的一个使命，并为一个更宏大的使命做出了贡献。他的奉献为其他人的成果增添了价值，他人的努力也反过来为他的工作增添了价值。他和团体都因彼此的劳动而受益。

"带着使命感去工作，为大局奉献自己"，这是大多数人对这个故事的记忆。但这个故事还有另一种解读。

故事里的石匠各自建造着大教堂的某一小部分，让我们很难不注意到的是，他们在用"盲人"的方式工作。并不是他们视力上有什么问题，只是他们看不到正在参与其中的、即将拔地而起的大教堂。这里没有建筑师，手中也没有蓝图，但是他们仍以某种方式在合作，就像是一场没有指挥家的交响乐演奏一样。

石匠手中那些有着美丽花纹的石材，每一块都独特而珍贵，但最终并非所有石头都会被派上用场。石匠们之间没有竞争，他们似乎过于专注于凿刻石头这件事本身了。这座教堂建成后将屹立于此，历经数世纪后依然宏伟挺拔，而每位石匠都相信他手里的那块石头一定是这个不朽杰作中不可或缺的一部分，并终将在这个神圣之地为所有人带来意义。

在元创业时代，我们见证了数以万计的石匠：有目的的、有驱动力的、有企业家精神的、"建教堂"般虔诚的……元创业者们在建造那座他们尚且看不见的教堂时，在某种意义上也是盲目的石匠：可以说他们现在是盲目的，但不能说他们没有远见。

像故事里的石匠一样，元创业者也专注且擅长构建某个庞大系统中的一个元件，同时相信，还有其他人也带着同样的愿景在努力建造这个系统中的其他部分。大家对这座前所未见的大教堂有着清晰的愿景，这也是驱使元创业者前进的唯一理由，他们便是新千年的创业者。

整体中的部分

正如接下来我们要讨论的，元创业是多种不同的趋势和影响汇聚起来形成的独特结果。但是，仅仅将元创业视为"整体大于部分之和"的集合物并不完全准确。

在具有历史意义的旁注中，德国格式塔心理学（Gestalt psychology）创始人库尔特·科法（Kurt Koffa）说，经常有人将格式塔理论错误地定义为"整体大于部分之和"。

他一遍遍坚定地纠正着那些人：格式塔的内涵实际上应该是"整体并非各个部分的总和"。各个部分组合在一起后形成的是截然不同的东西。[2]

元创业是一种独特的创业，因其由不同的部分组成使然。我们现在彼此连接；我们长久地彼此连接；我们永远都将保持这种连接。

在这个过程中人们的社会角色、互动方式和动机都在发生变化：无论你是企业家、客户、员工还是合作伙伴，无人例外。

在上一章中，我们已经体会到了"不同部分组合起来会形成新事物"——对，就是那些"连接起来的点"（connecting the dots）摧毁了旧商业模式并在网络世界中催生出了全新的替代模式。而在元创业时代，不同组合元素汇集在一起，形成了一个培育创业者的新环境。成功的规则再一次被改写，而这一次，甚至连成功本身的定义也发生了改变。

即使身经百战的企业家，也同样时刻身处未知的湍流中，甚至他们自己可能还未意识到。现在是时候后退一步，重新审视一下"地形"了。

环境

> 在鳄鱼和熊的战斗中，彼此所处的环境决定了谁是胜利者。
> ——马克·安德森（Marc Andreessen）

在入职一家新公司时，经验丰富的职场人士会说："我得先搞清这个公司的状况。"假设有一位美国白领女士将在日本或中东开展业务，她必须先熟悉当地的风俗习惯，才能避免哪天突然被客户扫地出门。这个清单非常长：该如何开始介绍我们的产品？达成交易的节奏怎样比较合理？平时需要和客户谈谈家庭、政治或宗教吗，还是最好回避这些话题？对方期待并接受我送他礼物吗，还是说送礼在这里被视为一种侮辱？资金的交付又该以什么途径最为恰当？……

商业活动中，如果无法认清"环境"，那不可避免的跌跌撞撞和闭门羹就有的你好受了。更糟糕的是，你会发现周围的人都在以百米冲刺的速度前进，而你就像被困在流沙当中，每前行一米都举步维艰。

踏入新环境的那一瞬间你会立刻感受到不同，就好比驱车长途跋涉来到了海边码头，若想继续前行你必须放弃爱车和公路地图，换乘水上交通工具并遵守另一套规则才能顺利开启海上行程。

2012年10月，星巴克就曾计划将一辆法拉利开进大海——他们打算在印度开设第一家店，并借此逐步将目光转移向亚洲，也就是全世界不喝星巴克的那一半人口所生活的地方，实际上，他们甚至连咖啡都不喝——亚洲人更喜欢喝茶。

星巴克在过去的25年里可谓把选址这件事研究得十分透彻，几乎建成了一套科学体系，并保持着全球平均每天开两家店的记录。但对星巴克来说，打进印度市场就意味着面对全新的环境，因此他们花了多年时间在登陆之前尝试尽可能多地了解这片新大陆。第一家店开起来的18个月后，2014年年度股东大会上星巴克宣布："目前已在印度四个城市拥有了40家门店（17个月内达成），并拥有近1 000家合作伙伴，印度是星巴克扩张史上增速最快的市场。"[3]可见，星巴克对新环境的预先探索绝对算得上是天道酬勤的典范。

但是，如果你不曾意识到环境的变化，将会发生什么？尤其当变化是渐进且微妙进行的时候：想象一下熟悉的上班驾驶路线上，如果每天都冒出一些新的坑洼或者排水沟，甚至是一觉醒来发现夜里发生的几次地震让这条路一下子面目全非——有些路口成了死胡同，而另一些路则拐向了别的目的地。于是，你的上班旅程开始变得极其不舒服，甚至无法确定到底能不能开到公司。你毫无准备地上路，完全未曾对这个路线进行探索，更不用说在旅途中还能顺风顺水了。

在创业路上，环境绝不仅仅代表着"如何做生意"，它还包括以下要素：

互动

- 与同行、客户、合作伙伴、员工、投资者等进行交流互动的规则和模式是什么？
- 哪些因素会导致人们更多或更少地参与互动？
- 人们预期的互动和其他活动中的前后顺序是怎么样的？
- 互动、创新和商业交易的节奏及时机又是怎样的？
- 建立全新的互动和与人结识时的规则和模式是什么？

角色

- 人们在商业生态系统中扮演着什么角色？
- 是什么构成了"社会地位"？社会上存在阶层等级吗？
- 人们是如何互相帮助、合作或是竞争的？

成功

- 什么决定了价值？是成功吗？
- 抵达成功的预期或可接受的途径是什么？
- 谁可以被视作楷模？英雄吗？

信念与价值观

- 普遍接受的核心价值观和指导思想是什么？

- 共识和常识都有哪些？
- 什么被视为禁忌，即应躲避的坑洼和危害？
- 有哪些东西被认为是可靠的？
- 好的行为有哪些？非法或不被接受的行为又有哪些？

资源
- 哪些被视为标准资源、普通资源或必需资源？
- 哪些资源被视为是稀有和不易获得的？（即人们在竞争什么？）
- 主导生态的因素是什么？（如机构等）

最重要的是，环境的改变可以影响行为：这包括客户、合作伙伴、员工、雇主、监管者和创业者的行为和期望。

通常企业会时刻为环境变化或开辟新市场做好准备，因为他们知道情况将会有所不同。

但是，往往商学院研究的案例中最令人记忆深刻的都是伟大的商业领袖直到为时已晚时才意识到形势的变化，如大英百科全书（Encyclopedia Britannica）、柯达（Kodak）、RIM（黑莓的制造商）等。把它们的落寞仅仅归因于技术变革未免太过简单了，环境变化通常包括以下几个部分：客户行为和期望的转变，人们价值观、优先关注点的变化，商业模式的改变。这些公司的领导者未能及时拥抱这些变化，因此在环境明显变化后遭遇了滑铁卢。

元创业时代的环境与以往的任何时代都截然不同。

没有任何一个单独的事件或发明可以定义今天，这背后是多重因素组合而成的独特结构。回想下第一章的格言：知识来自于拆解事物，而智慧来自于组合事物。

各种事件、趋势和技术改变了环境，然后环境改变了人们：认知、期望和行为等多方面。在 20 世纪后期，计算机、软件、互联网造就了全新的环境，紧接着，人类的行为、互动方式和价值观也全部焕然一新了。

元创业时代正是由这些创新对商业生态系统中每个人潜移默化的累积效应来定义的。

今天，它是一个双向反馈循环。较新的技术，如社交网络、带有视频互动功能的智能手机等，可以改变商业环境，也可以改变我们的集体行为。反过来，行为的变化也将进一步改变市场环境。

人们每周都能在新闻里听到犯罪事件或警察违规事件，而我们的第一反应往往是"有人拍下视频了吗？"手机视频的存在通常会清晰地证明谁有罪或谁被冤枉了。至少手机视频使公众和这些他们过去可能永远无法知晓的事件紧密地联系在了一起。而这个情况也反过来加速"随身摄像机"持续成为强制的法律工具，甚至可能发展到到处盘旋着侦察无人机拍摄和记录意外事故的地步。影响循环往复，因为"随身摄像机"的存在改变了每个参与者的行为。

但是对于企业家来说，新环境意味着什么？未做准备的人一路颠簸不堪，而察觉到是哪些力量带来了改变的人则能够借机勇往直前并茁壮成长。那么，让我们一起来探索这些力量吧，它们是形成新市场环境的基础。

元创业的基础

当步入元创业时代,准备在新天地纵情驰骋时,别忘了看一眼后视镜,你可能会注意到:

- 创业处于混沌之中,我们甚至不能确定谁是创业者。
- 创业已经碎片化,被高度分割成无数碎片。
- 创业孵化机构和生态系统在做最后的挣扎。
- 曾经的创业工具和技巧变得越来越无效。
- 过去的经验可能成为现在的负担,经验丰富的创业者面临着新挑战。

旧的商业模式开始分崩离析,直线模式(straight lines)正在消失。现在是时候把各个点连接起来了。

前方是新的领地。

元创业是建立在一系列基础元素上的,其中每一层都诞生于上一个时代。所有元素都不停进化、成长并与其他部分奇妙地组合在一起。整体不同于全部元素的总和,而是共同构成了一套全新的行为基础,乃至发展为全新的生态系统。最终,形成全新的创业模式(图6.1)。

基础

图 6.1

无处不在、无时不在、万物丰盈的富足

一切都始于这个熟悉的概念——富足（abundance）：这个概念产生于互联网时代，现已成熟并渗入生活的各个角落。但是，现在的富足已不仅仅是指数量和内容的充裕了，还包括无处不在的网络连接、丰富的人脉关系、海量数据、众多平台和数不清的创业者。富足改变了元创业时代经济的方方面面。富足将稀有昂贵的东西转化为普通大众承担得起的商品，又将商品转化为机会。如此，大量的创业行为也催生了一种新型创业者的出现：元创业者（Metapreneur）。

网络即一切，网络连接取代了直线连接

当下，人们片刻离不开网络，如同离不开空气，上网不再只是打发时间，而是生命的本质。在商业世界中上网就和呼吸氧气一样自然，如果你还需要刻意去思考上网和网络本身，那就好比在靠医院的输氧系统维持生命。网络会放大一切（无论好的还是坏的）。因为我们存在于网络中，生活在网络里，也彼此交织于网络世界——也就是说所有人都有了新的角色、新的价值定义和新的互动规则。

规模化和稀缺性

富足创造了全新的稀缺事物：新机会。大量的网络连接以前所未有的新方式将人们调动了起来。规模化（scaling）意味着快速增长，而规模化也成为了新常态。网络消除了成功路上的阻力，成就了规模化并创造出了新的富足。但是现代网络也催生了新的摩擦、新的障碍和新的稀缺。这对创业者来说便意味着新的威胁，同时意味着新的机遇。

社群：网络上人的"富足"

网络上大量的用户产生了"网络社群"。社群具有独特的属性和行为，他们对于网络具有非凡的潜在价值：可以成为集体性知识

和创意的源头，即群体智慧。在寻找解决方案时能发挥群体优势，众筹资金时也同样能快速响应。网络社群可以成为创业者高效资源的绝佳供给方，长期且稳定的群体最终成为网络社区或一个小小的生态系统。社群效应也可以是消极的，甚至变成网络暴民。元创业者需要学会如何将网络社群作为一种新型的资源进行管理。

群体智慧

随着网络社群成为知识的来源，力量从个人转移到社群。人们向网络贡献自己的知识，而网络长期存储和验证着这些知识。网络正在使个人知识和专业知识商品化。力量不再仅仅来源于拥有知识和专门技能的人，而是来源于能够在多大程度上连接到网络中的知识和技能。

自组织：网络社群的性格和行为发展

随着网络社群规模的逐渐扩大，它们开始表现出独特的行为和特质，与单个个体的日常表现完全不同。没有领导者和正式的架构，网络社群就能像独立组织一样自发地开展协同合作，就像蜂群，或是排成 V 字形成群飞过的鸟儿。再一次申明，整体绝不等同于各部分的总和。

网络运动

围绕共同目标自发组织起来的社群会形成一项项网络运动（movements）。这些运动犹如浪潮般席卷着所有人，而支撑这些活动的背后是激情和使命感。商业，这个曾经只被盈利这一单一使命主导的时代已经转变，新常态是：做企业就像开展一场热情高涨的运动，吸引客户、员工和创业者带着使命感参与其中。

涌现

在元创业时代，组成部分的累积效应催生了新行为、新范式以及创业生态系统中的新角色。这便是新的环境，创业本身在富足、网络、社群和网络运动的世界中不停变化着。让我们一层层探索这些层面以了解它们对当代创业的影响，并探讨创业者如何利用它们来实现蓬勃发展并取得成功。

富足的富足

数量本身具有质量。

树木年代学（Dendrochronology），如果凭这个词参赛的话，你一定会在《危险边缘》（Jeopardy，一档益智问答游戏节目）中赢得胜利。它是一种横向切开树干，根据环数来计算树龄的科学方法。放在人类身上，计数环可不是推断年龄的什么好办法，相反，请尝试问对方这个问题：你小时候地球上有多少人口？30亿、40亿还是50亿？现在，这个数字很可能是他们记忆中的两倍，人口的高速增长很可能会成为一场灾难。

我们曾生活的世界不断急迫地警告人类：我们的食物快要吃完了；石油就快枯竭了；20年后，我们将耗尽某某资源，并走向灭绝。现在，我们听到更多的是抱怨东西太多了：电视频道太多、垃圾食品太多、汽车太多，苏打水品牌也太多。

20世纪的大部分时候人类都在努力应对物质的稀缺，进入21世纪后，状况发生了戏剧性的转变。也许这是史上第一次，我们不得不面对过于充裕的一切。

随着网络和数字产品的成熟，富足成为了一种生活方式。环境发生了变化，我们的行为也不可避免地发生变化——总是期望获得更多的内容、信息、产品，而且完全没有耐心等待。我们希望面前永远有足够多的选择，而且要够快，简单明了并且免费。

富足，听起来就令人愉悦；充足的食物，人人都可以畅快地大快朵颐；所有人都富足快乐。今天，我们确实拥有丰富的内容、产品、人员、知识、信息、数据、买卖双方，从某种意义上来说富足是好事，至少大部分人都是这么理解的。但是，富足不仅仅是指"更多的东西"，这个概念很复杂，甚至包括负面效应，但同时也制造新机会。

长长的胖尾巴

富足是现代生活的典型特征，以至于人们几乎都注意不到它。我们期望无限制地获取产品、服务、技术和信息。当某个新产品或服务出现的初期，且供应量有限时，创业者们会立刻响应，克服一切障碍去创造足够多的供应，直到实现富足。

2006年，《连线》（Wired）杂志主编克里斯·安德森（Chris Anderson）撰写了一部颇具开创性的著作——《长尾理论》（The Long Tail）。[4]安德森是早期的元创业"点连接者"（dot-connector），他写这本书时，写完一章就在网络博客上发表一章，在正式印刷和销售前，这本书已经是网络上免费的口碑作品了。

在《长尾理论》中，安德森描述了一个早期的富足案例及其影响（图6.2）：这是一本关于登山和探险的专业书籍，虽然已经绝版，但却突然间开始引起人们的兴趣且销量大涨，最终成为一本不可思议的畅销书。对这本书需求的爆发是多种因素的综合结果，其中包括十年后出版的类似书籍也开始广受欢迎。但底层逻辑很简单：这类书的读者曾经稀少又分散，不足以造成影响力，但如今因为在线商城，比如亚马逊等，将这类读者聚集了起来，从而形成了有足够购买力和影响力的群体。[5]

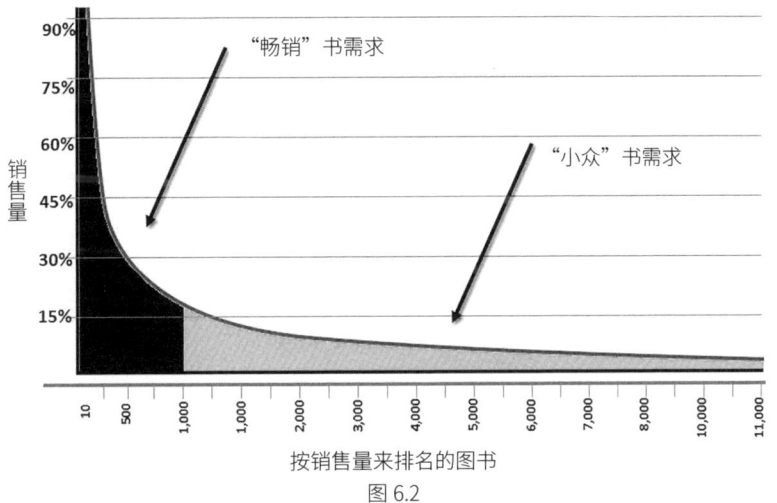

图6.2

大多数读者对标志性"长尾"图的解读是：向小众群体出售多款特定产品也可以像主打大众市场一样有利可图。这么理解确实没错，在按需随选的时代，网上卖家可以上架所有利基产品，而无需考虑库存问题。

不过再来听听另一种解读吧：长尾经济学的成功与内容的富足无关，反而和人数的多寡有关。更确切地说，它是关于如何在网络上将分散在世界各处的同类人聚集成为一个大社群。作为社交网络和电子商务载体的互联网为志趣相投的人们的"自发聚集"提供了平台。换句话说，任何一个晦涩难懂的主题或少为人知的兴趣现在都聚集了大量受众。

富足的富足

元创业时代不仅仅意味着廉价产品、低成本技术和便利分销带来的物质和内容的富足，也意味着一旦网络在社交、专业领域、商业和其他方方面面都变得无处不在，成为全社会行事的默认程序，大量不同种类的富足便随之而来了：

- 内容、产品的富足。
- 数据的富足。
- 连结的富足（在互联网上）。
- 人的富足（互联网上互相连接的人）。
- 网络的富足。
- 平台的富足。
- 创业者的富足。

实际上，存在着太多不同的富足，经济学家和思想领袖经常宣称我们生活在后稀缺经济时代（post-scarcity economy），或者说是"富足时代"（Age of Abundance）。[6]

富足 = 好事

如今，对创业者来说，免费的工具、平台、数据、建议、信息以及免费的发布渠道都触手可及。因为选项众多且网络无处不在，所以获取它们无需任何成本，也正因如此，拥有这些已不再是优势。在元创业时代，懂得利用这些"免费"和富足作为杠杆是必备技能：从网络上的免费资源开始开展新业务是新常态；通过网络与客户、合作伙伴、意见领袖以及员工建立联系也是新常态。

安德森在一场名为"富足经济学"（The Economics of Abundance）[7]的演讲中总结了富足的一些其他积极作用：

- 在稀缺时代（the age of scarcity），我们必须对未来需求、战略和投资回报率做出假设。
- 在富足时代（the age of abundance），一切都可以被测量。

对于精益创业的追随者们来说，测量就是一切：从测量客户反馈、某个设计的 a / b 轮表现到验证产品和市场。通过一系列工具再加上网络的参与，我们可以将安德森的理论扩展为：

在富裕时代，一切都可以被测量、监控、追踪，甚至被预测。

对于元创业者来说，不了解客户、市场、竞争和行业状况将会是致命缺陷，这就像现代人还不知道用谷歌进行搜索一样。

安德森还对富足做了一个延伸解释（很可能是有感而发）：

在资源富足时代，浪费是件好事：例如晶体管、云存储空间、网络带宽和线上资源都很便宜，因此应该大量建造。

听到这话，老一辈创业者脑海里回响着一个挥之不去的声音："效率就是一切，永远不要浪费任何东西。"而现代创业者则不以为然：只有时间是唯一不能被浪费的资源，速度高于一切，即便是失败的速度——如果注定要失败，那就让失败来得更快一些吧，从教训中学习、调整，以便再次出发！因此，如果资源丰富，无论是网络带宽、记忆和储存空间，甚至是人才，都不应该浪费时间去尝试优化，而应该拿过来就用，无所顾虑地去试验、去冒险。在元创业时代，丰富的资源改变了创新的基本公式：充分利用丰富而廉价的资源；快速实验、部署、检测、测量和迭代。如果不这样操作，那么大概率会走向失败，因为你的竞争对手一定、肯定正在用这个方式来构建、发布、学习和改进他们的产品。

如果你是消费者，那么富足听起来也棒极了，它意味着更多选择、更多获得中意的产品或服务的机会。如果你是生产商或中间商，则意味着你可以为自己的产品找到大量受众。阻力和障碍由此也都消除了，每个人都很开心。但现实并非如此。这让人联想到猴爪子（Monkey's Paw）的故事*，富足导致了一系列意外和不幸的后果。

> *这是一个短篇故事，故事中的猴爪子主人被允诺三个愿望，但这些愿望的实现却因为干涉命运而需要付出巨大的代价，并带来可怕的意外后果。

富足 = 坏事

人们很快就意识到，任何事物富足起来后都会走向商品化，并最终难逃人们对其"免费"的期望。对消费者而言，这是好事，但如果你是大批量产品或服务的生产者，那就没有比这更让人沮丧的事了。由于技术成本的飞速下降，生产成本也跟着骤降，而人工成本却丝毫不动，换句话说，在"免费"的世界中，人们仍然需要获得报酬。

资源和产品多到驱使价格接近于零，直到免费，但免费并不意味着"廉价"。在这个富足的时代里违反直觉的事只多不少：价格下降，产品质量却在不断提高。这个概念可能需要点时间来消化，资源充沛导致价格降至为零，但质量却提高了。

见多识广的经济学家也会忍不住嘟囔："为什么？这怎么可能？"而原因就是"点的连接"（connecting the dots）。在元创业时代，吸引大量消费者免费使用自己的产品，再通过连接不同的点实现用其他方式盈利成为常态。因此，以"免费"为招牌先聚集受众是一种可行的商业手段。这让人联想到了免费增值策略，但它缺乏扩展销售的尝试。如果所有竞争者都免费提供其产品，那么谁能提供额外价值或更高品质的其他产品是决胜因素。是的，逻辑就是这样，即便产品是免费提供的，你仍然需要提供更高的品质和更多的价值。

研究一下该时代最具标志性的几家公司，就可以轻松地理解这个违反直觉的概念：脸书、苹果或谷歌。几年前，若想使用车载地图和导航仪需要在车上安装十几个只读型光盘或其他昂贵的设备——而仅是安装就价格不菲。语音识别或人机交互更被视作科幻小说中砸下几百万美金才能实现的技术。而如今，各公司之间的竞争日趋白热化，恳求消费者免费使用它们的这些服务，并孜孜不倦地设法提高其产品品质和功能，一切都为了将你变成自家的忠实用户。

与大多数经济学定律相反，富足的资源产生了大量免费产品，免费产品成为商品——高质量的商品。以古典经济学简单的因果关系来看，这完全说不通。但在现代，点与点连接起来的元创业时代，它非常行得通：靠受众而非某个产品来获利。我们离不开的互联网平台谷歌和脸书通过向广大用户投放广告来赚钱。而苹果公司则把 Siri 和 Facetime 变成生活中不可或缺的工具，而你也成为了其硬件平台的忠实粉丝，从而购买了更多的 iPad、iPhone 或第三方应用程序，而所有点都在这些 APP 上汇集起来，苹果公司从应用程序开发者那里日进斗金。

但富足也有其缺点，例如：

- 大量的资源等不到变现或及时储存，就已经腐败或失效。
- 每天海量的信息意味着超负荷和困惑。
- 大量的钱 = 通货膨胀。
- 大量人口意味着人口过剩。
- 大量库存意味着产品价值被稀释。

对于创业者来说，这意味着差异化变得更加困难。对客户、合作伙伴和员工的争夺竞争更加激烈，这一循环不断重复。富足会带来新的障碍、新的阻力和前所未见的问题。

不过，富足带来的新问题也为创业者带来了新的机遇。

富足 = 机遇

传统的经济学和商学院课程都更加侧重于"稀缺经济学"（the economics of scarcity），尽管它从不如此称呼自己。供需法则预设了固定数量的"供应"（产品）和/或固定数量的"需求"。而今天，我们确实处在一个富足的时代，供应或需求已经丰富到了可以说是无限的程度。过去的经济学理论尚未跟上步伐。

X大奖基金会（X PRIZE）创始人、《富足：未来比我们想象的更好》（Abundance: The Future Is Better than You Think）[8] 的合著者彼得·戴曼迪斯（Peter Diamandis）说道：

> 稀缺性取决于具体情况，并且随着技术创新的加速和关键指数型技术的融合，我相信人类正在迅速进入一个新世界，那里什么都不稀缺，并且在某种程度上一切都十分充裕。
>
> 现在很多东西仍然稀缺，但是它们变得充裕只是时间问题，比如健康、好的教育、劳动力、能源、水……甚至是时间。[9]

戴曼迪斯描述的便是后稀缺经济时代（post-scarcity economy）[10]，这是一个商品、服务和信息统统免费的社会。

那么，我们是否真的生活在一个什么都免费、什么都不缺的时代呢？完全不是这样。在《长尾理论》出版几年后，克里斯·安德森给出了智慧的洞见[10]：

所有的丰富都会造成新的短缺。

变革也随之而来：新创业时代的新战略——为了取得成功，企业家们需要重新审视正在被充裕的资源、产品和消费者颠覆的市场，从中找到新的稀缺性并用新的产品或服务来填补。例如：

- 丰富的**内容**会产生"噪音"般的困惑，产品彼此缺乏差异化。这为提供有价值的优质产品和服务创造了机会：筛选、评论、品牌分类、包装和过滤。

- **连接**社交网络的富足：网页、联机、其他网络或电子设备，大量的连接也带来更多的噪音、混乱、焦虑，并占用人们大量时间，同时还威胁到了个人隐私。这为提供安全性、连接管理和确定优先级的服务创造了新的机会，人们可以因此节省宝贵时间。
- **数据**的富足：地理数据、交通、用户统计信息、审查信息、健康数据和行为数据等无数信息不断涌现，由此催生了数据管理、监控、测量、投票、预测和帮助人们做出更合理决策的服务。
- **人员**的富足：大量的人活跃在网络上，催生了新的兴趣社群和专门组织（如学术活动、兴趣爱好、家庭或政治活动等）。
- 丰富的**专业知识**：太多的专家与顾问给出的建议往往类似并相互矛盾，这导致人们对其缺乏信任，也对其专业性产生困惑。
- 大量的**创业者**：这意味着在资金、客户和生态系统资源方面也有更多的竞争，但这也为合作创造了新机遇。

富足既不是好事也不是坏事，它只是改变了创业的本质，也改变了经济、商业模式、关系、产品开发和营销方式，甚至公司的创建方式。

精通如何管理富足以及新的稀缺性是元创业时代的决胜性战略。

丰富的资源以及随之产生的新的稀缺性使商业变得更加不可预测。直线模式消失了，取而代之的是更多的点需要被连接。

这个富足的时代并不是凭空产生的，它不可能诞生在更早的时期，一切都归功于现代网络。

网络是媒介

> 网络就是计算机。
>
> ——太阳微系统公司（Sun Microsystems）

太阳微系统公司是在两个截然不同的创业时代都保持创新和繁荣的少数公司之一。20世纪80年代，太阳微系统公司领导了工作市场（workstation market），20世纪90年代它领导了Web服务器和软件市场。有段时间，太阳微系统公司一度是微软最强劲的竞争对手。

在万维网被发明前，以及因特网未广泛占据大学和政府实验室之际，太阳微系统公司将"网络就是计算机"当成自己的口号和标语。

即使在当今的云计算时代，太阳微系统公司的口号仍精准传神，甚至还很有趣，但在当时却让人有些迷惑和听起来不太舒服。那时个人计算机才刚问世不久，用户能使用本地存储——也就是软盘和10MB硬盘驱动器，就很开心了。而"联网"意味着把办公室里所有计算机都用网线连起来，这样就可以彼此之间共享文件了。

如今借助手机、平板电脑或台式机上的网络浏览器，我们可以发送电子邮件、接发实时消息、社交、报税、办理银行业务以及办公，而无需了解到底有多少台不同的计算机正在执行任务，或者它们究竟在哪里运行。网络在执行与本地计算机相同的任务。微妙又低调，我们的世界实现了太阳微系统公司的愿景：网络就是计算机。

网络是媒介

20世纪60年代，教授、作家和哲学家马歇尔·麦克卢汉（Marshall McLuhan）提出了"媒介就是信息"（The Medium is the Message）这一概念。[11] 像太阳微系统公司一样，麦克卢汉也领先于他的时代。他预言了万维网的发明，并创造了"冲浪"（surfing）一词来描述我们今天所做的事情，要知道这是在万维网发明的30年前。麦克卢汉的理论认为，媒介不仅会通过所传递的内容来影响社会，而且媒介本身的特点也能带来影响。例如，总统大选期间的新闻是在报纸、网络电视、有线电视、网站还是推特上传播，这都带有其各自的影响力和含义。媒介改变了背景、意义和影响程度，进而主导了我们的反应和行为。

网络所做的不只是将人与人或内容与设备联系起来，网络改变了我们。人们的行为方式因所属的不同网络群体而不同，参与哪个社群便意味着要改变行为、思想和价值观去融入那个环境。如今可以说，我们"命悬网络"，它不再只是做什么那么简单了，而成为了生命的一部分。在商业世界中，上网就和呼吸氧气一样自然而然，如果还需要考虑上网和网络本身到底是什么，那就好比靠医院的生命维持系统活着。

网络是媒介，网络创造了新环境。就像鱼畅游在海里不会质疑水的存在，我们也不会再考虑是否正在网络中生活和工作。联网已是生活的默认模式，唯一引起你注意的时刻就是断网的那一秒。下面让我们看看网络是如何改变我们的行为方式，又如何改变创业规则和策略的。

> **网络（Network）**
>
> [net-wurk] 名词
>
> 1. 连接在一起的两台或多台计算机系统。[12]
>
> 2. 具有共同利益的个人聚集形成的社交团体，旨在彼此提供帮助和有用的信息等。[13]
>
> 3. 紧密相连和合作的一群人或组织。[14]

网络无处不在，网络无所不包

网络一词根据语境不同具有不同的含义，在当今社会每个含义都能派上用场。实际上，它的多种定义同时有意义是很罕见的事。科学家倾向于用节点（nodes）和节点之间的连接来描述网络。有时他们称之为"演员"，因为它们彼此具有不同的关系并产生互动。

节点倾向于融入组织，比如社群、社区、派系等（图6.3）。通常人们所说的网络更多的是指社交网络：人、设备和信息，这些元素相互之间具有不同关系，并且根据彼此互动的结果来调整行为方式。但是，网络则有所不同。

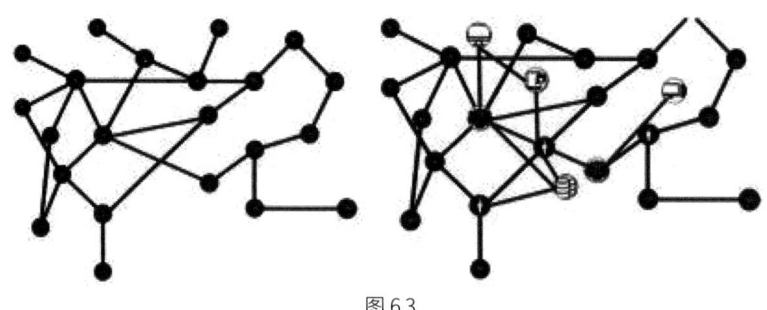

图6.3

网络：

- 互联网（The Internet）
- 万维网（The World Wide Web）
- "云"（The Cloud）
- 特定的社交网络，如脸书、领英（LinkedIn）等
- 特定的私域网络，如企业、大学等

网络是我们从一个点出发到另一个点的媒介，也是一个临时停靠点。这非常像环游世界时停留的各地机场，一个交通枢纽将你带到下一个枢纽，每个连接之间都有各具特色的特征。有时，到访其中某地是为了出差，有时则是访问亲友或休闲放松。

到目前为止，描述网络使用的语言都颇有些"上个时代"的感觉，因为我不停地提到网络、网络，尤其是这个或那个在线网络，听起来就像它们是彼此区分且独立的一样。但是，如果你是元创业时代的人，那就没有所谓"上网"的说法，这就好比这个世界已经没有人再说"现在我需要连接到电力公司"一样：因为只有在因故断网时，人们才会想到网络本身的存在。

不论你是走进一幢建筑物、朋友家、商店还是餐馆，都会默认那里有这些设施：电力、灯、插座等，除非特地说明例外状况。在元创业时代，对网络的期望也是如此：每访问一个地方（在线商店、网站、博客等）都和其他网络有着连接。

想象一下你正在访问某个公司的网站，发现那里没有反馈或联络信息，或者它是个新网站，还没有任何社交媒体链接，也没有评论栏。那该如何把它分享给朋友呢，或者想留言发表点建议，或者想和人对话？都做不到。我们希望每个网站、每个内容——无论是推文、产品页面、文章还是评论——都只需单击一下即可抵达。

对于元创业时代的人来说，这种"保持时刻连接在一起"的期望也延伸到了人际交往。我们完全无需感到惊讶，因为这个现象太普遍了：一条又一条地发着短信、推文，不断地晒照片或自拍，以及使用其他各种方式让自己的生活完全暴露给外界。这样的行为极其普遍且意义重大，已经不能仅仅将其归类为流行的自恋式生活方式。它的意义在于：我们所有人都被默认为"随时在线"。回想一下你上一次给别人发了一条短信、推文，或者一封电子邮件，但没有立即得到答复时你是什么感受。我们持续不断地与身处世界各个角落的人同时开着多个对话框聊天。电视节目和电影描绘的未来世界里，一伙人不断地和基地特工联络着，无所不在的摄像头和监控系统通过手机监听所有人。而现实正在迅速超越这些节目，观察实时发生的事就和20世纪50年代看科幻电影一样让人觉得古怪离奇。

这种因为网络连接产生的"人员富足"，或者更准确地说——被连接起来的充裕的人数——造成了更多其他种类的充裕，比如观点的充裕。接下来我们将看到的许多新出现的富足都非常有价值。如果说网络允许大量的人互相连接，这仅仅涉及数量层面。而说到网络使我们以超乎想象的速度连接起来时，也只不过是速度问题。除了速度、连接和连接的数量以外，网络带给我们的要远比这些强大得多。

网络：放大器和抑制器

网络效应是定义现代创业时代的概念之一。抛开它和互联网时代的相关性，伴随着电话机在美国流行开来，网络效应已经有一个多世纪的历史了。

连接到网络的单部电话机毫无价值，而两部就有点用了。拥有电话的人越多，每部电话机的价值就越大。最初，网络效应描述的是网络上的"事物"（指设备）：传真机、计算机、电话等。随着我们进入互联网时代，专家们意识到它更适合用来描述了人与人之间的连接。例如，对社交网络来说，平台上的用户越多，它对每个用户的价值也就越高。

当增加新用户可以为现有用户创造价值时，便实现了网络效应。[4]

通常，网络效应是以梅特卡夫定律（Metcalfe's law）这一权威的、伪数学的方式被定义的：

梅特卡夫定律指出，网络的价值与连接到网络的用户数的平方成正比。[15]

比例关系、平方，还是指数关系，无论采用什么乘数，网络都为其参与者提供了不可思议的价值，但到底是什么样的价值呢？

部分"有一定年龄"的读者可能还记得 20 世纪 70 年代的那个令人过目难忘的洗发水广告：一位有着金色丝绒般秀发的女演员，带着灿烂迷人的微笑对屏幕前的观众说道："如果你向两个朋友推荐 Faberge Organics 洗发水，那么他们会告诉另外两个朋友，然后他们的朋友又会告诉两个朋友，然后他们朋友的朋友又会再告诉两个朋友……"伴随着她的声音，屏幕上女演员的脸出现在 2 个窗口中，然后 4 个、8 个、16 个……它完美地展示了病毒式传播和网络效应的潜力。

网络使声誉和价值通过其他人在网络上传播开来。

但是人们——网络上的节点——不会自发地在网络上推动你前进。你必须给自己增值，或者给他们一个理由愿意把你带到其他节点。在非网络世界中增加价值更为简单直接。在直线公式（a straight-line formula）里，这通常暗示着财务方面的好处、利益交换机会。如今，这个公式常常适得其反。相反，"价值"意味着增强其在网络上的价值，以及对网络的价值。就像那个 70 年代的洗发水广告一样，推荐你的产品会使他们看起来很有品味吗？这个产品真的对我的那两位朋友有帮助吗？推荐这个产品会提高推荐人的声誉或专业地位吗？

> 网络具有放大效应。它有潜力使我们、我们的公司、我们的想法或技能变得更强大、更有影响力、更重要且更加成功。

可能一夜之间，小公司也可以有底气与大公司一争高下了。

如今，任何一个创业者或投资者都希望拥有一个能充分利用网络效应的产品或公司。而渐渐地，这已经不仅仅是希望了——是必经之路。如今，几乎没几个投资者——特别是专业投资者，会考虑投资没有网络效应潜力的新企业。虽然这不是企业通往成功的唯一途径，但网络效应是最有效的途径。

但是，尽管网络具有放大效应，但它并非百利无一害。可能现在许多人忽视了网络效应也会抑制或阻碍成功。其中一个原因就是网络上有太多的"噪音"（竞争活动）。由于整合网络效应已成为公司的主要战略，因此争夺合作方、合作伙伴和客户的注意力就成了巨大的挑战。

网络效应也会放大错误。有没有注意到某些视频内容非常粗糙、野蛮？或者发表的一个观点或建议很不受欢迎？病毒式传播的结果并不总是积极的。

网络会放大不良产品和不良策略,经常来不及补救或改善就一败涂地,而且是在众目睽睽之下丝毫无从掩饰。

像对待旧媒介一样对待新媒介是常见的却带有缺陷的策略。电视问世时,广播公司将其视为另一种广播,而最初的网站看起来就像电子版的报纸和杂志。但是很快,创新者找到了使用新媒介高效而强大的方式——而这些特征本就是新媒介的内核属性。

如果你工作在元创业时代,却使用着过去曾使你成功的策略和技能,那不得不说败局已定,而你却毫不知情。这就是新环境(new terrain)。在新时代固守着过去的优势就好比一名奥运会短跑运动员在水下比赛。相应地,你需要学会游泳、航行甚至冲浪。

网络赋能平台

欧洲探险家刚踏上穿越大西洋的探险之旅后,就遭遇到了怪事。1513年,庞塞·德莱昂(Ponce de Leon)在他的航海日志中写道,他正在和一个神秘的力量斗争:"尽管风向对我们非常有利,但却遇到一股奇怪的洋流使船只无法前进,更可怕的是,我们还在一直倒退。"[16]

两个多世纪后,邮政大臣本杰明·富兰克林(Benjamin Franklin)非常困惑为何载有邮件的船只到达英格兰所需的时间是穿越大西洋返回殖民地时长的两倍。探究的结果是绘制出了第一版墨西哥湾流地图,该湾流是一种强大而温暖的洋流,推动着来自西欧的船只纷纷绕道佛罗里达的南端前行。

媒介有独特的形式来推动旅行者前进——允许他们加速穿越某片领地。有些是自然发生的,有些则是形势变动的结果。海洋有自然发生的潮汐运动、海浪和洋流,而人类则通过建造帆船、冲浪板、潜艇、桥梁和运河来增强这种能力。

现代创业环境具有自发的网络效应、病毒式传播等特点。但是,为本就非同凡响的网络效应增值的重担就落在我们身上了。

我们通过创建平台来实现这个任务。在过去的40年里，我们在堆叠的平台之上又构建了更多平台。如果有哪个领域是真正地建立在"巨人的肩膀上"的，那它一定拥有现代典型的创业精神。平台催生了无数商业机会并为它们赋能，几乎所有产品甚至人类活动都从中受益。

平台（Platform）：一系列的技术手段集合而成的工作台，允许其他应用程序、处理系统或技术在其基础上运作。

如果没有个人计算机、浏览器、服务器和操作系统，就不会产生万维网——而这些元素均有自身的平台。如果没有支付系统、社交媒体"验证"和分享功能，整个互联网行业也不会存在。起初，许多功能看起来就像是一个特色服务或一个耍小聪明的程序，但是如果没有它们，大多数创业者每前行一步都不得不做"无谓的重复"，或反反复复去创造关键技术构件。

如果有创业者想打造一个全新的电子商务网站，他完全不必自己去编写服务器操作系统或创建特殊的应用程序以实现信用卡付款。如果他非要这么做，那就不得不再开发一个新的软件，以使顾客可以发表评论以及分享链接。相反，创业者只需要利用亚马逊云计算平台（Amazon Web Services platform）来搭建网店，并用贝宝或Square（美国另一个应用广泛在线支付工具）来接收付款就万事大吉了。通过APIs（编程接口，嵌入到其他平台的"挂钩"）连接到脸书或推特，使用户能够登录并分享内容。如果没有这类平台，网络上的开发进程将缓如龟速。

平台是网络海洋里的墨西哥湾流。在元创业时代，如果你不使用这些平台，那就和没带帆或桨出海一样，除了随波荡漾，哪儿也去不了。

那为何有人如此好心地创建平台供他人使用呢？平台要么是免费的，要么收少许费用，当然也有可能收费很高。价格门槛阻止了昂贵的平台被广泛使用，让它几乎成了一个私人服务或应用程序。这类贵的平台也算不上真正的平台——至少在这个以网络为中心的时代的确如此。那跷跷板的另一端就是免费访问的平台。

免费平台不是慈善机构，它们坚定地执行元创业时代普遍采用的点连接点的商业策略。例如，脸书允许外部开发人员通过其 APIs 端口链接到外部新网站，使那里的用户可以用脸书账号登录、上传个人资料和通讯录以及与脸书好友分享照片等内容。脸书很清楚，尽管此功能复杂且成本不低，但是为其他站点提供这一服务会大大提高用户对其自身平台的忠诚度和流量导入。廉价（或非常低成本）的平台使用权现象揭示了一个独特的模式：元创业时代中"微型交易"（micro-transactions）的可行性。通过合作方每次使用或转账时收取几美分甚至十分之一美分的方式，这些平台提供者可以从充裕性和网络效应的融合中"躺着赚钱"。

网络和平台之间若不是互相培育和促进的关系，就不会产生网络效应，也就意味着这个网络上的公司使用一套技术，而其他网络上的公司则使用另一套。不论从技术还是商业角度出发，这样都难有轻松的连接形式，网络也将变得分崩离析。想象一下这样一个世界：从 1980 年开始至今，世界上有 250 种不同类型的个人计算机，每个计算机运行不同的操作系统和软件。或者是一个没有因特网和万维网的世界，取而代之的是 80 多种网络工具，想要和他人连接就必须全数订阅、频繁切换和登录不同软件。许多读者此刻才意识到，我们也不是没有遭遇这两种尴尬境地的可能。幸运的是，网络的天性就是鼓励人们合作、开源共享。

相互增强的网络与社群

社群（communities）存在于现代人生活的方方面面。不论我们的性格中有多么与众不同的特质，都能找到有着相同的价值观、病症、热情或行为习惯的同类人。在社交网络出现之前，这类人群被认为非同寻常，而且非常分散，无法建立有意义的连接。现在，几乎人类的一切兴趣、疾病、追求、思维方式和好奇心都有自己的社群和支持力量，这完全归功于社交网络的发明。

> 暂且称之为"长尾社群"(Long Tail Communities)吧。

我们通常属于数十个社群——如果不是数百个的话(图6.4)。它们始终贯穿于我们生活的方方面面,以至于我们几乎注意不到它们的存在:钟爱书籍的社群、有关职业生涯和职业兴趣的社群、个人爱好和潜在个人爱好的社群,等等。我们甚至还会参与某些产品、服务和特色食物或饮品的社群。有些群可能每几个月活跃一次,而另一些社群吸引我们几分钟就刷刷动态,并忍不住参与其中。

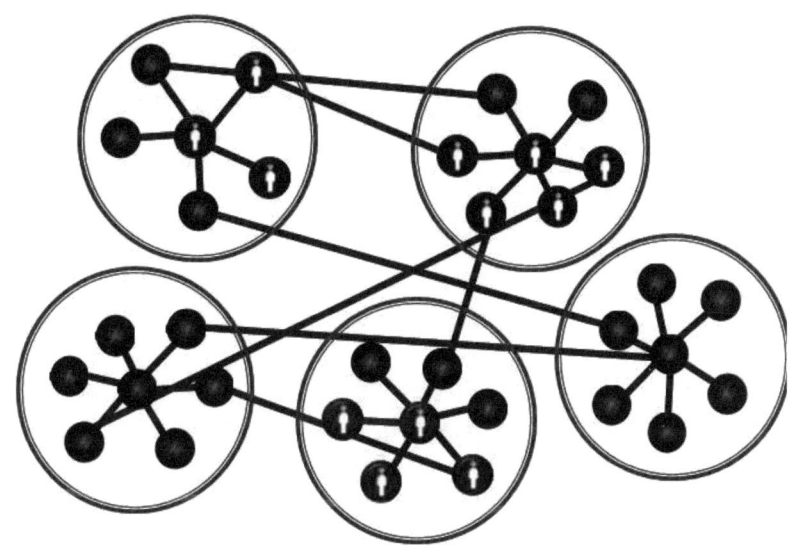

图6.4

线下社群和线上社群有什么区别呢?如今,它们已融合在一起,线上还是线下几乎没有区别。暂停一下,让那些本能的反对声音和分歧平息下来。确实,这是一个很难接受的事实:人们已经不自觉地倾向于线上社交。即使朋友和家人之间在需要交流时,大部分人也会很自然地打开脸书,线上沟通的频率绝不会比线下少,至少是一样多。

邻里社区(neighborhoods),传统定义里的绝对线下概念,如今其线上数量和线下一样多。并不是说线上社区正在取代线下,更不代表着线上化是对线下部分的扩展，而是人们越来越期望两者兼容。如今，线下聚会（面对面的沟通）看起来更像是一场一次性的活动，除非它们在线上继续进行。

长尾社群以及线下和线上社群界线的模糊不仅是趋势，而且是新现实。现在，社群是志趣相投或有共同利益的人们之间持久的关系纽带，无论这个社群多么具体、狭隘或小众。在商业上，如果你的客户、合作伙伴、供应商或员工与你的公司或产品没有持续性的联系，那么你们之间就仅仅停留在一次性交易层面。这种直线关系（straight line relationship）终将消失。没有持久的关系，就没有价值、共同利益或热情。

在元创业时代，如果你的公司没有打造社群，那就是故意将自己与网络隔离开来，而在这个时代，与网络隔离则意味着走向毁灭。

创业家斯科特·珀塞尔（Scott Purcell）给我们讲述了一个警示故事：[17]

在20世纪90年代初期，AOL、CompuServe、Netcom、微软和其他一些公司完全拒绝将其私域电子社区彼此互连。当时的行业范例是大家各自运行其自有的服务器和网络工具（如电子邮件），也只有各自的客户（用户）可以访问。他们认为，允许其他私域网络用户与其付费用户一起访问自己所有的网络资产没有任何经济或市场好处。

这些创新者和领导者也犯了使自己脱离公共网络的错误，并因此付出了不菲的代价。得到的教训很明确：作为一家公司，如果拒绝连接，那么就是在接受失败；如果拒绝参与，就必定出局。成功在于吸引热情的社区，而非拥有自己的网络。

网络不是社群，而是赋能社群。而且，正如著名的商业和管理学教授亨利·明茨伯格（Henry Mintzberg）所指出的那样：

如果你想了解网络与社群之间的区别，去试试请你的脸书好友们来你家帮忙刷墙吧。

确保你已走在为公司和产品创建社群的路上，但建设的重点不只是"线上"，而是关于人、关于你的产品。

网络将社群转变为生态系统

当社群的发展超越了连接人的功能后——当群成员开始追寻相同的目标、知识和资源时——社群便转化成了生态系统（图6.5）。与其对社群的影响一样，在线网络也可以促进和增强生态系统。

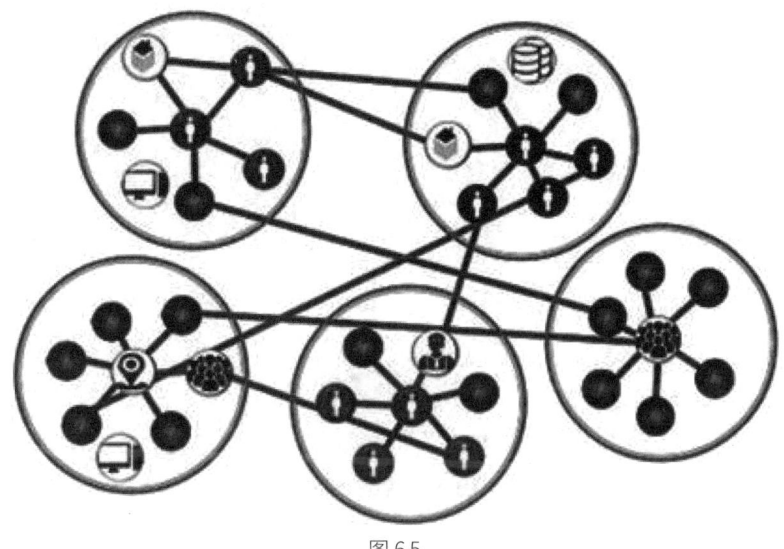

图 6.5

创业生态系统曾经是本地和线下的形式，随着其领导者"打最后一场仗"而逐渐陷入了停滞。如今，就像在线社群一样，线上生态系统也正在不断激励其成员——创业者前行。不像过去的"货箱崇拜"式生态，在线创业生态系统不是由任何人创建的，也不曾有任何监督者或管理员去运行。

简易生态系统——由享有共同目标、相关资源和信息的人组成——即专门市场。

> 健全的生态系统拥有从反馈到改进的闭环,所有成员贡献力量,形成集体资源和知识,从而使所有人都能从中受益。

网络模式取代直线模式

即便观察网络的工作流程图(图 6.6),你也能立即注意到两个节点之间的直线路径非常少,除非它们碰巧相邻。

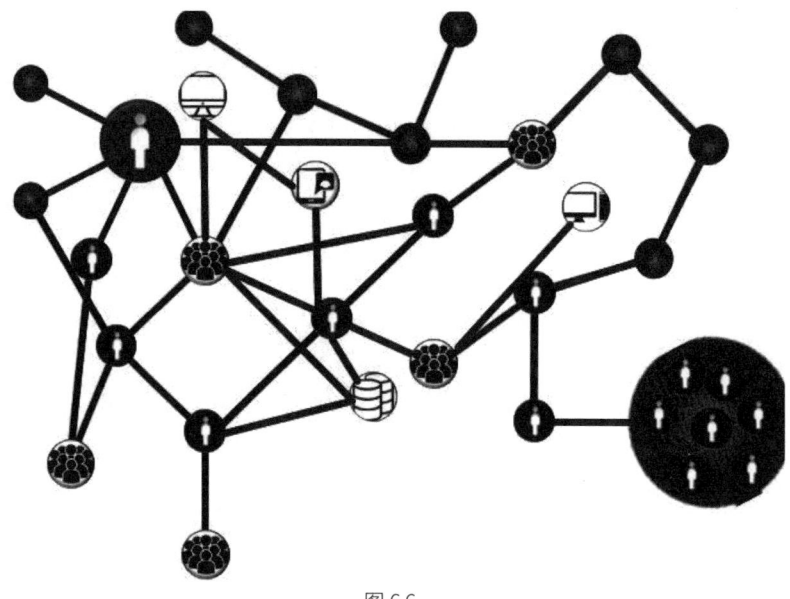

图 6.6

在元创业时代,商业模式——实际上是大多数商业活动——都是在用连接不同点的方式运作,而网络模式正是点连接点的架构。

> 网上冲浪是这个时代的新技能。

领英的创始人瑞德·霍夫曼(Reid Hoffman)将其称为"网络素养"。他用一个生动的例子描述了这种新的思维方式:

当你真正了解网络后,你计划和制定战略的方式也会随之改变。你将采取与以往截然不同的行动方案。

就拿找工作来说，网络时代从根本上改变了这项活动，但是当你问人们是如何寻找工作时，仍能听到惊人数量的回答："当然是查看招聘启事"。拜托，那完全是信息时代的老方法了！在网络时代，你应该寻找与你中意的公司有关系的人，通过这些关系去确认哪些人能给你有用的信息，并争取到被引荐给这些人的机会。[18]

找工作曾经是直线模式：你看到某个公司的招聘启事，便去投递简历。现在，它是点对点的游戏。但这不是游戏，也不是为了实现目标的一次性行为。如今每个人都可以看到网络带来的这类明显的便利，但其实它成为了人们的习惯。当代人约定俗成的新工作模式已产生：在你真正需要找到那组宝贵连接之前，加强你的网络连接，为"节点"（人员、公司、观念）不断增值。

网络即舞台

电视剧《我爱露西》（*I Love Lucy*）某经典一集中（其实每一集都很经典），露西认为她和里奇的婚姻不算合法，因为结婚证上里奇的名字被写错了。于是她坚持要返回康涅狄格州重新走一遍流程：从求婚、订婚到结婚。他们暂住在当地一家小旅馆里，与爱管闲事又自以为是的旅馆经理威洛比先生（Mr. Willoughby）斗智斗勇。威洛比先生管辖着镇上的所有事务，是的，所有。从消防员、加油站老板/服务员、酒店经理/前台接待、酒店侍者到警长和治安官。实际上，根据情况，威洛比先生还会在履行每个职务时都带上对应的帽子。不出所料，威洛比夫人是当地婚姻登记处的负责人，同时也是市长。她也为每个角色准备了匹配的帽子。

在网络中，我们也带着不同的帽子扮演着不同角色——取决于当时的语境和情形。或者，像托马斯·弗里德曼（Thomas Friedman）所说的，我们每个人都在受"多重身份障碍"之苦。但这并不意味着我们和这个词听起来那样虚假。在现实生活中，我们也有多种身份：母亲、妻子、女儿、老板、邻居、员工和客户。有时这些身份会导致或要求我们根据情况以截然不同的方式行事。一位整天与暴力团伙打交道的警察在回到家与女儿玩耍时，也自然地切换到不同的性格和举止。在工作中，我们大多数人与周围的关系都是同事、朋友、下属和老板。不同的角色、不同的身份，便会有不同的行为。

当网络产生扩大效应时，它们也在扩大我们的角色和行为。在网络上粗鲁地抨击政治事件的人们常让我们感到遗憾，但在现实生活中这类人并非随处可见。显然，网络上的人确实存在多种身份障碍。但是网络也为我们提供了新的角色，有时我们自己甚至都未注意到。纽约"技术之星"（Techstars NYC）的创始人兼董事总经理阿列克斯·埃斯科尔德（Alex Iskold）指出：每个脸书用户既是生产者又是消费者，既是作家又是读者。如果脸书要求我们选择承担其中的某个角色，我们可能永远都不会加入。相反，由于首先成为了社区的一部分，我们便自愿承担起这些角色。

在网络上，我们的角色是多方面的，并且它对网络中的其他人非常重要，同时他们的角色对我们也至关重要。

网络生态系统中的角色

当我们穿梭在网络世界中时，遇到的每个人都扮演着自己的角色，带着许多不同的"帽子"。但在大部分情况下，每个人都充当某一个角色，或者说，在具体的某个时间点上，只扮演一个角色。这些角色在帮助网络生态中的每个人茁壮成长并实现其目标方面发挥着重要作用（表6.1）。

表 6.1

角色	解释	案例
追随者 (Acolyte)	对你个人、公司、产品或共同目标的热情支持者。他们可以采取行动来影响、吸引、激活甚至贡献资源。	粉丝和用户；从事与你公司业务相符的事业（社交、技术、商业、政治）的人，比如开源（Open Source）、隐私、透明化、共享、移民。
吸引者 (Attractor)	可以为网络上的其他人提供潜在价值，因此其他人一般直接寻找该"节点"。	已有市场的领导者、投资者、具有购买力的大客户。
灯塔 (Beacon)	具有广泛受众的人（或公司）；覆盖面大，并拥有着网络上广泛的认知度，同时可以起到帮助吸引注意力的作用。	媒体（博客、新闻社）、大公司、受欢迎的个人（名人）。
购买者 (Buyer)	直接向你或你的公司付款的人或公司。通常，这是创业者的最终目标或期待达到的阶段。	最终用户（消费者）、企业；广告商；代表用户采购的大型公司或机构。
竞争者 (Competitor)	任何在网络中增加"噪音"或阻力的因素；任何阻碍你与他人连接的人或事物。	其他针对相同买方、客户、合作伙伴或有影响力的人的生产者、提供者或创造者。
连接者 (Connector)	在网络上直接引入或直接参与另一个"节点"的人。	顾问、导师、投资者，当然还有来自已有客户和合作伙伴的推荐人。
消费者 (Consumer)	使用你产品或服务的人（但不一定是购买者）。	终端用户、观众、读者/订阅用户。
创造者 (Creator)	创造能够增加或加强网络中其他人的价值或消除网络连接过程中的"噪音"与摩擦的个人或公司。	内容创作者、监护人、过滤器；平台建设者、创业者。
守门人 (Gatekeeper)	只与其他社群节点（封闭的社群）或生态（以及资源）进行连接的节点。	大型公司的经理；政府或公共机构。
向导 (Guide)	在网络中引导你走向正确的方向或路径的联系人——帮助你避免死胡同或是在错误的路径上浪费时间和精力。	顾问、导师、教育者。
资源方 (Resource)	为创作者增加直接价值，但并不通过网络与你有内在联系。	雇员、供应商、自由职业者、服务提供者、专家、投资者（仅金钱投资）。

元（META）

请注意，每个人如何在正确的时间扮演这其中正确的角色呢？天使投资人也可以是资源方、向导、连接者、追随者，甚至是消费者或购买者。元创业时代的新挑战之一是认识到我们每个人在特定情况下所扮演的角色。有多少次，创业者与一位投资者花了大量时间反复沟通，最后却发现这人只是想向其出售咨询服务；或者历经千辛万苦地维护，发现目标客户并非购买者。

在元创业时代，每个角色都像一枚棋子，都有各自的属性、行为和局限性。每枚棋子都可以朝特定方向移动，如果使用得当，它们可以助你赢得比赛。这与角色本人是谁无关的，更重要的是角色本身。

这，确实是一场游戏。

网络博弈

如果你看过奥斯卡获奖电影《美丽心灵》（*A Beautiful Mind*），在这部约翰·纳什（John Nash）的传记片中你可能注意到了"博弈论"（Game Theory）一词：他在1950年获得博士学位时就已成为该领域的先驱，并在1994年获得诺贝尔经济学奖。博弈论中的"博弈"（game）与乐趣、机会、胜利和失败无关，它是关于聪明人如何互动来实现目标的——通过竞争与合作。博弈论涉及大量心理学知识以及如何在不确定性下做决策，因此被称为"战略科学"。

这个游戏有一个虚拟面板，也就是网络生态（图6.7）。

在这个游戏中，允许拥有多个最终目标，但最强的玩家一次只会完成一个目标，或至少在目标层次上非常明确。玩游戏的目的是通过网络建立足够多的连接，从而形成通往目标的路径——通常是客户、买家、合作伙伴或投资者。一旦你突破了第一道障碍，一切就会变得更容易且可重复。但并非没有其他取胜方法，比如，你可以让目标主动找你。无需寻找通往客户或市场的路径，你可以修建一条路，让他们找到你。比起跳棋

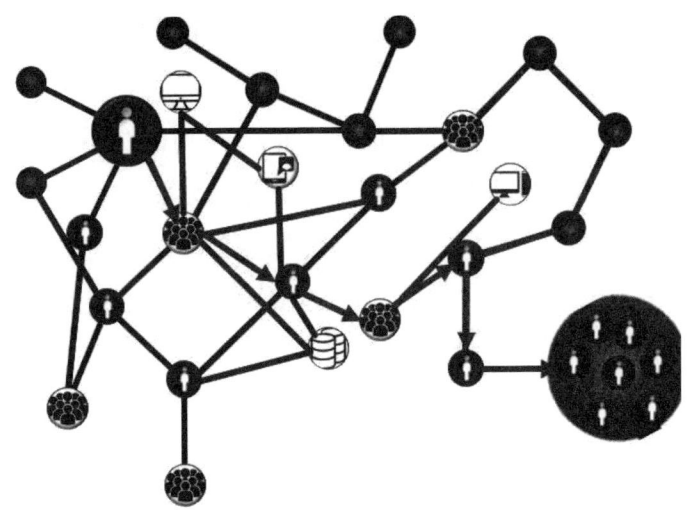

图 6.7

这其实更像国际象棋，因此，只是从一点跳到另一点是徒劳的。作为玩家，你必须使用策略。

策略

- 参与进来，否则注定失败。
- 建立桥梁（为他人创造连接），而不是障碍。
- 制定计划。在适当的时候退后一步，审时度势。
- 找到目标，反向推演以确定所需的正确连接。
- 不要随波逐流，仔细了解连接路径是什么，同时也要做好调整的准备。
- 不要随意连接或寄希望于每个连接都是通往目的地的捷径，这一定是个失败的策略。
- 为每个连接增加价值以形成牢固的纽带。不稳定的连接最终将瓦解，你将失去修建一半的路。
- 社群和生态是放大器，但是你必须首先参与其中并做出贡献，这需要大量时间。
- 寻找可以被你点燃热情的大型社群，激励大量"追随者"（Acolytes）一同向前，这意味着整个网络在为你服务。"守门人"

（Gatekeepers）可以成为竞争中的有力对冲工具，但有时也会浪费大量时间。

- 连接的有效期会随着时间推移减弱，需要关注和"喂养"，为此你必须不断提供价值。
- 首先要寻找"灯塔"（Beacons）和"吸引者"（Attractors）——但是"追随者"（Acolytes）和"连接者"（Connectors）通常是最有效的。
- 如果你未建立连接，过程中可能会迷路，这时需要寻求"向导"（Guides）的帮助。
- "连接者"（Connectors）非常强大，如果关系处理不当，他们可能会转变为"守门人"（Gatekeepers），带给你很多麻烦。
- 你需要为每个连接增加价值，而价值来自于成为"创作者"（Creator）。

总体的制胜策略是不断建立与客户、购买者和合作伙伴的可重复连接链。这样你就创建了现代价值链，即价值网络。这是一种鲜活的商业模式，是你自己的生态系统，也是由你定制的经济体系。

在元创业时代，创业者需要创造自己的经济活动。

与其依靠过去僵化的商业模式，不如建立网络赋能的"点连接点"的动态策略。在元创业时代，创业公司的价值和成功取决于创始人建立网络、利用网络并创造自主经济活动的能力。正如一本有关个人网络的书籍标题所言，"你的网络就是你的净资产"（Your Network Is Your Net Worth）。[13]

对于那些不习惯网络中心模式的人来说，这似乎是一种翻天覆地的转变——至少看起来是一个十分艰巨的任务。绝不是挥杆出击就能打个全垒和大满贯，而是要求到球场上和所有人都认识一遍，这听起来耗时且效率低下，某种意义上确实是这样。

但是网络能够扩大我们的影响力，从而扩大规模。

扩大市场规模

像"富足"一样,"规模"和"规模化"听起来像是自发产生的积极属性或行为。风险资本家不断告诉创业者,投资的首要标准之一是这家创业公司未来必须是可实现"规模化"的。在以网络为中心的时代,即元创业时代,应用网络效应来刺激公司发展是不言自明的期望。

讽刺的是,关于规模的传统定义是平衡,或以固定的比例或间隔衡量发展,而在创业的世界里,规模的定义全然相反:它意味着不成比例的快速扩大——快到不可思议。

比更多还多

但规模化不仅仅意味着更大、更快:规则一直在变。

史蒂夫·布兰克喜欢说:"一家初创公司不应该是大型公司的缩小版本。"[19] 这暗示着:转变不仅与规模有关。创办公司和使其快速成长的过程中面临的挑战与经营大型公司有很大不同。这不仅仅是增加人手和销售更多产品的问题。

罗杰·冯·奥希(Roger von Oech)博士在他关于创造力的经典著作《当头一棒》(*A Whack on the Side of the Head*)中用下面这个奇妙的比喻阐释了规模和变革的概念:[20]

假设你有一份草莓松饼的食谱,做出来的松饼刚好够四个人吃。有一天,你邀请了七位朋友来家里做客。为了让所有人都吃上松饼,你只需将食谱中各个材料的配比加倍即可。而另一种情况是,只有你和另外一位朋友要吃松饼,那将比例减半即可。

现在,假设你要邀请 50 000 人过来吃草莓松饼。此时,你面临的最大挑战与配方无关,而是如何到市场去购买足够多的草莓,与配送员沟通确保他运送足够多的奶油过来,要考虑交通是否顺畅以及到哪里去租大量的桌椅和碗勺。而当人数变得更多时,除了上述情况仍需考虑外,还会发生一些在起初的方案里根本未曾想到的问题。

规模化需要独特的策略和行动。例如，假设你的公司是一个小型的电商网站，每天有数百个客户光顾，那完全可以直接通过免费热线和电子邮件的方式为他们提供咨询服务。但是，如果你的客户数量扩大到了 5 000 万人，那么仅仅通过增加更多的电话，或者根据顾客人数雇用等比例的员工都是不切实际且不可行的方式。更好的方法是，推出在线聊天和自助查询系统、提供用户间互助的平台、智能机器人或其他解决方案，而这些方案能够利用网络效应和富足的独特优势。

网络使初创企业得以规模化——快速获得庞大的市场份额、令人咋舌的销量增长速度，以及相应而来的公司飞速发展。如今规模化不仅仅是一种可能性，对于大多数新企业而言，它已成为必需。在元创业时代，如果不进行规模化，那么最终将被网络稀释，同时被其他正在规模化的企业所掩盖，最终被孤立在网络生态系统中的某个角落。

因无法规模化和网络化而导致运营危机的一个鲜活例子是书店。20 世纪 90 年代，拐角书店（街角实体书店），甚至更大规模的连锁书店都无法有效地扩大规模——或者说，是它们尝试得太晚了。最终，它们在亚马逊和其他在线书店的阴影下变得无足轻重。如今，连锁书店已濒临灭绝，或正在为维持经营而苦苦挣扎。

网络上进行规模化不是靠蛮力进行的。这意味着，单纯调用更多的资源不会加快网络上"点连接点"的进程。那样只是过去公司与客户及合作伙伴建立直接关系的旧直线模型。在以网络为中心的世界里，倾注资金开拓市场和加速发展也不再那么有效。相反地，你必须促使网络自发地扩展，使网络成员为你工作。如果想要爆炸式的发展，就必须由你去点燃引线，而这点至关重要。

临界质量

*我大学读的是核工程专业，当时确实设计了一颗原子弹，所以"本科生能设计出原子弹吗"这一问题无需争论。"他们应该设计吗"才是需要讨论的问题。他们应该把设计公之于众吗？我个人的经验是：不！我当时可是惹了大麻烦的，尽管现在想起来挺有意思。

设计原子弹并不难，几乎任何工程学专业的本科生都可以学会。*设计一张图纸很容易，然而真正实现它就是另一回事了。掌握放射性物质也不算什么挑战，而数十年来一直困扰着科学家的是铀和钚的提炼和加工。

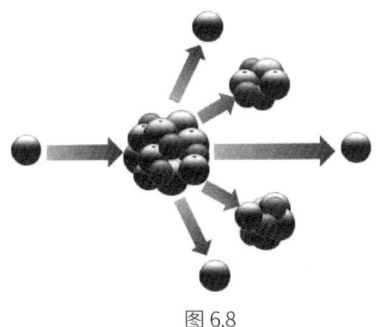

图 6.8

原子弹工作原理与反应堆相同：核裂变（图 6.8）。在高中物理中，几乎每个人都知道，核裂变就像撞球游戏，母球直接粉碎成球团，小球飞散出去，释放出大量能量。如果母球是中子，而飞散开来的团簇是单个原子，那这就是核裂变。

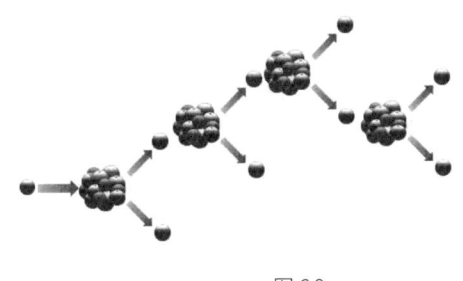

图 6.9

现在，想象一个很大的台球桌和许多球团（图 6.9）。面临的挑战是使用母球击中第一个球团，一定会有某个球撞击到另一球团上，于是推动了更多的球弹开，这些球再击中更多的球团，从而引发连锁反应。理想情况下，你希望连锁反应可以持续进行。

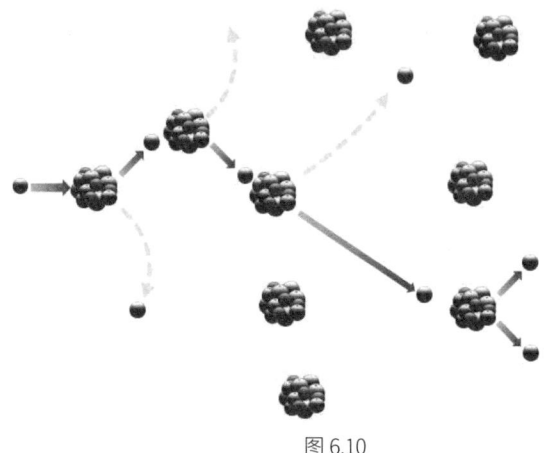

图 6.10

在这种场景中存在的问题是台球桌太大,以至于大多数球都可能错过其他集群(图 6.10)。

这样会错过很多交集,因此需要增加每个子球击中其他集群的机会(图 6.11)。这是核裂变中的关键概念:如果没有足够多的原子,就不会发生连锁反应。因此需要临界质量 (critical mass)。

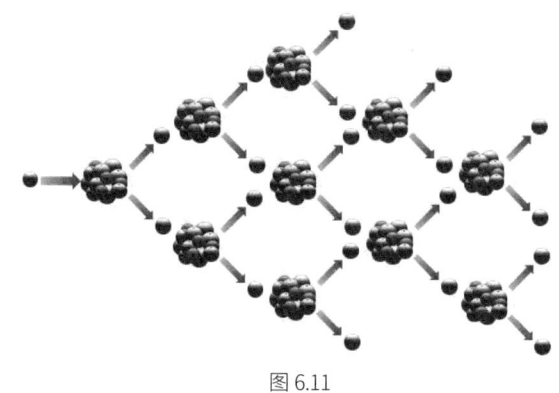

图 6.11

原子工程师们采取了多项措施来增加连锁反应发生的概率:确保铀的纯度足够高(减少来自无效应原子的干扰);确保形状和密度都最优化——以便促发更多碰撞。但是他们做不到的是命令某一个特定中子粉碎成原子团并开始连锁反应。

成功的连锁反应与执行一系列具体步骤无关,更多的是与概率相关——需要在正确的时间里创建正确的条件,也就是说,它关乎时机、环境和临界质量。

规模化的魔力

规模化是用少的不成比例的资源创造出惊人成功的过程,是最极致的效率产出。它犹如野火,犹如病毒般扩张,引发的是精算式的连锁反应。所以,所有的初创公司都致力于实现规模化发展。

并非每个创始人或团队都希望经营一家大公司,或应对快速增长带来的压力、复杂性、风险和责任。例如,优步和爱彼迎都曾收到过数百起诉讼,不得不面对来自客户、员工和合作伙伴的严重威胁。

但是在元创业时代,建立规模化的产品或公司不总是一个自主选择,对于大多数公司而言,规模化已成为一个必选项——特别是对于先锋创业公司而言。但是,所有类型的初创公司都需要关注这个问题,即使它们不打算扩大规模,当然这也只是它们自己的打算而已。

规模化涉及两个因素:产品和市场份额。规模化意味着像连锁反应一样构建产品和服务——它们能够变得强大,理想情况下甚至无需额外资源便能实现。

如果你不进行规模化,就会有被正在规模化的公司淹没的风险。

想想那些被亚马逊挫败的街角书店,或者在优步面前不堪一击的出租车公司。决心要保持小规模和本地化的公司,不能对决心规模化的公司的取而代之有任何免疫。

从前,创业者会执行来自直觉的愿景。精益创业理论打磨出了迭代方法,创业者可以用其在市场上验证产品和目标顾客,在商品和服务大规模推出之前进行迅速调整,避免后知后觉的错误。不久,聪明的营销家和创业者便将这种迭代方法提升到了更高的层次。

通过进行一系列快速试验,他们可以测试市场对不同产品功能、定价结构和营销技巧的反应,然后进行调整和迭代,直到发现其市场认可的最佳参数。换句话说,他们正在创建反馈循环——正向反馈循环。这被称作"增长黑客"(Growth Hacking)。

增长黑客仅在元创业时代才行得通,因为它利用了网络融合、富足和低成本开发技术所带来的一系列独特优势：

- 识别不同细分市场领域的能力，从而可以去测试"特定口味"的产品功能、适合的营销方法等。
- 测量和监测的能力。
- 快速调整测试参数并重新进行测试的能力。

如果被正确执行，"测试—测量—监测—迭代"是一个快速反馈循环回路。创业者可以发现最佳的功能组合、定价策略、市场信息、目标受众群等。实际上，最终能产生规模化效应就是因为可以更精确地命中那些原子，从而增加了发生连锁反应的机会。

反规模化

还记得刘易斯·卡罗尔（Lewis Carroll）在《魔镜之旅》（*Through the Looking Glass*）中扮演的红皇后吗？红皇后的确很努力地奔跑，但似乎永远无济于事，因为她周围的其他一切也都在狂奔。她告诉爱丽丝："你要尽全力奔跑才能保持留在原地！"在商业世界中，"红皇后效应"转化为：如果你什么都不做，那么你不仅将静止不动，还会落于人后。你必须竭尽全力地向前冲，才能保持原有位置，就好比在跑步机上跑步。如果你拒绝规模化，则意味着你选择了静止不动。

我们已经说过，不想规模化的初创公司确实是在冒着被正在规模化的公司践踏的风险。但那也并不十分可怕。因为规模化不止一种，到目前为止，我们一直描述的是在网络上的增长，幸运的是，网络具有多个维度，而网络上的扩张只是这些维度中的一个。

较小规模的初创企业可以尝试纵向规模化，而不一定非在广度意义上发力。通过服务一个非常具体、狭窄的利基市场是另一种形式的扩张，至少有以下三种途径：

- **专注本地：** 通过强调面对面交易的产品和服务，使客户感到人与人之间的亲密联系。这种情况下网络不是必须选择，而富足通常有负面效应。

- **专注亲密关系**：即长尾规模化，专注于具体的、特殊的兴趣领域，打造平台来展示来自此类别和用户的专业知识。这种情况下网络是必须的，而产品种类也是多多益善的。

- **专注独特性**：非常狭小的、有选择性的受众群体。网络通常是负面的，富足也是。

如果在你所在的市场里，行业领导者已成功地完成了广度上的规模化（主导了市场），那么你能采取的正确策略就是进行深度上的扩展。因为，兼顾广度和深度的规模化似乎是不可行或不切实际的。例如，在脸书实现规模化后，它成为了社交网络的主流。对于一家初创企业而言，再去尝试大规模推广一款社交网络软件注定是一个失败的策略。但是，却有许多初创公司通过专注于深度层面的扩展而获得了成功，例如有关社区社交网络、程序员或学术领域的社交网络。

扩张不仅仅是全垒打，是通过刻意专注于一系列成功的击球来实现自己的目标。就像《点球成金》（Moneyball）故事一样，通常只有资金雄厚的大型组织会花很多钱来追求巨大的进步（即本垒打）。

初创企业没有那些明星"全垒打选手"，因此他们需要进行测量、检测和迭代，通过连接一系列的单赢、双赢和三连赢获得最终胜利。杰夫·贝佐斯（Jeff Bezos）就曾完美地描述过这个过程，在亚马逊的初期，"我们没有任何巨大优势，因此必须把一串串小的优势编织、组合起来"。[21]

元创业是关于规模化、反馈回路、测量和迭代的过程，也是如何创建连锁反应以扩大规模的过程。但客户不是原子，他们是人，人往往充满激情，但人也同样会形成连锁反应，我们称之为"运动"（movements）。

运动

> 这不是片刻,这是一场运动。
>
> ——在一次芝加哥老师的罢工游行中偶然听到的

跳舞的家伙

2010年的一场TED会议上,创业者兼作家德里克·西弗斯(Derek Sivers)发表了一场仅有3分钟却风靡全网络的演讲。[22] 他播放了一段画质模糊的视频片段,看起来应该是用较旧设备拍摄的,视频里一群人七零八落地坐在草地上,似乎在等待着午后户外音乐会开场。

其中一个乐迷——胖乎乎又光着膀子的家伙,突然站起来开始跳舞,他那不怎么协调的、即兴发挥的动作,看上去很滑稽,甚至还有些点惹人烦。

并非刻意为之,他却成为了一位不同寻常的领袖,带动着其他人一起跳起了舞。德里克说道:

领导者需要足够的勇气独自出发,哪怕被人说荒谬。但他的工作却非常简单,那就是具有领导力。这是关键,即人们很愿意响应他的号召!

现在,第一个至关重要的追随者来了:他向所有人展示如何去跟随领导者。请注意,领导者是平等地接纳他的,所以这不再是关于领导者一个人了——而是关于他们两个人,作为一个团队。一号追随者开始呼吁朋友们加入,所以,成为第一个追随者也需要勇气,站出来直面可能受到的奚落,这绝对是一种被低估的领导力。

一号跟随者将一个孤独的个体角色转变成一个领袖。如果领导者是一块燧石,那一号追随者就是燃起烈火的火星。

第二个追随者的出现是一个转折点:这证明一号追随者做得相当不错。现在,这不再是一个人的选择,也不只是两个人的事情。三个人便构成了一个群体,引起更多的注意。一场运动必须是公开的、引人注目的。要确保局外人看到的不仅仅是领导者,每个人都需要看追随者,因为新的追随者会模仿旧的跟随者——而不是领导者。

现在又加入了 2 个人，然后 3 个人，人数的增长势头强劲。很快突破了临界点！**此刻，一场运动诞生了！**

我们倾向于将运动与政治和社会因素联系在一起，有时甚至与艺术或文化运动联系在一起。每场运动都是一群人共同努力的结果，以进一步增进他们共同的政治、社会或艺术观念。

运动威胁到在位者和现有状况的保持，因为他们会转移或替换现有的组织和机构。抗议运动最引人关注，因为它们响亮、愤怒且激进，但也往往相对短暂。要么实现了自己的目标而偃旗息鼓，要么随着运动的进行慢慢消沉下去。持久的运动是具有变革性的，它不仅能改变某些第三方机构的政策，或纠正不公正现象，而且真正的运动可以影响到参与者。

就像强大的洋流一样，运动使成员沿着一条路径迅速而高效地向前移动。运动开始的时候往往不引人关注，就像散落在森林中细小的火苗一样，跳动着、喘息着，直到完全熄灭或引发一场山火。运动由激情助燃，而非由利润推动。

运动也是零散的，没有任何总体纲要，就像前文出现的石匠们。当运动不再是零散状态时——成员开始协调其行动和方向——该运动便成了组织。

运动是没有特定领导人的，当然有些运动有它的发言人或公开露脸的代表，但是运动并非偶像崇拜式地由某个卓有远见的个人或委员会驱动。当运动逐渐成为一股主流时，才需要推选其领导者。

运动产生领导者，而非领导者引发运动。

创业曾经等同于领导力：独具远见的梦想家引领一切，比如被视为英雄和名人的企业家史蒂夫·乔布斯、比尔·盖茨、伊隆·马斯克等。如今，创业是关于运动的，元创业也是关于运动的，关于如何加入运动、支持运动并从中受益。元创业的本质是如何利用各种运动来获得创业的成功。

运动不是被迫发生的

很多人不由自主、脱口而出的第一个问题就是:"太好了,那我该如何创造一场运动?"答案是:你不能,或者说你不应该这么做。这个问题就像在说:"坠入爱河是多么棒的一件事,我该如何让某个人爱上我呢?"你可以为此做的最好的准备就是创造适当的条件,并在机会成熟时迅速识别,从而可以悉心把握,而非让其擦肩而过。这个建议也适用于运动。

大公司往往犯这种错误。我们很熟悉这样的场景:一家知名公司的营销总监与千禧一代的社交媒体自由从业者商讨合作,并提出终极要求:"我们希望该视频在优兔和脸书上获得病毒式的传播。"大多数当代营销专家都理解这种期望是多么不切实际——如果还不能称得上是可笑透顶的话。

运动是自发组织的、无规划的。当一群身居各地、毫无瓜葛的人蜂拥而至,聚集在一起时,这简直是不可思议的景象。我们见识过很多互联网上自发兴起的运动,也见过蜜蜂、鸟和蚂蚁做过类似的举动。运动的产生不需要任何计划、组织、通讯和情报。

日本公司"池内研究室"(Ikeguchi Labs)专门研究"非线性动力学系统"(nonlinear dynamical systems)(这是"混沌理论"的一种时髦说法),它记录了一个实验,证明了许多独立实体(甚至是机械对象)可以自发地进行协调和组织。他们将32个节拍器放置在木板上,使全部摆杆开始毫无规律地各自乱摆(图6.12)。[23]

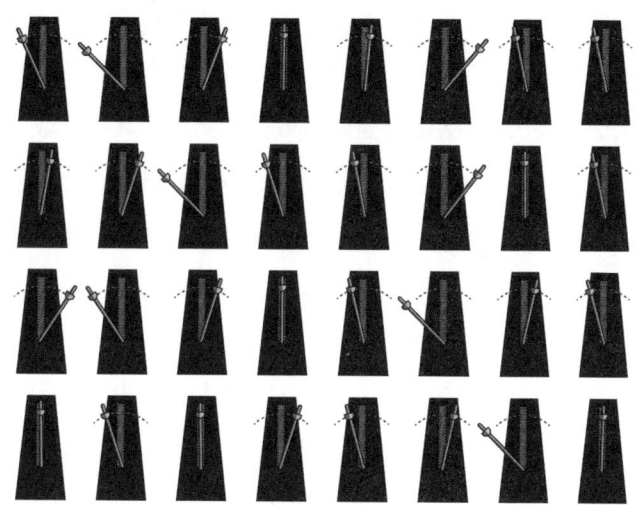

图 6.12

起初,声音听起来杂乱无章,就像一群叽叽咯咯地在乱叫的鹅一样,但是随后就像催眠术一般,渐渐地噪音逐渐消失了,一些节拍器开始以相同的频率滴答作响。

大约一分钟后,所有节拍器都以相同的节拍摆动,听起来就像是整齐前进的步兵脚步声(图 6.13)。而这一切都是自发的、自主协调和组织的结果,没有任何领导者或计划。

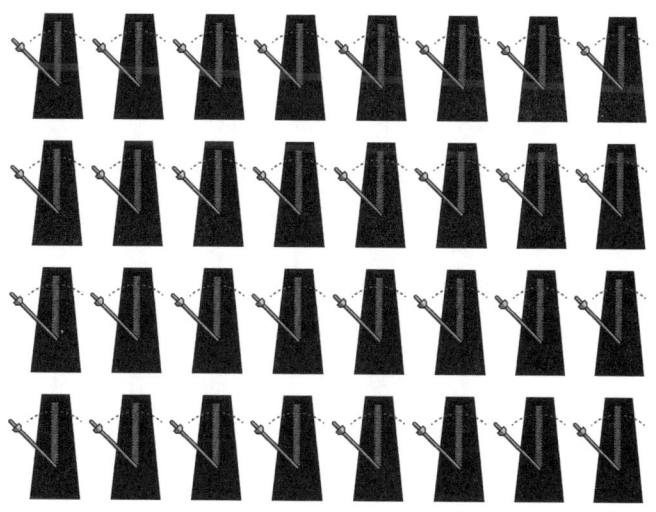

图 6.13

第一块多米诺骨牌

一场运动的发生起始于推倒第一块多米诺骨牌。通常，对于参与者来说，这是一个微妙又起决定性作用的事件。该事件起初只是在网络中传播信号或火花，直到其本身成为一波浪潮。

元创业时代已经见证了它的第一场主要运动，其火花便是"精益创业"。在斯蒂夫·布兰克的客户开发方法和埃里克·莱斯后续著作的推动下，精益创业技术得到了推广，并被新老创业者采用。

但是精益创业运动的核心是"迭代"（iteration）、"最小可行性产品"（minimum viable product，MVP）和"调整"（pivot）。这些因素最终被投资者、开发人员甚至客户接受并充满期待，所以广泛采用该方法的创业者越多，参加该运动的人也就越多。就像我们的"跳舞运动"一样，精益创业公司的兴起不是由任何一位领导引领的。当第二追随者，第三、第四和第五追随者都拥护这一概念时，它自然也就成了一种运动。

每个新成员的加入都让一场运动获得新的动力和活力。没有参与者，运动就不复存在。但与多米诺骨牌效应不同，运动由激情和目标驱动，并随着更多人的加入而加速发展。如果你只是心不在焉的旁观者，那将永远无法从运动中受益。只有先为其贡献，尔后才能成就自己。

在创新创业领域，运动是技术方法、商业目标、社会和社区驱动的结合体，所有人都可以参与和分享。热情是其中的关键因素，所以运动必须为其成员提供内在的个人动机，以鼓励参与者们去倡导和推进这场运动的精神。此外，还应为成员提供扩展其社交网络和提高个人声誉的途径。

仍保留着传统商业思维的企业家可能会开始思考："我该如何围绕我的产品创造一场运动，并让它扩大影响，取得成功呢？"事实上，你无法凭空创造任何运动，只能在运动被创造出来后进行引导。换句话说，人们必须已经充满激情、愿景、认同感并且有能力和精力才能让运动的发生成为可能。还记得我们的追随者一号吗？在开始那场小小的舞蹈运动时他是多么至关重要，可他并没有开展这场跳舞运动，他只是回应了人群的热情，并站出来为其他人的行动做了榜样。接下来的一切就取决于众人自己了。

运动不仅仅是规模化、产生临界质量和连锁反应。运动是关于使他人能够围绕一个想法进行自我管理。

> 我的人民在行动，我必须跟随他们的脚步，因为我是他们的领袖。
> ——莫罕达斯·甘地（Mohandas Gandhi）

希望自己的公司从运动中受益的创业者需要将他们的产品和企业使命与现有的社群相结合：对某些问题已经充满激情的社群。接下来，他们必须通过广而告之、赋权和激励去点燃人们的激情。这有助于成员们围绕那种激情进行自我组织和管理。只有这样，成员们才会将这个公司的产品作为一种身份象征。乍一听，这可能是一个晦涩难懂的概念，让我们看一个著名的案例吧。

如今，苹果公司是这个星球上规模最大、最富有的公司之一。但人们很容易忘记，在一开始，它恰巧只是一场运动漩涡中心的典型代表——一个复活20世纪60年代反主流文化精神和创造力的公司——面对着的是一个充满机械化运作的大公司机器的时代。即使在今天，用户仍然对苹果的产品和设计趋之若鹜，但远不仅限于此，Mac机与PC机已然不是一个物种，这便是划时代的"不同凡响"（Think Different）。

苹果公司利用了消费者内心的反主流文化、追寻创造力和反叛的精神——我们希望自己成为谁，我们可能成为谁。苹果公司没有发明叛逆、独立思考——但它的产品和公司赋能了参与这场反大公司运动的人们。

优步也参与了这场运动，实际上，它参与的是两场激情满满、蓄势待发的运动。首先是"共享经济"（sharing economy）——人们越来越愿意出租、使用或再利用他人的产品（过去相当长的时间里消费者非常厌恶这种观念）。第二个运动是"零工经济"（gig economy），即愿意主动或被迫去从事自由职业的人数开始激增。优步并没有发起其中任何一场运动，但它为参与者提供了工具，以及两场运动结合起来的品牌基础。加之老派出租车公司和许多政府官员宣称优步司机就像海盗，进一步加速了这场运动的步伐。而拥护者们使用优步而不是出租车就是表达个人立场的最好声明。

苹果、优步和其他类似的公司通过参与和利用各种运动获得了巨大成功。反过来，它们的品牌也成为了新的运动。

如今的创业者不仅要考虑企业自身的成功。他们的客户、员工、合作伙伴和投资者都对金钱以外的某些事情和愿景怀有信仰——即他们自己拥护的运动——他们寻找属于这些运动的公司和产品。创业者无法真的围绕自己的公司发起运动，但是像"跳舞的家伙"案例中所展现的，创业者可以成为第一批追随者，为社群提供一些自我组织或调动他人的条件，给他们一个跳舞的理由。

对于那些想利用运动的激情和动力祝自己一臂之力的元创业者，他们首先需要找到一个社群。

社群

群体心理

接着上文继续讲外星访客的故事，这群可爱的开尔文星人到达商场开始按照清单顺序去买 iPhone 手机配件。当他们站在商场二楼的跳台小憩时，可以俯瞰到楼下大厅来来往往的人们，于是他们观察着人们如何走路、闲逛，如何购物和消遣。突然间奇怪的事情发生了。

商场的背景音乐突然变得很大声，音量至少提升了四级。短短几秒钟的时间里，楼下四处分散的人群瞬间像步兵营一般站得整整齐齐——纹丝不动地站成矩阵，一排排整齐划一。随着音乐声越来越响，数百名陌生人的腿脚跟着节奏活动起来，随后手臂也开始摆动，他们异常整齐地跳起了舞。这一场景既有趣又令人不安。对于外星朋友来说，眼前的数百人就像木偶一样被某种看不见的力量催眠了。突然间，就像发生时的毫无征兆一样，歌曲结束了，人们又恢复了一开始各自闲散漫步的状态。

最终，开尔文星人放心地发现这不是一场自发事件，而是一个由数百人参与和计划的快闪行动（Flash Mob）。过去的几周里，他们进行了多次练习；人们相互帮忙，指导和纠正彼此的舞蹈动作；花了大量时间反复排练；他们还分头行动去协调活动时间和地点。如果这些人想再搞一场类似的活动，则需要新一轮精心的组织、计划和演练。对外星人而言，当了解到这次神奇的行动仅仅是特定安排和事先排练的结果，他们瞬间就觉得索然无趣了。

随后，当我们的开尔文星人朋友坐在购物中心外面思考人类智慧时，他们注意到头顶的电话线上站着长长的两排鸟儿。也是毫无征兆地，这些鸟在没有收到任何惊吓或听到音乐的情况下，也展开了自己的快闪行动：它们扑打着翅膀毫无秩序地冲向天空，这样飞翔了一阵子后突然彼此靠近并像云朵一样规则而优美地成群盘旋着；排列的图案和动作比刚刚人类在商场组织的那场舞会更为复杂和令人赏心悦目。最终，所有的鸟都俯冲降落在另一排电线上，不约而同地坐了下来。"那些鸟儿排练了几周呢？"其中一位开尔文星人问经过的路人，而对方显然是丈二和尚摸不着头脑。事实是令人难以置信的，这些鸟儿没有任何计划就自发地表演了这支"飞鸟芭蕾舞"（图 7.1）。

图 7.1 [1]

外星朋友在离开购物中心时，再次望向天空，看到几个以 V 形编队飞过的鸟群（图 7.2）。路人告诉他们，这些鸟儿在向南飞行，躲避即将到来的寒冬，但在春季它们又会飞回来。于是开尔文星的朋友们越发感到困惑了，为什么人类需要巨大的喷气飞机和空中交通管理员，还要配上先进的导航系统、日历、天气预报和亿客行（Expedia, 全球最大的在线旅游公司）才能完成这种飞行运动？看来鸟类绝对比人类更聪明！

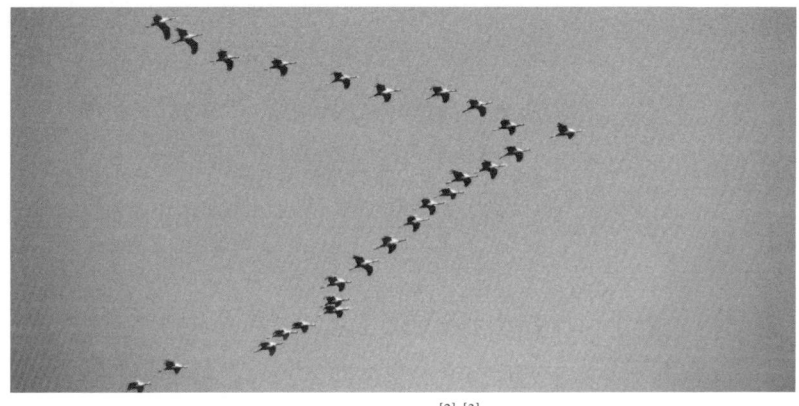

图 7.2 [2] [3]

集体智慧

从常识来讲，鸟类的大脑较小，智商也比不上任何一个普通人，但是当它们聚集成群时，表现出来的行为简直称得上是伟大的智慧。鸟类在没有任何排练的情况下执行那些复杂的动作，令人惊讶的是，它们之间也没有任何沟通商量。没有听到它们的鸣叫或使用其他信号，更不会存在心灵感应。它们成群结队或排成一列，也可以毫无规则地交织飞翔。它们排成一个精确的 V 字形，可以飞上数千英里仍保持位置不变。这就是集体智慧。

集体智慧的出现本质上是自组织的过程。如果该过程是由人（如小组组长）来指导的，对其他人施加影响并形成共识，那么这个共识的思想不会比领导者个人的思想更有力量。换句话说，在这种情况下集体智慧在任何方面都不会比其领导者的智慧更高深。[4]

集体智慧的例子随处可见——从鸟类、鱼类到蜜蜂和蚁群，它们都是在没有领导者的情况下，通过自组织而行动的有机体。

它们是如何做到这一点的呢？事实上每只鸟都遵循一些简单的，但实际上仅对其自身有益的规则。这些规则不需要任何智慧，因为它们是基于本能战胜恐惧或获得食物的自我保护。鸟儿们明白，当它们成为更大的群体中的一员时，它们就会更安全。因此，鸟类行动时的内心活动大致可以这样描述："如果我旁边的任何一个伙伴突然飞了起来，那便意味着要么我们被捕食者盯上了，要么就是附近有食物。所以如果大家都开始行动了，我也要跟着飞走。"

这些"与群体保持一致"的本能转化为一些原始规则：

1. 紧跟着我最近的伙伴（确保我没有落单的危险）。
2. 保持安全距离（以免撞到其他伙伴而受伤）。
3. 避开风阻（这样就不会因飞得太累而落后）。

由于遵循这三个规则（基于本能的自我保护），鸟类的行为具有了看似复杂的集体智慧。

但是人类呢？我们作为个体已经相当聪明且活动自如了，我们还能有意识地组织带有明确目标的团体、社群和公司。那么，这是否意味着集体智慧仅存在于鸟类、鱼类和蚂蚁这样的动物中呢？当然不是，尽管非常不愿意承认，但是当人类聚集起来时，我们的行为与鸟类别无二致。此时我们也几乎不再是以个人智慧为行为向导，而是靠集体智慧行动。

集体智慧可以使简单的生物看起来无比智慧，群体的整体表现会比单个成员更聪明。但是集体智慧也会使聪明的人变得愚蠢。乌合之众的概念（mob mentality）便是人类集体智慧的黑暗面。我们见识过骚乱、抢劫和其他可怕的群体行为，作为个人我们永远都不会走到那一步。

当成为群体的一分子时，人们会遵循极其简单的规则行事。这些规则往往仅受个人利益驱动，*无论是在逛街，还是在开车甚至投票时都无出其右。人类与其他动物之间的唯一区别是人类不必发生物理空间上的靠近。尤其是在网络时代，我们在不进行沟通或协调的情况下就可以将自己的言行传达给群体，反之亦然。我们大概永远都不会承认的是，人类比仅拥有指尖体积大脑的鸟类更容易受到群体行为的影响。

当你想到鸟类只是遵从三个简单的、由本能驱动的规则行事时，可能会狡黠地会心一笑，想到："啊，这样它们的无意识、类似畜群的行为就解释得通了。"但请记住，你遵循的也是类似的规则。当然这不是你的错，这是人类的本性。在众多的人际关系和大量的人际交往中，群体行为变得更加普遍。

集体智慧不仅仅是具备可预测模式和行为的有趣现象，当集体智慧与网络结合起来时，就会为创业者提供一系列强大的工具和方法。如今，网络活动的参与度已远远超过临界值，群体智慧效应开始重新定义我们构建产品和创建公司的方式，也重新定义了人们合作的方式，以及这些合作背后的原因。

在网络效应和临界点来临之前，你是否能判断集体智慧在何时起作用呢？

---

* 确切地说，人类也具有非凡的无私行为，甚至是自我牺牲，但这类行为往往发生在个人身上或当个人作为人数较少的群体中的一员时。

在激烈的党派选举期间，你有没有发现反对派的各个成员似乎总是在滔滔不绝地使用完全一样的修辞和逻辑，不停地强调相同的问题，听起来就像他们参加的是同一个会议？这就是群体行为：集体智慧加上自组织。

而当我们看向"媒体"时——尤其在涉及政治问题的情况下，任何频道，不论是记者、新闻广播员、通讯员、分析师还是脱口秀主持人每每都用相似的标题、观点甚至是关键词，也不管他们的节目是几小时还是几分钟——就像他们都在读同一个剧本。他们不可能私下进行了协调或策划！是的，这也只是集体智慧的一种高级层次罢了。

回想一下前文提到的"鸟儿芭蕾舞团"，甚至科学家们都认为鸟儿之间在没有相互协调或沟通的情况下就能达到如此水平的行为是多么匪夷所思。而最近的研究发现了一些令人惊讶的结果，这些结果使我们对它们的行为有了深刻的认知。

科学家研究了八哥，这是以同步飞翔行为（synchronous flocking behavior）而闻名的鸟类。[5] 在一组由八哥组成的造型壮丽的队伍中，每只鸟都跟随离其最近的伙伴，调整其飞行速度以保持同步（图 7.3）。科学家们发现，由单只鸟发出的信号可以在千分

图 7.3 [6]

之几秒内穿越百码宽的鸟群，且几乎没有失真或损失。这种迅速穿梭于鸟群间的信息传播被称为"低声咕咕"（murmurations），这就可以解释为何群内任何一只鸟（而不是首领）都可以驱使整个队伍改变方向。

更令人震惊的是，信号在鸟群中传播的速度。[7]

波的本质是其能够以比介质本身更快的速度传播，比如自行车铃铛的声音能比自行车本身产生的声音或比风都快得多的速度到达耳朵。人类有时表现出相同的行为。比如"人浪"，当大量球迷站在体育场并举起手臂时，产生的"波浪"可以以每秒40英尺的速度穿越整个竞技场［由匈牙利物理学家塔马斯·维切克（Tamas Vicsek）计算得出］。

最近，科学家们进行了类似的研究，试图搞清楚思想在没有协调甚至沟通的情况下如何在人类中传播。2015年关于网络社会规范的研究观察到：[8]

共识天然存在。最初是混乱，每个人都说不同的话，没有人能在那种情况下协调，然后突然之间从未互动过的人们开始使用相同的词。

研究解释了某些想法和行为如何立足，并突然成为主流。普遍的误解是，这一过程取决于某位领导者或中央化媒体来互相协调。而研究证明，它仅依赖于社交网络中人们的正常互动。

在高科技创业生态系统中，在不同的群体中都可以看到类似的现象。例如，当我们观察到风险资本家的"群体"行为时，一些创业者曾声称，风投公司之间存在合作甚至串通。现在，我们可以看到这种群体行为既不有害也不神秘，只是集体智慧在发挥作用。

在元创业时代，创业者必须精通一组新技能：与大量人打交道，而这些人往往正用群体模式行事。这些人可能是你的新客户、雇员、供应商、评论家、支持者或新投资者。成功需要创业者能与每个群体互动，并将其作为一个整体而不是分散的成员组织。

作为智慧生物，我们更愿意将彼此视为个体而不是群体的一员去对待。我们倾向于抵制使用"集体智慧"和"群体行为"去描述他人或组织，因为这听起来很像刻板偏见或其他概念。但是，集体智慧不是要对个人做出假设，而是要把群体本身理解为一个整体。而这是我们大多数人所没有的技能。

理解集体行为可能需要一种思维转变。这样的理论感觉上像是我们在抑制个人。创业者理应是独立的，拥有了不起的特长，并能"在世界上留下自己的痕迹"。而且如果不是个人冒险者或空想家，那么又是谁能使世界变得更美好呢？

群体到来

探索未知、勇于冒险、开拓新领域并为他人扫清障碍，我们一直崇敬这种充满英雄气概和鼓舞人心的个人故事。

这个世界上没有几个人比查尔斯·林德伯格（Charles Lindbergh）更具备这些品质了。至今，人们都很难想象他的成就是多么的伟大——横跨大西洋的首次单人飞行。即便阿波罗计划也是一个长达十年的渐进式推进的任务，有十几名宇航员先后登上月球。1927年5月20日，25岁的林德伯格从纽约出发飞往巴黎，在单引擎飞机狭小的座舱内历时33.5个小时，多次遭遇暴风雨，每次几乎都是在漆黑中前行，飞机还时不时有可能撞上危机四伏的大西洋冰浪。林德伯格只身一人横跨大西洋的飞行是人类史上一座了不起的里程碑，也是对每个地球人的激励。

那一年，《时代周刊》将查尔斯·林德伯格的照片印上了封面，也从此开启了时代周刊评选"年度人物"（Man of the Year）的传统。该荣誉授予在过去一年中做出对人类影响最大的活动的人。从1927年到20世纪末，它几乎总是被授予政治或军事领导人，比如国王、皇后、总理、将军和每位美国总统。除了极少数的例外，每年始终都只有一个人能获此殊荣。然而在21世纪，情况发生了变化。

自2001年以来，《时代周刊》授予的最具影响力的"年度人物"中几乎没有个人了。相反，他们代表群体——通常是很大的一群人。尤其值得注意的是，在2006年，年度人物是"你"——指在万维网上贡献内容的每个人。此外还有一些运动的代表人物，比如："抗议者"（The Protester）、"好的萨马利亚人"（The Good Samaritans）、"告密者"（The Whistleblowers）。即使是2010年的获奖者马克·扎克伯格，也主要是因为他在促进人们彼此互联的社交网络上的突出贡献而受到认可。

这个有趣又不甚科学的例子仅说明了一个重要的变化。在元创业时代，影响力、领导力和成就越来越多地受群体驱动，而不再是由英勇的个人驱动。而且不仅是由三五个人组成的团队或社群，而是人数众多却协同一致的大型团体。得益于"大量的人员和充裕的连接",我们可以建模、预测和治理群体活动。

在元创业时代,如果有一个词或一个概念比网络(network)更有价值,那就是"社群"(crowd)。

群体的力量

集体智慧可以为更深层了解动物行为提供帮助,其中当然也包括我们人类自身的行为。除了节假日前的购物日外,人类通常不会大规模聚集——至少在物理意义上是这样。人类的群体行为更加复杂和微妙,我们称之为"社群行为"。

就本书的论点而言,社群由许多具有共同特征的人组成——他们通常具有相同的动机、情感体验、技能或观点。他们通过网络在虚拟世界关联在一起,而不是物理空间上的接近。有时人们会故意与社群交往,而有时他们甚至没有意识到自己已经是社群的一部分。

善用社群

像许多创业者一样,我读过詹姆斯·索洛维基(James Surowiecki)的开创性著作《群体智慧》,或更具体地说它应该叫《群体智慧:为什么群体比小众更睿智以及集体智慧是如何塑造商业、经济、社会和国家的》(The Wisdom of the Crowds: Why the Many Are Smarter than the Few and How Collective Wisdom Shapes Business)。[9] 这是为数不多的既可作为总结又可作为摘要的书名之一。书中总体的论点是,庞大的多元化群体可以具有优于任何个人的专业知识或能力。

索洛维基举了很多例子,但第一个例子用得最多:在一次小镇集市上举行的"猜猜牛有多重"活动中,所有人猜测值的平均值和正确数值非常接近。一个又一个的例子或轶闻清楚地告诉我们:群体可以做出比个人甚至专家更好的某些类型的决策和预测。

不过,我还是需要亲自证明这一点。三年前,我在一个人数众多的论坛上做了一场有关创业和创新能力的演讲。借此机会我决定做一个实验:我举起一个在沃尔玛买的大号透明罐子,观众可以看到我在里面装满了好时巧克力豆。尽管在场的有数百人，但我猜应该没有几个人曾有过估算一罐里到底有多少颗好时巧克力豆的经历或专业技能。

通过智能手机，我请观众们在我事先编写好的网页链接上输入自己估算的数值，并要求他们不要互相商量，就按自己的判断来填写。当大家开始提交时，统计信息在大屏幕上闪烁起来。最终的图形呈现出教科书中那般完美的正态分布曲线，只有几个可能是因为输入错误而产生的异常值（这个测试的对象是群体的智慧，而不是群体的敏捷度）。

最终的平均值为 3 225，中位数为 3 202，最常见的答案是 3 200。而罐子里实际有多少颗巧克力豆呢？3 222 个！

由于我就是那个购买巧克力的人，买光了三家商店的存货才凑够这个数字——我将包装去除并仔细地数了整整两次，这段筋疲力尽的数糖果经历让我很有把握地告诉你，3 222 并不是一个很容易的猜测。然而，听众却准确地估算出了这个数字——几乎算得上精确！结果仅偏离了一点点，接近到让人不敢相信这纯粹是巧合。

有趣的是，直到索洛维基于 2004 年出版了《群体智慧》一书，这个强大的概念才被人所熟知。而现在，因为我们有充裕的网民、网络连接，群体智慧也因此成为 21 世纪特有的现象。但是，这种现象最早可以追溯到古老的格言："分享问题就已经让你的问题解决一半了。"（A problem shared is a problem halved.）那么，如果将一个问题分享给 2 个人、20 个人或 2 000 万人时，会发生什么呢？

> 随着知识的网络化，房间里最聪明的人不是站在前面讲课的人，也不是房间里所有人智慧的集合。房间里最聪明的人就是房间本身：网络聚集进入房间的人以及他们的想法，并与房间外的人连接。这不正表明网络正在成为有意识的超级大脑吗？
>
> ——戴维·温伯格《知识的边界》（David Weinberger, *Too Big to Know*）[10]

那么，除了在集市上估算牛的体重和猜罐中糖果数的小把戏外，企业家还可以如何利用群体的这种未完全开发出来的潜力呢？

最初，元创业者们利用"群体"的方式，可以说是……有点过于明显，但作用却很强大。例如，他们会：

- 做群体调研以了解产品的潜在需求。
- 利用群体来测试产品功能和潜在性能。
- 请群体出主意来做设计和创意解决方案。
- 利用群体创建或整合内容。
- 提供奖励（奖品）以征求解决那些对于自己的组织而言过于复杂而无法自行解决的问题。

总体来说，利用群体可以带来以下潜在好处：

- 产出结果（人工、任务）
- 思想汇集（知识、信息、特长）
- 资源整合（金钱、"东西"）
- 个性方面（意见、行为、人际关系、从属关系、道德、品味）

如今，群体会有意或无意地帮助我们做以下事情：

- 维护和验证我们的群体性知识（维基百科，Wikipedia）
- 疾病预测（谷歌瘟疫预测器，Google Flu Predictor）
- 项目资助（众筹平台 Kickstarter 和 Indiegogo）
- 新闻和报纸
- 先进的科学研究（FoldIt）
- 还有更多

近年来，热门技术的发展已经到了一个过于流行的地步——经常成为一切事物的前缀——电子商务（e-commerce）、电子交易（e-business）、电子商店（e-store）、网络业务（cyber-business）、网络犯罪（cyber-crime）、网络安全（cyber-security）、网络支付（cyber-payments），等等。照葫芦画瓢，我们把"crowd-"作为前缀加在其他词语上会得到以下新概念：

- 众包（crowd-sourcing）

- 群体智慧（crowd-wisdom）
- 众筹（crowd-funding）
- 群体借贷（crowd-lending）
- 群体投资（crowd-investing）
- 群体设计（crowd-designing）
- 群体工程（crowd-engineering）
- 群体测试（crowd-testing）
- 群体科学（crowd-science）

此列表还在不断增加，但这并不意味着其中任一类别会变得微不足道。先前的技术趋势重构了消费和企业运营的方式，而群体技术的有趣之处在于它重构了创业者实现创新创业的方式和方法。

创业者要获得这种新能力，就需要新工具、新平台和新策略。

可是等等，在考虑如何挖掘"群体"的价值并获得收益之前，请先思考。可能你自己还未曾意识到，你已经在为"群体"做贡献了。其他人已经利用你的成果、智慧和才能赚了数十亿美金——你对此却一无所知。这就像一部科幻电影中的情节。

进入黑客帝国

"欢迎来到黑客帝国",相信绝大多数读者都看过这部电影——一部虚构的惊悚片,讲述了我们生活中的一切都由一个计算机模拟而成。在那个世界中,我们通过摄取食物为身体提供热量,并转化为动力维持地球统治机器的运转。而对于不了解该情节的读者来说,只需设想这样一个世界:数十亿人一边看电视一边在跑步机上运动,人们认为自己正在锻炼身体同时兼顾娱乐,而实际上是这些跑步机正在靠我们的热量为外星机器人提供电力。

这难道是在人类不知情的情况下剥削我们的劳动成果吗?这个邪恶的概念被拍成了多部电影。但是,如果它并非听起来那么邪恶呢?我们刚刚探讨了集体智慧,如果我们只是在收集智慧呢?善用我们的智慧、创造力和才能,而不是剥削智慧的成果。

当然,我们实际上已经在这样做了,我们称之为众包:数十亿人,不断思考、创造和实践。

众包——至少这个词本身——相对较新。它是由《连线》杂志编辑杰夫·豪(Jeff Howe)和马克·罗宾逊(Mark Robinson)于2005年创造的,并很快通过杰夫·豪开创性的著作和文章广泛传播。最初,他们将众包简单地定义为"将任务外包给大众群体",本质上就是将群体当作一个劳动力池。而随着社交网络的扩张,众包的形式变得更加多元化,因此专家们很难就任何一个定义达成共识。让我们放弃为其寻找一个统一又牵强的定义吧,我将用俳句诗的格式来把众包的元素一一拆解:

众包是:

- 个人或组织如何从某个结果中受益,
- 这个结果是来自形形色色的不同群体的共同努力,
- 成员们可以自主执行,或者已经在执行任务过程中,根据自己所长各司其职(实体的、虚拟的、智力或创意的)。
- 每个人的成果在网络上汇总起来,
- 用于解决某个问题或实现某个目标。
- 作为回报,群体中的个人可以获得一定酬金,

- 但更多的时候是因为非经济形式的回报而乐在其中（利他行为、乐趣、社会认可等方面的满足）。

广义上讲，众包是"群体的智慧"在网络上被挖掘。如果能够汇集人们的专业知识、资源和技能，那么从理论上讲，便可以将集体智慧进一步放大并用于生产目的。尽管听起来过于幼稚和理想化，但众包确确实实在发挥其潜力。十多年来，众包被用于：

- 监测流行病；
- 诊断疾病；
- 防治疾病；
- 研究治疗方法；
- 开发创新营养食物；
- 预测和监控犯罪；
- 设计产品；
- 改善环境；
- 在监测和解决气候问题方面取得进展；
- 现代化太空旅行成为可能——使其更实惠、更普及。

事实上，人类几乎还没正式迈进利用众包强大力量的门槛。

在讨论将众包作为创业者的工具之前，先仔细谈谈另一个问题。如今，众包分为三大类，从群体的视角来看，可以将其命名为：主动性（Active）、被动性（Passive）和激励性（Incentive）众包。让我们从最古老的形式——激励性众包开始谈起，因为它很有可能也是被误解最多的一种。

激励性众包

这种众包也被称为"奖励性众包""激励奖"或"诱导性奖励"，实质上就是动员群体并加上金钱奖励来吸引最佳人选或最具创造性的解决方案。通过奖励将"群体"变成"候选人"——但这种情况下任务一般总是被某个人或某个小团体完成。这里并不是要贬低激励性众包的作用：事实上罐装食品、人造黄油、商用水轮机、灭火器和数千种其他产品都是在"激励性众包"活动中被发明出来的。[11]

尽管"激励奖"已经存在了好几个世纪，但现代网络技术仍将其视作一种强大的众包方法并进行了大力拓展，特别是对于寻求使用"集体智慧"达成一定目标的大型组织而言。以下是一些著名的成功案例：

经度奖（The Longitude Prize）

三个多世纪前的1714年，英国政府出价20 000英镑奖励找到精确定位船只经度方法的人。在18世纪初的航海时代，水手无法确定自己的船所处何方是个极其要命的缺陷，航线错误很可能意味着死亡和灾难。

几十年来，世界上最聪明的人一直在努力寻找答案，其中包括大名鼎鼎的伊萨克·牛顿爵士（Sir Isaac Newton），但是激励奖吸引了一位自学成才的木匠，也是钟表匠——约翰·哈里森（John Harrison）。他的发明不是基于天文学，而是基于时钟的工作原理，而这一创举也影响了运输业接下来的数百年。

拿破仑（Napoleon）

拿破仑皇帝曾感到万分沮丧，因为每次他率军远征开拓新领地时，都会遇到军队食物变质的问题，而在军队驻扎的地方又找不到足够的食物来满足饥肠辘辘的士兵。于是他设立了一个奖金为12 000法郎的食品保鲜解决方案奖。1809年（恰好是入侵俄罗斯的时候），一个名叫尼古拉斯·弗朗索瓦·阿佩尔特（Nicolas François Appert）的糖果商受酿酒厂启发，发现酒厂将食物煮熟后密封在玻璃罐中就可以保存相当长的时间。这个技术的发现和推广使得数量飙升的欧洲市民可以通过食用罐装的蔬菜、肉类和水果来果腹并维持健康状态，这极大地促进了公共卫生。而这个加工工艺的基本方法保留至今——罐头食品仍随处可见。[12]

林德伯格

还记得那位杰出的英雄查尔斯·林德伯格吗？事实上，他的跨大西洋壮举也是为了竞争一项激励金。奥泰格奖（Orteig Prize）由酒店大亨雷蒙德·奥泰格（Raymond Orteig）创立。1919年，他致信美国航空俱乐部的负责人，提出他将拿出25 000美金来奖励"第一位驾陆上或水上飞机从巴黎或法国任一海岸城市直飞纽约，或方向反过来但同样中间不得停靠的人"。请注意，那可是1919年。[13]

当25岁的林德伯格决定争夺该奖项时，可以说他还是一位经验匮乏的飞行员，偶尔驾驶小型飞机运送一些邮件包裹。在他的雇主和一家发动机制造商的帮助下，林德伯格才有机会得以尝试。但究其原因，正是由于激励奖的存在才使他敢于冒险，并最终创造了历史，催生了民航业的诞生。

网飞

近年来，大型公司也通过在线网络开展激励性众包活动，希望获得解决某些难题的方法。2008年，网飞推出了"百万NetfliXPRIZE"——最佳算法奖，要求将网飞的推荐算法提高10%的准确度。这吸引了世界上一些最聪明的数据科学家。在高度透明的流程和协调保障下，直到最后一刻，经过极其焦灼和激烈的竞争，网飞在一年后颁发了该奖项。获奖方案可以使网飞更好地为顾客推荐他们喜欢看并愿意租借的电影——毫无疑问，这也为公司创造了数十亿美元的价值。

X大奖

1996年，价值1 000万美元的"安萨里X大奖"（Ansari XPRIZE）诞生了——奖励可重复使用航天器的发明者。为此开发出来的技术现在正被维珍银河公司（Virgin Galactic）用于其最新的太空旅行业务中。仅花费200 000美元左右，理查德·布莱森（Richard

Branson）商业集团旗下的维珍银河就能将你从新墨西哥州的航天站带入太空次轨道空间。[3] X 大奖基金会还为解决诸多社会问题提供奖励，例如消除文盲、为非洲地区提供能源、海洋油污清理以及登月等。

激励性众包是解决重大问题的绝佳方法。目前为止，我们可以看到，当一个庞大且资金雄厚的公司赞助这一挑战时，这个方案最为有效。最近，盖茨基金会甚至美国政府都宣布了奖励计划，试图以此解决人类面对的最棘手的一些问题。

大多数创业者没有资源或社会资本来以这种方式使用众包。相反，对于那些有能力创建解决方案或产品以应对众包挑战的创业者来说，参与竞赛是同时获得资金和客户的可行又非常有价值的方式。

大奖赛一直是造就非凡创新的动因，但它们本质上仍更类似于竞赛，而不是真正意义上的众包。他们利用群体进行广泛宣传，但是解决方案的提出者往往是个人赢家，与利用集体智慧背道而驰。然而，随着众包形式的成熟并逐渐成为主流，结合奖金激励的方法可能会激发更多形式的众包方法。

混合众包（A Hybrid）

对于创业者而言，大量的众包网站非常有用，特别是在公司的启动阶段。我们称之为混合众包网站（Hybrid-crowdsourcing sites）。混合众包网站让创业者可以以较低的奖金或薪酬来利用线上专家的群体智慧。这些网站看起来并不像是众包网站，也通常不被称为众包——这是一个很好的信号，表明该领域还未被吹嘘过头。

诸如 Fiverr.com、Upwork.com 或 Freelancer.com 之类的网站上都可以发布需要完成的工作，加上愿意支付的报酬（很像激励奖金），经常会有很多个人和团队响应并争取机会。这些网站也有反过来的形式——专家们发布他们擅长的特定任务——例如书籍封面的 logo 设计等，也会附上报价。另一个群体（在这种情况下，就是客户）来响应这些发布。另一些网站，例如 iStockphoto.

com，则允许创意者上传自己的作品供广大观众和其他群体浏览。同样，反之亦然。

主动众包

主动众包的工作方式是与"群体"进行合作以解决问题或执行任务，即将复杂的任务分解为非常小的组成部分。有时细小到成员们都不知道最终目标是什么，就像第五章提到的石匠与教堂。

举个例子：假设你在一个秘密情报部门工作，或者你是私人侦探，此刻你的垃圾桶里装满了切碎了的文件。将细碎的纸条重新拼凑起来是一项无聊且让人抓狂的任务，但做这件事的人还需要一定的智慧和技巧。另外，你希望有人帮忙但绝不希望完整内容被泄露。于是你把所有纸条扫描成1 000张图像发布到众包站点（例如：Amazon Mechanical Turk）。你指定任务规则：将任意一张图片（纸条）与另一张匹配可以获得4美分，并且你不允许任何人看到已经拼合在一起的纸条。此外，你委派另外2个人分头去验证匹配结果——每个2美分。这正是活跃的众包网站成员们擅长的任务，整个任务可能会在几个小时内完，而总费用大概是：80美元。

目前，最常由众包形式解决的任务绝对算不上炫酷，但这对企业来说却很重要，尤其是当众包劳动力比开发技术便宜时。例如，几年前，一个著名的在线站点推出了名片扫描功能——使用手机拍摄任何一张名片上传后，数十秒后，所有的信息就被提取并保存在通讯录中。我们已经可以拍下支票照片让银行完成自动存款，因此提取名片信息并编码并非难事。

事实证明，开发出能扫描几乎所有形式的名片并维持准确率在95%以上的软件需要大量的编码工作，还要花费不菲的开发和维护成本。取而代之，这家公司将名片照片分发给随时待命的众包成员——就像拼碎纸条案例一样。仅需支付5美分，就可让众包工作者把一张名片信息转录成联系表格（其中许多人使用语音转文本的转换器提高工作效率）。让我们做个数学计算，如果这家公司聘请两名硅谷工程师花 6 个月的时间来开发软件，则可能要花费 15 万美元（不包括硬件）。而其效果与使用众包方法"扫描"300 万张名片别无二致。

有时，"大问题"（big problem）并不意味着"深层问题"（deep problem）。就像拯救地球一样——通常有着浅显却范围很宽的含义——人类能轻松完成，而机器却完全不明所以。

但是，这正是众包潜在力量的最好例证之一。在这种情况下，群体要比专家好用，甚至可以比计算机更好地完成一项壮举。并且在此过程中，还可以利用人性中独特的品质，例如对游戏、竞争或其他与众不同的领域有爱好的人群。

折叠蛋白（Folding Proteins）

2008 年，华盛顿大学生物化学、工程和计算机科学系的科学家之间进行了一场非常规合作，并同时与"群体"合作解决了一个极其困难和复杂的问题——一个意义重大并影响深远的问题。

《科学美国人》（*Scientific American*）完美地叙述了这个问题：[14]

在人体细胞里，蛋白质将食物分解，为肌肉提供能量，并通过大脑发送信号来控制身体，通过血液运输营养。每个蛋白都由长链相连的氨基酸组成，这些氨基酸是由碳、氧、氮、硫和氢元素组成的小分子。小的蛋白质球包含了 100 个氨基酸，而有些人的蛋白质球则大得多，有数千种氨基酸。每种蛋白质都折叠成特定的形状，从而决定了每种蛋白质的功能。

确定不同蛋白质究竟如何折叠可以预测疾病，还可以用来针对疾病做定制化疗法方案。预测蛋白质链如何折叠对于计算机来说是一个巨大的难题。因此，科学家们创建了 Foldit 益智探索游戏（http://fold.it），通过将蛋白质链转化为"猜谜挑战"来吸引人们参加进来，一时间大家竞相去折叠出最佳蛋白质结构。而且，玩家还可以设计能帮助预防或治疗重大疾病的全新蛋白质。

蛋白质为保持人体机能的运转和身体健康贡献巨大，会以不同方式参与疾病的防治。对蛋白质如何折叠了解得越多，人类就可以更好地设计出新蛋白质来对抗与疾病相关的蛋白质，并治愈疾病。[15]

十多年来，各类群体一直在竞相寻找解决蛋白质折叠谜题的答案。这些活动和结果正在帮助科学家了解和治愈多种疾病，包括艾滋病、癌症、阿尔茨海默病等。在第一轮难题解决之后，研究人员在《自然》（Nature）上发表了一篇学术论文[16]，《自然》是世界上被引用次数最多的跨学科科学期刊。[17] 在该论文的结尾，Foldit 上 57 000 名注册成员因其巨大的贡献而受到赞誉。

在线众包仍处于起步阶段，但群体已经做出了巨大贡献。参与的成员往往都是聪明、渴望并且愿意对伟大的事业投入大量时间和精力的人——而通常参与激烈的挑战之外并未获得任何奖励。主动众包可能是自谷歌搜索引擎诞生以来最强大的工具了。但是，如果你觉得主动众包还不够酷，那么我们紧接着来了解一下被动众包。

被动众包

在没有明确告知或未取得参与者同意的情况下，被动参与众包行动听起来就像机器人吸收我们身体的热量一样令人恐惧。

早些时候，我们在外星客人开尔文朋友们相处中得到了很多乐趣。但购买 iPhone 手机配件的过程对他们来说就没有那么轻松了。可是，假如情况是反过来的呢？若作为星际交流计划的成员被转移到外星球上去的人是你，会怎样呢？在那里，进入商店大门之前你需要接受视力测试，和我们人类在车管所里进行的测试形式差不多。你有 3 次尝试的机会，不行就会被赶出商店。规则是阅读第 4 行文字，然后背诵所看到的内容：EK4ZW7。正确！现在你可以购买iPhone手机壳了。

多么奇怪的仪式！人类永远不会那样做，对吗？实际上，地球人每年都要执行数十亿次这样的仪式：当我们想要注册成为某个某站的成员时，当我们需要在电商平台上购物以及进行其他各种交易时——"为了安全起见，请眯起眼并尝试阅读屏幕上第6或第8个字母并将其输入框中。"讽刺的是，这种似乎只有外行星才会有的程序却是为了证明你是人类而专门设计的。

一些读者清楚地知道这是怎么回事。键入这些"随机"字母不仅可以验证你是人类，同时你也正在为人类的群体智慧做出贡献。

古腾堡和大教堂的建设者

在网络出现的二十多年前，志愿者们已经开始将宝贵的历史文化遗产转化为数字格式来保存。古腾堡计划（Project Gutenberg）就是一项对图书进行数字化和存档的宏伟工程。它是世界上最古老的数字图书馆，藏书超过50 000册。后来，谷歌图书扩大了该项目，还添加了来自《纽约时报》的数字化文章，这些文章发表的时间可以追溯到19世纪中叶。最终，全人类所有个体的智慧都将得以储存、访问和搜索。

但问题是，通过扫描书籍和文章进行数字化处理的过程并非一帆风顺。大多数古籍字迹都非常古老，用光符识别软件（OCR）无法完全分辨出正确的单词。书上的污迹、褪色或印刷异常对人类来说小菜一碟，但却会让机器完全无能为力。人们确实可以分辨出正确的单词，但是校对和纠正数百万页的文稿是个极其繁琐而枯燥的任务——而这也正是完美的众包任务。但是，与折叠蛋白不同，如何让人们对校对印刷错误感到振奋？答案是，你不能。

到了2007年，每个网络用户都对验证码非常熟悉了——在被授予安全访问网站前先键入那些随机字母。然后，卡内基梅隆大学的研究人员设计了一个巧妙的方案：每当人们需要输入验证码时，他们都会看到一个额外的单词——文字识别软件无法辨认的单词（图 7.4）。

图 7.4 [18]

用户们在做安全性验证过程中输入附加单词，大多数人没有意识到自己也是个校验员——并且是在为机器解释单词。人类在不知不觉中为机器工作，这种方法被称为"再验证"（reCATPCHA），2008 年被谷歌开发后一直持续使用到 2014 年。在此期间，它每天在从脸书到 Craigslist 的各个网站上显示超过 10 亿个单词——甚至被用于将书籍翻译成不同的语言。[19]

被动众包利用集体智慧和劳动，而无需告知参与者或对其产生任何额外的不便。它确实将人们变成了盲目的石匠，并建造着他们看不到的大教堂——暂时还看不到罢了。这个想法是利用人们已经在做的事情。没有问题——但如果你不是谷歌也不必承担保存人类书籍这样的世纪重任，那该怎么办？创业者可以使用被动众包这个工具吗？可以，并且这一直在发生。

创业日报（Entrepreneurship Daily）

如果你活跃于社交媒体以及与创业或风投相关的领域，那么我很可能会关注你的推文和帖子。我之所以关注你，是因为你说的话，你转发、喜欢或标记的内容对我来说很有价值——以及，你也认为这些内容很重要。通过思想领袖，尤其是创业者发布和转发的文章，我学到了很多新知识和观点。有些观点很重要，是因为特定人的转发或标记，而另一些是因为收到的评论、阅读或转发它们的数量多。但讽刺的是，如果有些东西被过多地转发则反而会变得微不足道，这取决于进行转发的人群是哪些。

我每周在《创业与风险投资日报》（*The Startup Entrepreneurship and Venture Capital Daily*）上发布三篇电子稿件，网址是：http://newsletter.metapreneurship.net。网站由格式整齐、排列有序的文章、新闻、视频、推文和帖子组成，与创业领域的企业家、投资者和教育工作者高度相关。一周三回，我完全不需要自己选择文章或对它们进行排名、过滤或排序。相反，我指定了一个名为 Paper.li 的平台，通过列出在推特、脸书和领英上我的关注者里最有价值的那群人（仅针对其发布内容的价值而言）的名单，以及设定一些其他规则就完成了文章筛选的工作。每天，平台都在关注着我的社交媒体内容，并以此为标准来确定其他人认为有价值的新闻和内容。换句话说，群体、我的群体，正在帮我加工一份有价值的受欢迎的讯息。感谢你们。

下次你在车上使用导航系统时，不妨问问自己，它是怎么知道哪里有堵车或测速仪的？答案是被动众包。当你在高速公路上行驶并开始与周围所有人一起减速时，此信息会被动地上传到谷歌或 Waze 服务器上，后者使用这些数据来展示更准确的地图及替代路线。同样地，每次使用浏览器点击鼠标时，都在为改善浏览器体验、优化搜索结果准确性做贡献，甚至可以说你在帮助改善整个互联网的架构。

被动众包无处不在。你不需要像谷歌、脸书或推特那样拥有数十亿用户，你只需要潜入这条知识、数据和活动的河水里，这些工具已在那里，它们好用、便宜甚至是免费。

运用群体

世界上没有免费的劳动或免费的专业知识。有效的众包是有成本的，无论是用于获得正确的技术、吸引群体，还是在激励群体的过程中。但是，要真正利用群体劳动和群体智慧的力量，需要采用相应的工具和策略，至少要做到如下几个方面：

- 群体必须足够大且成员互相连接，否则，你所参与的群体不能被称为社群。

- 群体成员必须具有多样性和异质性。
- 群体规模越大，任务就必须越具体（这需要做相应的准备）。
- 开始任务之前，必须明确五个关键标准：

  1. 寻找适合该目标的众包类型：主动、被动还是激励性众包。

  2. 明确与群体建立联系的路径和模式：利用现有的社交网络，还是专门吸引他们使用你的平台？

  3. 任务或问题是否在群体的能力范围内？

  4. 选择合适的技术路径：众包平台、工具和网络，或者定制化服务。

  5. 明确激励社群中典型个体的因素。

高效地进行网络搜索并不是与生俱来的能力，但是如今搜索能力如同使用键盘一样自然。我们不用过多考虑应该使用哪些关键字，只需要打字，谷歌帮助我们做余下的选择。通过脸书、推特、领英（或其他社交网络）进行众包而获取集体智慧，就像网络搜索一样简便。

创意、解决方案、信息、智慧、任务、劳动力——十亿人的力量远胜过个人，十亿个大脑远胜过任何单个大脑，十亿个创意远胜过单个想法。但是群体的力量还远不止如此。

来自天堂的便士

萨拉米骗局（The Salami Scam）：赚钱很容易，就像中彩票成为百万富翁一样。这大概是每个坐在沙发椅上的黑客都曾有过的短暂幻想。很多读者都从电影或电视节目中看到过这样的情节，技术人员在某银行或大公司中偷偷地安装软件，从数十亿笔金融交易中每次偷取每分钱的1%。由于每笔金额实在太小，以至于无法察觉或让人觉得无关紧要，但窃取者最终却变成了百万富翁。最终他们因挪用公款并触犯其他十几项联邦和州法而被捕。这个故事说明世界上没有快钱可赚。

你会如何看待这种情况：如果你是在车库里研究下一个流行技术的创业者，有一天你飞往硅谷，希望从风险投资家那里筹集到第一笔资金，但在辛辛苦苦做了一大圈展示和推销后，你两手空空回了家？更可悲的是，你中彩票成为百万富翁的几率似乎要比获得创业资金的机会更高。[20] 这样想来也许萨拉米骗局听起来更靠谱些。

有段时期，风险投资曾是高成长型初创公司起步的第一级基石，是火箭起飞的第一桶外部燃料。但这都是在元创业时代"混沌与转型"之前的事了（详见第 5 章）。如今，大多数公司的启动成本都远远低于风险投资家的投资门槛。

与常识相反，风险投资家们并不会选择向太多初创公司投钱。由于基金的平均规模为 1.35 亿美元，平均需要管理的资金超过 1 653 亿美元，[21] 在任何一家公司中投资少于 500 万美元根本就不具有经济意义。天使投资者无疑是更可能的选择，他们向超过 70 000 家公司投资了 250 亿美元，但是天使们也正在集中资金并加入团体，因此平均的交易规模也都超过了 110 万美元，而在种子轮融资前估值基本也都接近 500 万美元了。[22]

简而言之，这意味着创业者在吸引投资者注资之前就必须要开发出极其有吸引力的产品。正如之前所说，大多数公司的启动成本已经大大降低，但是对于第一轮外部融资而言，门槛却提高了。这就造成了所谓的资金缺口，创业入门所需的费用更少，但是投资者要求你在获得投资之前有更高的价值。初创企业最终落到无人之地，只能四处寻找其他资金途径以求成长。于是众筹便赶来救场。

众筹的兴起

众筹的兴起看似轻描淡写，但无疑是一场革命。几年前几乎不存在的众筹模式如今已经遍布社会的各个方面。从资助创意项目、地方公民项目到公益事业和慈善事业，当然也包括为创业公司提供资金。如今，像精益创业一样，众筹是人们谈论创业时绕不开的话题。

众筹是元创业时代最伟大的运动之一，也是最强大的运动之一。众筹运动仍处于起步阶段，却已迫使美国国会、全部50个州的立法机关以及安全交易委员会开始全面审查自1934年以来存在的投资法。

广义上讲，众筹是从大量人群中收集少量资金。随着社交网络（充裕的网民数量）的出现，众筹才逐步兴起。但是这个概念比"萨拉米骗局"存在的时间更长——只不过众筹是人们愿意为他们相信的项目、产品或事业做出经济贡献。

19世纪80年代初期，法国送给了美国一件礼物：自由女神像。它被运到纽约市后闲置了一年多时间，这是为何呢？因为纽约州政府不愿意提供建造雕像基座以及安装所要花费的20万美元（这在今天将超过250万美元）。于是报纸大亨约瑟夫·普利策（Joseph Pulitzer）通过他的《纽约世界》（New York World）小报开展了一项筹款活动，宣称会将所有捐款人的名字公布在报纸首页上。捐赠者也将获得一件小礼物：捐1美元可以获得一个6英寸的雕像复制品，5美元就可以获得一个12英寸的雕像。这场运动得到了病毒式的传播，在6个月内，基座的筹建款就已全部到位，而大部分人的捐赠都不到1美元。[23]

但这不是人类史上第一次众筹活动。几个世纪以来，书籍作者们一直在向群众求助。Kickstarter（最大的众筹网站）自豪地叙述了有关众筹最早的案例之一：[24]

1713 年，亚历山大·波普（Alexander Pope）（诗人）着手将 15 693 行的古希腊诗词翻译成英文。编写这六卷书花了整整五年的时间，但最终结果证明一切都值得：荷马史诗《伊利亚特》（Iliad）的译本一直沿用至今。而教皇是如何资助完成这个项目的呢？根据记载，他是用众筹的方式完成的。为了出现在此书早期版本的致谢中，以及怀着帮助这个世界再多添一本著作的喜悦，有 750 位订阅者捐赠了两枚金币来支持波普的工作。按照约定，在译本的早期版本中也列出了他们的名字。

众筹的概念有久远的历史，如今的创新只是将技术（社交网络）应用于其组织过程。允许来自世界各地的人们，怀揣着共同的热情和对目标价值的信仰，不管在任何地方都可以支持任何他们感兴趣的项目。

现代众筹的概念可以用俳句诗界定如下：

- 个人或组织，
- 代表某个事业、项目、产品或公司，
- 征集钱款，
- 通常金额相对较少，
- 征集的对象往往数量很多，
- 使用网络平台，
- 通过电子网络管理沟通与交易。

如今，众筹可分为 5 大类（表 7.1）：

表 7.1

种类	描述	平台 *
捐款众筹 (Donation)	慈善机构和社会事业组织，通常适用于个人和较小的组织。	GoFundMe, CrowdRise
回报众筹 (Rewards)	捐助者将获得象征性的奖励作为其支持项目的一部分。通常用于艺术、娱乐和社区／民间项目。	Kickstarter, Indiegogo
预购众筹 (Pre-order)	与回报众筹类似，不同的是捐赠者希望支持者会收到他们资助的产品的早期版本。	Kickstarter, Indiegogo
债务众筹 (Debt)	又称为"点对点"（peer to peer）、"P2P" "市场借贷"（marketplace lending）或"众贷"（crowdlending）。获得资金为贷款，最终将偿还给捐助者。	Funding Circle, Lending Club, Prosper, Kiva
产权众筹 (Equity)	投入资金以换取公司股票作为回报。	AngelList, Crowdfunder, CircleUp, Gust**, Seedrs, Fundable, Indiegogo

* 注意：许多平台允许不止一种众筹类型，例如：Kickstarter 允许回报众筹和预购众筹，Fundable 允许产权众筹和回报众筹。

** 超级天使投资人大卫·罗斯创立了仅对天使投资人和天使投资团队开放的名为"古斯特"（Gust）的投融资平台。这一平台最近转型成为股权众筹平台，并为公司和投资人提供多种支持服务，包括尽职调查、财务和股权结构设计等。

自从早期的 Indiegogo（2008）和 Kickstarter（2009）取得成功以来，出现了数百种众筹平台。同时不必使用第三方平台，个人或组织也可以使用自己的网站来筹集资金，但是他们仍然需要整合工具来管理付款流程、付款人以及吸引群体。

混合众筹和其他一些新类别的众筹方式正在兴起：比如基于版税的众筹（royalty-based crowdfunding）（使支持者能够从他们资助的产品中收取特许权使用费），以及诉讼众筹（litigation crowdfunding）（支持者为诉讼提供资金，最终可以换取由此产生的判决份额的相应部分）。

最新数据显示，2015 年，全球众筹筹集了约 350 亿美元，其中绝大多数（约 250 亿美元）是债务众筹，其次是超过 50 亿美元的基于捐赠 / 奖励的众筹。[25]

欺诈与失败

对于从未接触过众筹网站或众筹活动的人来说，首先想到的是欺诈。有没有可能某人拿走我的钱，却从不兑现奖励（或预售产品）？如果那个请求为癌症治疗捐款的人是骗子怎么办？

欢迎进入群体智慧的大门。众筹是一种社交网络——只不过焦点是资金、产品和社会事业。群体有惊人的判断谎言和骗局的能力。大多数资金筹集活动是在 30 天、60 天或 90 天之内进行的（股权投资则需要更长的时间），这就说明有足够的时间来让大家审查项目创建者本人和其想法的可靠性。社交网络提供了另外两个内置的保护功能：透明度和声誉。如果支持者无法在网络上找到有关项目所有者的信息，或者产品似乎被故意混淆了，那么支持者们就会公开地大声抗议，表达自己的怀疑。而被视为可疑的项目或创作者会迅速消失，并且无法实现其筹资目标。所以合法创业者在计划和展示项目时要格外小心。如果他们接受了众人的筹资，却由于可疑的策略或行为而失败，人们很快就会对此哗然，创业者的声誉将永远无法恢复。

而欺诈在众筹中极为罕见。2014 年，我与"众筹内幕"（Crowdfund Insider）[26] 进行了一项研究，其中囊括了对全球成千上万次众筹活动的全面调查，只发现了两起欺诈事件和少数几起未遂的欺诈事件（人群很容易拆穿这些尝试）。而随后的工作（包括世界银行委托进行的一项研究）也证实众筹欺诈的比例极低。

创业者的圣地

创业者发现众筹是为创新性产品或创意筹集资金的高效又令人振奋的方法，而对于投资者来说，投资这些产品和创意还为时过早。创业者通过众筹找到志趣相投的支持者、早期接纳者和技术爱好者，这些人热衷于支持早期想法。群体不仅为开发产品做出了经济上的贡献，还提供了同样有价值的东西：产品的早期市场验证，以及创业者建立声誉和信誉的机会。

支持者欢迎 Kickstarter 和 Indiegogo 这类有奖励机制的众筹网站，是因为他们提供了既有吸引力又低风险的投资模式。潜在的贡献者彼此之间以及与创始人之间可以讨论项目或产品的优点；他们被允许投入特定的、名义上的预先承诺资金（通常是 5 美元、25 美元、100 美元、250 美元），每个级别都会获得不同的奖励。此预先承诺非常重要，相当于具有约束力的保证。创业者设定资金目标和期限。如果在期限内达到筹资目标，则每个人都需要支付那笔承诺金，否则就不会产生金钱交易。对于早期的支持者来说，这是使他们接受众筹的关键原因。后来，随着支持者对众筹变得更加熟悉和放心，其他捐款方式也随之产生。

由此，创业者很快就享受到了众筹平台的力量。

Pebble 智能手表

在可穿戴设备出现的早期，埃里克·米基科夫（Eric Migicovsky）设计了一款手表，它可以显示来自智能手机的消息并支持安卓（Android）设备。他加入了 Y 创业营（Y-Combinator）的加速器计划（Combinator's accelerator program），甚至设法卖出了几只手表并筹集到了几笔天使投资。尽管取得了早期的成功，米基科夫仍无法筹集额外的资金来改进产品并大规模推广。于是，他将目光转向了众筹平台 Kickstarter。

Pebble 智能手表于 2012 年 4 月在 Kickstarter 上首次亮相，筹款目标为 10 万美元。Pebble 技术公司（Pebble Technology Corporation）承诺提供 115 美元资金的支持者可以以折扣价预订价值150美元的首批手表。此项目上线两个小时内，就实现了10万美元的筹资目标，而在六天内，该项目就成为Kickstarter历史上筹资最多的项目，在活动剩余的30天的时间里又筹集了470万美元。[27]最终，该产品吸引了超过1 000万美元的预购资金。几年后，Pebble重返Kickstarter，为其最新手表"Pebble时间"（Pebble Time）进行预购筹资，从超过7.5万名支持者那里筹集了2 033.8986万美元，再次打破了网站纪录。

虚拟现实眼镜（The Oculus Rift）

2011年6月，年仅18岁的帕尔姆·拉克（Palmer Luckey）开发了一个基于安卓系统的虚拟现实眼镜原型。在成立虚拟现实眼镜公司（Oculus VR）后，他们于2012年8月发起了Kickstarter众筹活动，通过提供高级开发人员工具包筹集了25万美元。一个月后，公司的虚拟现实耳机产品获得了243.7429万美元的众筹资金。[28]但这不仅仅是另一个成功的众筹案例。

虚拟现实头戴式耳机作为即将爆发行业里的突破性产品，Kickstarter为其创始人提供了验证产品、市场以及公司的途径。2014年3月，即在产品发布不到9个月后，脸书以20亿美元的价格收购了该公司。[29]

但支持者们都是粉丝，他们通常不会只为了提前订购而在众筹项目中冒险。对于这些充满热情的早期支持者，通常是对产品、项目以及创业者本身报以很多情感。所以当公司被收购时，许多支持者愤怒地表达了反感：[30]

> 如果我知道你要将公司卖给脸书，我不会捐一分钱。你将我们所有人都出卖了。我希望这次反击会让虚拟现实眼镜公司和脸书听到我们的不满。我个人将绝对不赞成任何人去购买你们的产品，曾经的独立梦想，最终也不过变成了一棵没有灵魂的摇钱树。上帝啊，我就想退款。

如果都像你这样将公司卖给像脸书这样的大企业，那么众筹到底有什么意义呢？

为什么会这样？为何虚拟现实眼镜公司往日热情的支持者突然对他们参与的众筹项目感到不满？因为当公司获得重大意外之财时，似乎只有创始人从中受益。参与众筹的群体并没有从中得到一分钱。他们的捐赠回报一般只是早期的原型产品，更没有公司股权。根据过去的美国证券法，向群体中的任何人提供股权都是违法的。但是众筹活动日益成为强大的运动，并最终创造了历史。

2012年4月5日，美国时任总统巴拉克·奥巴马（Barack Obama）签署了两党一致通过的《创业企业扶助法案》（Jumpstart Our Business Startups Act，简称JOBS法案），该法案旨在为新兴成长型公司打开融资渠道。经过近四年的监管纠纷，美国证券交易委员会发布了最终规则，并于2016年5月16日生效。

其中股权众筹是所有人关注的焦点。新法案允许几乎任何人投资于新兴初创公司，而不只是捐赠。此外，新法案还允许初创公司公开招募股东。2016年5月之前，所有这些都是非法的，初创公司只能通过演讲和路演说服风险投资家和天使投资人投资。早些时候，比如某位工程师，看到众筹平台Kickstarter上的某个产品具有独特潜力，然而，因为他不是"合格"的投资者而不允许投资这匹黑马。风险投资家和天使投资人被"允许"成为百万富翁，但那些可以发现项目早期潜力的人却不行。

世界银行预测，到2025年，全球众筹市场规模将达到960亿美元[31]——远远超过风险投资和天使投资的总和。

众筹元创业者

众筹不仅意味着"大量资金"（an abundance of money），更意味着"大量支持者"（an abundance of supporters）。这些支持者每人付出小额资金，一笔笔小额资金累积起来，再加上市场验证、反馈、促销支持——这些因素对创业者而言比金钱更重要。即使是失败的众筹活动也能给创业者提供无价的反馈，并可能把他从多年的幻想之痛中解脱出来。

众筹改变了游戏规则，把客户转变为合作者，把支持者转变为客户、拥护者、合伙人和投资人，而不只是开发一种新的资金来源渠道。众筹重新定义了创业生态系统中的关系网络。

灰盒子的不同色泽

为创业者提供新工具和新策略的集体智慧、群体、众包和众筹等有趣的概念可能已经深深地吸引了你。到目前为止，本章讲述了：

- 群体具有独特的属性和行为；
- 群体为网络提供了巨大的潜在价值；
- 群体是知识、创意、劳动力和资金的来源；
- 元创业者需要知道如何将群体作为工具箱中的新资源进行管理。

如今，这些概念似乎是对创业者工具箱的有效补充（而且确实如此）。但是，在元创业时代，群体甚至改变了商业本身，特别是从创业的角度来看。即使对于专业的颠覆者来说，理解这一点也需要转变思维模式，所以我们先从背景介绍开始。

警告：经过正式培训的电气工程师，请前往最近的安全空间。以下大一电气工程课的内容可能会导致噩梦。

戴维南等值定理（黑匣子）

几乎每个电气工程师都必须研究戴维南定理（Thevenin's Theorem）。简言之，它的原理是：可以将任何线性电路（无论多么复杂）简化为仅具有单个电压和电阻的等效电路。换句话说，无论多么复杂的电路都可以用"黑匣子"——戴维南等值——两根电线来代替。现在，你可以将黑匣子视为单个组件，无论内部组件有多复杂（图7.5）。

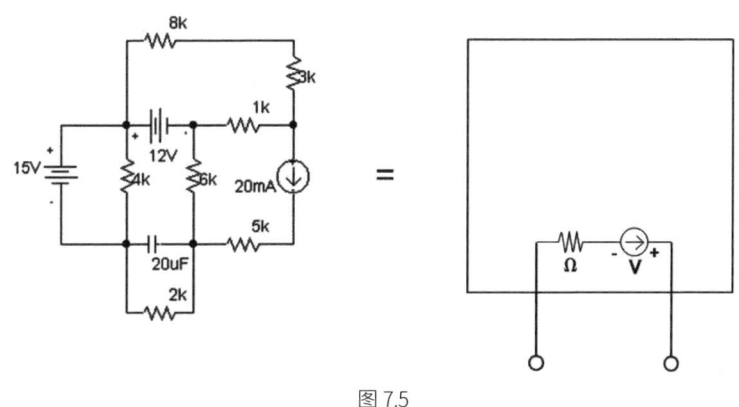

图7.5

接下来，让我们来看一下公司的基本组成部分。例如，一家开发新产品的公司可能一次需要雇用一名全职的 UI/UX 设计人员。现如今，该公司可以改为由"群体"来设计产品（图7.6）。

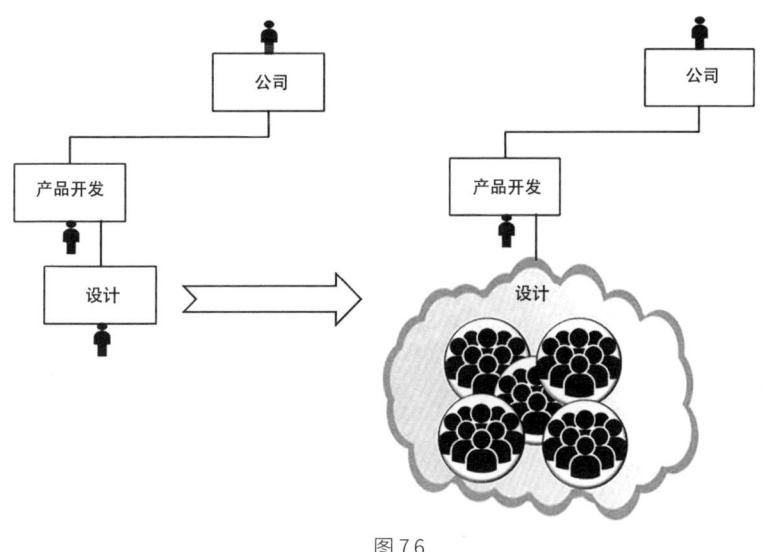

图7.6

因此，传统的组织结构图（图7.7）发生了变化——设计师（或"设计部门"）就是图7.6中云形中的群体。

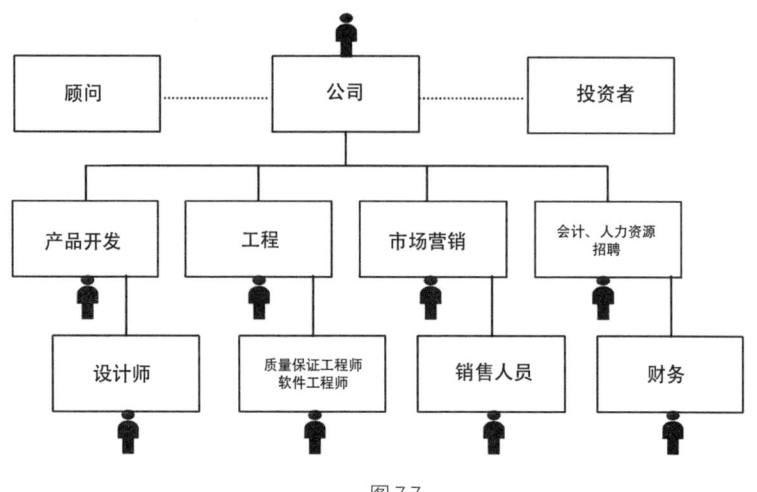

图7.7

那公司中的其他主要角色呢？

这就是令人惊讶的新现实（图7.8）：

"群体"如今可以代替公司的任何角色或组成部分，以前这些位置可能是为个人保留的。

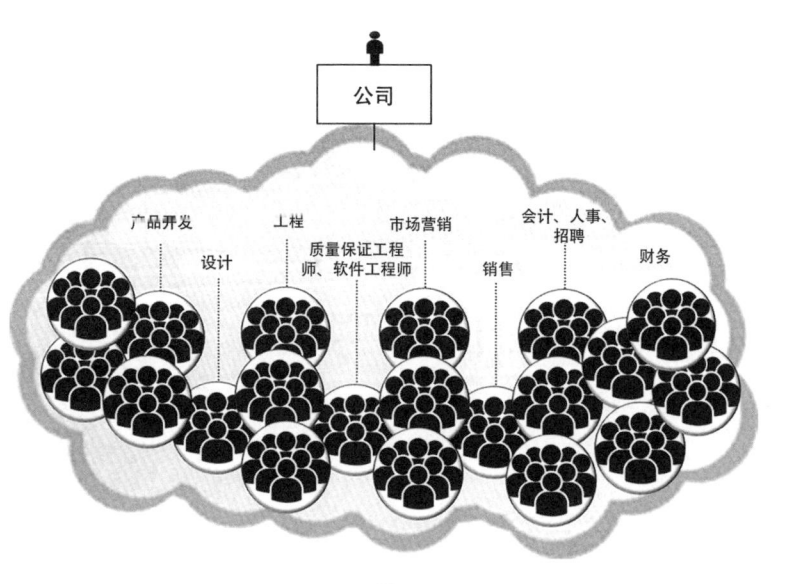

图7.8

群体不仅可以代替主要的运营角色，还可以充当顾问和投资者。实际上，帮助开发产品和运营公司的群体也可以同时是顾问和投资者（图7.9）。

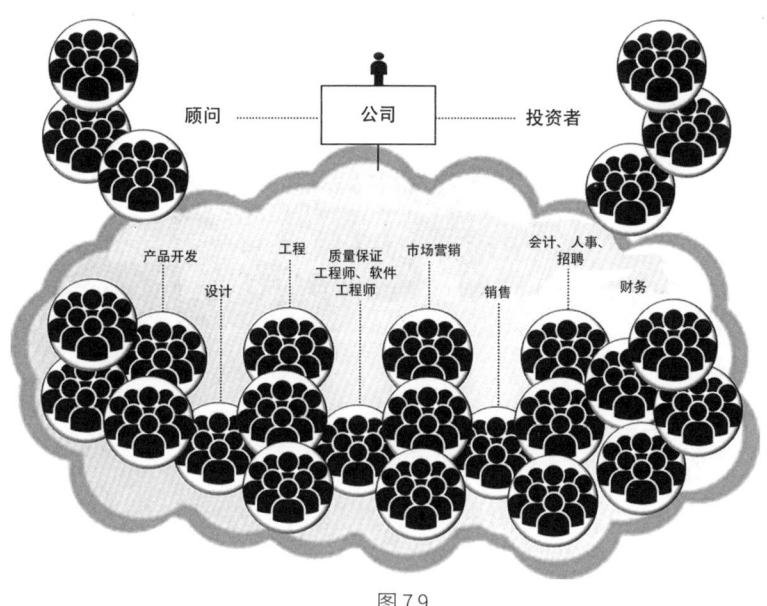

图7.9

请注意这里的用词——"可以代替"。判断某个或某些角色是否该由群体取代还需要相当长一段时间。现在还很难想象一家创业公司（更不用说一家正在运营中的公司）的主要方面都依赖群体。但要意识到，不久前，现今的许多以网络为中心的行为都是不可想象的——从金融交易、导航、位置签到到从手术室实时发布推文。

每天，这些不可思议的事情都在成为常态。

而最令人惊讶的可能就是"公司"这一概念——长期以来理所当然的"核心管理层""领导者""梦想家"，甚至这些功能都可以被社群所取代（图7.10）。

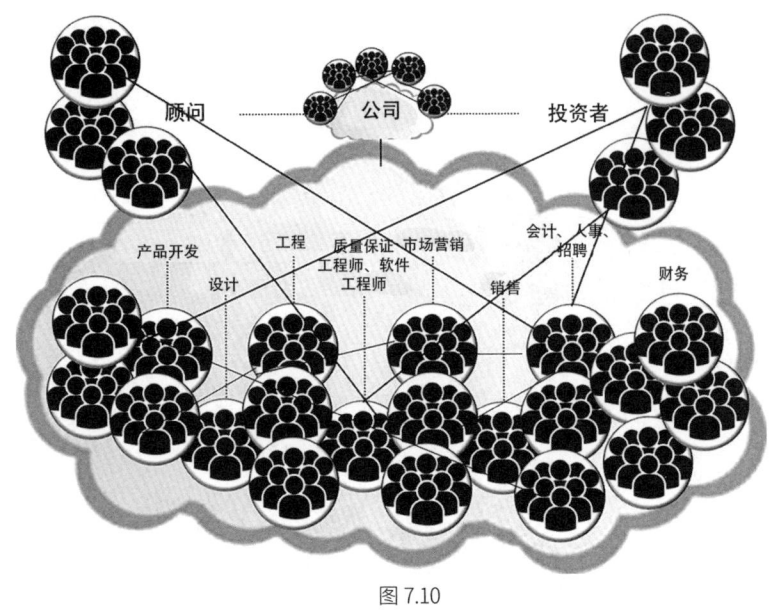

图 7.10

这并非是对未来形态的预测,而是在陈述一个此刻正在发生的事实。

灰色地带

人类社会正经历着深刻的变革与颠覆。

当社群开始替代——或者至少是增强——初创公司和企业内部主要的功能时,我们将很快被迫思考:公司组织的消亡和社群崛起的分界线到底在哪里?

公司组织和社群的界限日趋模糊,我们工作在相互交叉的灰色地带中——雇主、雇员、消费者和竞争对手。而考虑到接下来这一点时,界限就会显得更加模糊不定:作为创业者,我们既是公司组织的一员,同时也是社群的一份子;而社群又是其他组织的一部分。事实上,我们大多数人与其说属于公司,不如说属于"社群"。

我们对其他组织的贡献可能比对我们自己公司的贡献更大。

不像成群结队的鸟儿，我们完全知道自己在社群中的角色——尽管这一角色是虚拟的，而非客观的存在。我们了解自身行为影响整个社群，反之亦然。此外，也正像咕咕叫的鸟群，我们知晓个体的重要性——一只鸟可以影响整个鸟群。正是如此，这种认知改变着我们的行为，也改变着组织中传统的角色概念。因为社群和社交网络，雇员、商贩、雇主、领导、经理人、顾客和竞争对手也都在变化着。接下来，我们将讨论这些角色具体是如何变化的以及公司概念的变化。

康巴亚（KUMBAYA）

时代的自画像

2010—2011学年,我参加过一个教职人员的非正式午餐会。这周的主题是脸书和社交网络。参会者大多是有二三十年学术或其他科研经验的终身教授。我们很快讨论到了一个令人震惊的现象:学生们不停地在社交媒体发布自己的私人照片和日常动态——而且是全网公开可见的。

不出所料,这些教授听起来就像是学生的父母,他们忧心忡忡:"这些经常混在一起的孩子,时不时发出彼此在派对上烂醉如泥的照片——更糟的是女孩们还会上传浴室镜前的自拍,那可是些身着比基尼的照片!难道他们不知道面试官和雇主也可能会看到那些照片吗?将来谁会正经对待她们?那些暴露的帖子将永久存在于网络上,他们的职业生涯在开始之前就被自己毁掉了!"

最初,这些抱怨就像是从公元前1200年就延续至今的——"如今的孩子们比以往任何时候更糟糕"。当然,年轻人这么做是为了维护自己的个性,讽刺的是,这恰恰也是为了迎合群体规范。如果这种行为震惊了上一辈,年轻人就会变得更加大胆。对他们来说,分享意味着将生活和各项活动完全透明和公开化。

父母常教导孩子分享是一件好事,只顾自己、据为己有则是自私。乐于分享的性格能成就一个优秀的人。可作为成年人,这一理想受到了各种约束和限制。分享有价值的或不可替代的东西会怎样?与完全陌生的人,或是与整个社会分享又会如何?

到目前为止,我们对元创业的讨论都集中在诸如富足、社交网略、规模、团队和社群等概念上。在上一章中,我们讨论了群体的元行为以及一些重要的新工具:众包和众筹。所有这些概念都聚焦在社群上,这是否意味着个人不再重要?当然不是。在元创业时代,生态中的每个人——客户、员工、创造者、意见领袖和创业者——比以往任何时候都更加强大。

只是在人群中很难看出某个特定人物的影响。

还记得我们的鸟群吗?它们的个体行为和互动规则很简单,但是却产生了复杂的群体行为。人类则相反。就个人而言,我们的行为和互动是复杂的，但是在群体中，行为则很简单。但其中有点绕弯的是：个人和群体的相互影响并非一个单向过程。确实，众多个人推动了群体行为，但群体也会影响个人行为。

也许这并非是令人惊讶的结论。我们只是不愿意承认这一点。就像十几岁的少年认为穿耳洞或刺青等行为是带有反叛精神的个人主义一样，而正是群体推动了这样的行为。

在元创业时代，每个人都是众多社群中的一部分。这是新的文化——定义了规范和规则。没人能逃离，我们别无选择。社群文化是新的趋势。如果不了解社群文化，那么作为创业者的你将一败涂地。

社群文化

首先，让我们剥离表象，看看在元创业时代里群体影响社会文化背后的逻辑：

1. 你始终身处**人际网络**中，因此你也始终是群体的一部分。
2. 当你作为某群体中的一员时，你便会**认同**此群体。
3. 当你认同某个群体时，你便会**信任**它。
4. 信任来自**公开透明**而非隐私。
5. 你在群体中的**力量**来源于你对群体的**影响力**。
6. 影响力来源于有意义的**参与**。
7. 当你**分享**和**贡献**有价值且与群体利益相关的见解和信息时，你的参与就是有意义的。

群体行为：公开透明的分享和贡献

年轻人就像"过度分享"的大学生群体一样，属于社群化一代，因此言行举止自然遵循社群行为规范。对他们来说，分享是自我表达和展示个人独特价值的机会。参与意味着对群体的贡献、帮助和互动，也是一种应尽的责任。

经验丰富的创业者看到了这一环境的变化，但却常常因新的文化常态和规则而遭受意外之困：

- 如果拒绝参与群体活动，那你就是反社交分子：等同于不透明。

- 如果你不透明、不公开，就将得不到信任。

- 若不能被信任，就没有人会与你互动。

- 如果你不分享，就不可能贡献任何价值——也就意味着任何人都没有与你互动的理由。

- 如果没人与你互动，你就无足轻重。

要在新文化时代取得成功就必须透明地共享和参与进来，并为社群贡献价值。选择退出则意味着孤立、艰辛和失败。

起初，社群规则看起来似乎是某一代人的产物，但它其实适用于每个人。年轻人则是我们"矿井里的金丝雀"*，他们会告诉我们接下来会发生什么。

> *金丝雀对瓦斯十分敏感，只要矿坑内稍有一丝丝瓦斯，它便会焦躁不安，甚至啼叫，让矿工们及早撤出矿坑保全性命，因此以前矿工们常在矿坑里放金丝雀，当作早期示警的工具。——译者注

使用权 VS. 所有权

20 世纪 60 和 70 年代，我的父母像大多数同龄人一样，供职于大型组织：国防承包商、政府机构和美国国家航空航天局（NASA）分包商，等等。技术来自于 IBM、霍尼韦尔（Honeywell）和宝来（Burroughs）等公司。人们经常需要预约才能在计算机房里获得一个小时的使用权。如果足够幸运，你可能会在办公室里拥有一台自己的终端机。登录后，计算机使用率会被记录下来，并从每月配额中扣除相应的分钟数。数据存储在地下室里上了锁的巨大卷轴上，每次翻找这些磁带，就像从图书馆里找出一本本书。当技术变得更加先进时，你可能有幸在家中拥有一台计算机终端，并使用电话和调制解调器拨入中央大型机。

到了 20 世纪 80 年代中期，个人计算机革命几乎打破了传统业务的各个方面。我这个时代的新大学毕业生都配备了带有巨大空间——10MB 硬盘的 IBM 个人电脑。对，这里没有拼写错误——10MB 的硬盘在当时是一种奢侈。但今天，随便一张普通的数码照片都大于 10MB。

有一天，我的母亲来我工作的地方看我，当时我正在计算机上编辑完一份文档。作为曾经的 IT 专家和程序员，她被我电脑保存文件时闪烁的灯光深深地吸引了。"这是你的终端机在与远程计算机通信吗？""不，是我的 PC 机正在将文档存储在硬盘上。"对于她这一代人来说，这是一个陌生的概念：我竟然能够把数据保存在我办公室的电脑里？他们为什么会允许我（一个普通职员）保存这些数据？为什么他们允许我不受限制地使用计算机？如果我的计算机爆炸了，数据会怎么样？这些是被颠覆一代的困惑。

而 PC 一代——那些在 20 世纪 80 年代和 90 年代初进入工作岗位的人——珍视并渴望拥有自己的数据。这种想法与当时拥有的技术相符：硬盘、迷你光盘、只读光盘驱动器、DVD 和闪存驱动器——通过这些设备我们都可以拥有属于个人的数据。

在 21 世纪，时光的钟摆再次摆动。在线网络占据了主导地位。千禧一代从小就会使用网络和计算机获取互联网上的数据。对于这一代人来说，数据可以存储在云端随时访问，那么随身携带数据便没有了意义。

抛弃"拥有权 = 实际占有"这一等式是元创业时代企业家精神的一个典型特征。分享不仅意味着公布私人信息（例如自拍照），以及对信息的想法和数据；这个等式还扩展到了分享我们的时间和精力，甚至与陌生人分享我们的财产。

摄影师的困境

在去年夏天洛杉矶的一个温暖的周六晚上，一个 22 岁的学生想拍摄一段三个迷人的女演员在一家时髦的夜总会边喝酒边聊天的场景。他极度渴望使用"6K 红龙武器"，但 5 万美元的标价是一个不可逾越的障碍，机会之窗就这样转瞬关闭了。难道经济问题会阻止拍摄暴力悲剧电影吗？不，"红龙武器"是一款专业人士拍电影用的高端数码相机。我们这个 22 岁的孩子——一个刚出道的独立电影人——连这样一部相机都负担不起，更不用说制作一部高质量电影所需的其他各种设备了。

制作一部纪录片或故事片仅仅有一部 iPhone 手机和一个优兔账号可不行。如果你是一位严肃的电影制作人，你至少需要几台高质量的摄像机、三脚架、一大套照明设备，再加上麦克风、电线、电缆、剪辑设备、轨道和手推车；更不用说一堆不同寻常的道具，从逼真的枪支到人造雪花。如果你有电影制片厂做后盾那自然没问题，你可以用一亿美元的预算来购买所有的新设备。但对于独立电影人以及新晋的斯皮尔伯格们（Spielbergs）和塔伦蒂诺们（Tarantinos）来说，仅仅能购置全合适的设备就已经是白日梦了。即使是最小的布景也要花费几十万美元。我们的电影人可以去当地的相机出租店试试，虽然通常在周末不营业，流行相机也很可能早已租赁一空。但是在洛杉矶，有成千上万的制片人和自由职业者，他们每个人都可能拥有一件在两场演出之间闲置的物品。本着支持志同道合创作者的精神，他们是否愿意为了几块钱租金而暂时出租相机、扩音器、电缆或其他道具？你敢把价值 5 万美元的相机交给一个陌生的年轻人吗？

此类问题的答案——即是否愿意与陌生人分享物品——已经从"永不"演化为"或许"和"一定"了。

现在，我们已身处共享经济中了。

共享网格

* 一家专为摄影专业人才提供影视器材 P2P 租赁服务的平台。公司网站上所提供的器材总价值超过 1 亿美元，拥有近 2 万名摄影师和制片人会员。

在美国大陆一个远离好莱坞和纽约媒体中心的地方，西雅图迷人的郊外——也就是"共享网格"（ShareGrid）*的发源地。这是一个典型的创业故事：三个 20 多岁、充满活力的年轻人在为大公司工作时相识。他们热爱视频、摄影和电影制作，也理解独立制片人的设备困境。

经过一年的准备时间，创始人开始执行他们的创意，分头辞掉工作，在一个改装过的仓储空间（是的，众所周知的车库里）开始了奋斗生涯。在18个月内，他们开发出了产品、成立了公司、吸引了风险投资，并在全国范围内开始扩张。

"共享网格"是一个在线市场，是共享经济的代表。拥有闲置电影拍摄设备的创作者可以通过出租设备给他人来赚取一定收入。他们在网上上传要出租的设备，并设定租金。独立制片人可以挑选他们想租的东西，从相机、道具到场地和服务，比如绿幕工作室（green-screen studios）、录音设备，甚至还有无人机和拥有美国联邦航空管理局（FAA）执照的飞行员。

在"共享网格"上，每位出租者列出的设备的平均价值超过了4万美元。"红龙武器"镁光灯相机每周租金是1 800美元。对于一个囊中羞涩的电影制片人来说，这大约是购买价格的3.6%。而所有者也可以从租赁业务中获利，否则这些设备就会处于闲置状态。

共享经济

共享经济，又称"协作经济"，泛指那些向他人提供未充分利用的商品和服务的人。这个术语有点不太恰当，共享经济实际上更多的不是共享，而是点对点业务。它代表了一种更大的颠覆性趋势：共享经济公司绕开传统公司，即在位者。优步绕过了出租车公司，使人们可以自己驾车搭载其他人。爱彼迎绕过了酒店业，使人们可以将自己闲置的房间直接租给其他人。

共享经济公司融合了元创业时代所有标志性的特征：互联网、富足、活动和社群。共享经济公司通过创造连接而非售卖所有权形成当下新的文化常态。它们不仅重新定义了消费品，而且重新定义了消费方式。这些新服务将"我需要"与"我拥有"相连接，并绕过了传统的中介，挖掘、释放了使用者和提供者的价值。

几乎是一夜之间，共享经济变成了一个数十亿美元的产业。这些公司真正地颠覆着整个行业，把每个人都变成了租户、服务提供商、客户和创业者。

价值 5 500 亿美元的酒店业 [2] 早在中世纪之前就已经存在了。几年前还默默无闻的爱彼迎，如今已成为业内最有价值的公司，其价值超过了希尔顿集团（Hilton）和凯悦集团（Hyatt）的总和。目前已有 17 家共享经济公司的市值超过 10 亿美元，在全球雇佣了 6 万名员工，融资规模达到 270 亿美元。[1][2]

然而这仅仅是个开始。

在共享经济中，所有东西都是可出租的，所有东西都是可租用的。以下是一些共享经济公司的例子：[3]

JustPark——允许人们出租空置的私人停车位。

DogVacay——狗狗的爱彼迎。把宠物主人和宠物保姆连接起来，避免了传统的狗舍或宠物寄存点。

Spinlister——点对点的运动设备租赁市场，如雪橇、滑雪板、自行车或冲浪板。

HomeDine——在旅行的时候，你可以在全世界任何地方加入一场家庭聚餐，认识新朋友，并分享独特的文化体验。

Poshmark——通过出售多余的衣服，帮助女性在整理衣柜的同时将其变现。

在共享经济中，每个人都在赚钱，但守旧者除外。可以预见的是，老牌公司对此的反应将是贬低、批评和妖魔化这些"反叛"的新星，最终游说政府进行监管和保护。这些都是被触动利益者的绝望反击。

虽然共享经济允许人们直接分享产品和服务，但他们仍然需要平台和中介。这代表了当代初创企业的机会淘金热。共享经济企业需要线上市场（供卖家发布产品或服务）、处理交易（信用卡结算等）以及各种线上服务，以提高便利性（使用手机应用程序）、降低风险、促进社区繁荣和建立信任。

分享信任

批评人士立即指出了各种问题：潜在的盗窃、欺诈，甚至人身威胁和虐待。但这与 20 年前批评人士对易贝和 Craigslist（以及 Kickstarter、在线约会网站和其他破坏性新兴服务）的评论如出一辙。

> 那些曾经不可想象、令人反感、感到怪异、不负责任和危险的行为现在变得司空见惯、习以为常——比如把房间租给陌生人，或者借给他一台昂贵的相机。

与陌生人分享既需要一定程度的信任，也需要一些条款来降低风险。

社群文化促进了信任的形成条件：透明化和社区化。一个原因是，在 P2P 市场中，我们感觉自己不是在和陌生人打交道，而是在和社区成员打交道。如果有人试图破坏信任，他们通常很快就会被曝光——社区则会变成治安维护群体，对破坏规则者毫不客气。但这还不够。

虽然"共享网格"等平台可以让"买家和卖家"找到彼此并进行交易，但这并未解决双方最大的痛点。平台在促进用户之间增加信任和诚实以及降低风险上的努力更为关键。早些时候，爱彼迎遇到了一些破坏房屋的租客，这让房东们深受困扰，因此爱彼迎推出了一个"信任与安全中心"，其中包括一项 5 万美元的房东保险。

"共享网格"也通过提供保险降低了欺诈、盗窃和恶意破坏的风险，也同时促进了透明度和真实性，以巩固信任和自我约束。社区成员全部实名，并且会通过背景调查来验证身份。社群活跃的每个城市都有一个创意社区，成员们组织活动、分享技术、技巧和经验。社区里有个人综述、徽章和评级——所有这些都是为了建立身份感、透明度和信任度。

有人可能会从一个没有情感、没有灵魂的公司偷东西，但从一个热情活跃且主动把自己的财产交给你的用户那里偷东西就比较难了。就像前一章所说的众筹一样，众筹在审查和监管方面做得非常出色，众筹中的欺诈率远低于1%。

群体共享：一场完美的变革风暴

共享经济代表了一场完美的颠覆性风暴：全新的商业模式，与新时代的默认规则相匹配；这是一次翻天覆地的转变，它正在公平的竞争环境中摧毁现有企业，为全新的市场领导者腾出空间。

一种新的商业生态系统正在形成，它对"商业"的概念产生了深远的影响——因为共享经济正在改变每个人的角色，甚至会改变顾客、员工、领导者和公司的概念。下面先从客户开始谈起。

角色的转变

想象一下，你走进一家星巴克，点了一杯你常喝的意式热咖啡。喝完后，你突发奇想计划赚点外快。于是你抓起围裙，在吧台后忙碌了一个小时做了好几杯饮料，收了工钱和小费，然后打道回府。没过一会儿，你又奔回店里，因为回家路上你灵感迸发，想到了一种更美味的咖啡组合方式。于是你从货架上取了几袋咖啡豆，电光火石般调好了你的独家配方，并设计了包装和品牌形象，随后星巴克开始积极推销这款新口味的"灵感咖啡"。虽然你没有从这个新产品中赚到钱，但是你很兴奋地发现大家都在享受由你一手打造的完美配方。

这种情况看起来太过天方夜谭吗？在元创业时代，客户、卖家、供应商和雇员之间的界线变得越来越模糊。你可以早上做优步司机，下午做外卖骑手。一个人可以同时身兼数职。事实上，这些传统角色之间的界限正在完全消失——这在整个商业生态系统中引发了连锁反应。

让我们从以前被称为客户的群体开始。

原名为客户的群体

几个世纪以来，公司都把消费者视为"外部"人员。公司的运作模式是：引诱顾客从大门进来，在柜台上向他们推销产品，并在晚上关门歇业。公司则在柜台后面或在远处的办公地点生产产品。营销部门负责设计品牌、广告和促销活动，吸引顾客上门。即使在现代电子商务企业中，这也是一种根深蒂固的模式，导致了PowerPoint和白板图表的泛滥。

但那是一个单向联通、界线分明的世界。而在当下这个边界模糊、角色多变的世界里，顾客跨过柜台，承担通常留给内部员工的任务。他们不再是消费者（consumers），而是**生产消费者**（prosumers）。

"生产消费者"一词由"普通消费者"演变为"产品和品牌倡导者"，继而演变为"生产型消费者"。[4]

在"消费"产品之外，人们正在为这些产品发声，甚至是这些产品的创造者和生产者。生产消费者在很大程度上影响着公司、产品和品牌的成功或失败，尤其是通过他们参与社交网络的过程。[5]

从本质上讲，生产消费者模糊了生产和消费之间的界限，改变了消费者与企业、品牌和产品之间的互动方式。生产消费者是在其喜爱的产品生产和销售过程中积极参与、亲力亲为的消费者，他们与产品的生产和销售存在切身关系。

在过去的一个世纪里，一些开拓型的公司把它们的客户招募为积极的销售力量——比如雅芳（Avon）和特百惠（Tupperware）。随着社交媒体和共享经济的出现，公司不再需要上门推销或者举办独特的展示派对。口碑和好友的推荐被认为是最有效的营销手段——今天的公司正在把忠诚的客户变成代理营销人员。但这既不是革命性的，也不是令人惊讶的——在今天，这是必要的。即使是最小的牙科诊所如今也会请求他们的客户在Yelp（相当于国内的美食点评APP）上撰写正面的评论、"点赞"它的脸书页面，并分享相关的帖子和内容。如果公司不能吸引客户作为营销合作伙伴，他们就像那些不接受信用卡的公司一样过时。

正是共享文化中的"参与和贡献"部分，让现代消费者渴望参与他们喜爱的产品的创作和生产过程——共创。

共创

过去，除了发布一些问卷和安排随机抽取的特定调研小组外，公司不会与顾客讨论未来的产品计划。只看这一句话可能多少会让人感到迷惑，但这个启示却成为了斯蒂夫·布兰克创立的"客户开发方法论"（customer development methodology）（精益创业运动的基础）的底层逻辑。

就像所有伟大的想法一样，这似乎是显而易见的：与你的客户合作，创造出最有价值的产品，赚取最丰厚的利润。

虽然客户开发方法论提倡"走出大楼，拜访客户"是创造更好产品的一种方式（这本身就是一代经验丰富的高管们的经营真谛），但在今天，这样还是不够的。比如说，客户期望被邀请到你公司的大楼里——参与设计、开发，甚至更多环节。

我们之前都没有注意到共创在社交媒体中如此盛行：Yelp 的用户为其他用户撰写评论，reddit（美国娱乐、社交及新闻网站）和 Stack Exchange（一系列问答网站，每一个网站包含不同领域的问题）的用户靠一套完善的自我管理和组织架构上传、编辑和和策划内容，这甚至都能使 IBM 眼红。考虑到可用工具的丰富性，让客户参与共创内容是很容易的。今天，共创运动已经席卷了各种真实的、有形的产品。

Threadless *网站（Threadless.com）就是一个典型的例子。顾客上传他们自己的 T 恤设计，然后由社群的成员投票决定最佳作品。胜出的设计将被印刷和制作出来，由 Threadless 作为新品销售。上传获奖作品的客户还将获得现金奖励。但 Threadless 和其他类似公司的意义在于：客户参与产品开发过程，并直接影响最终的结果。就像鸟群一样，客户正在引导公司朝着他们希望的方向发展。

而像 Quirky **这样的公司则反转了这一过程。客户们聚集在一个社群中讨论自己的想法、问题、愿望和需求——还可以设计开发商业产品以满足上述需求。客户推动着整个过程：他们成为了设计师和发明家。他们还相互合作设计品牌、营销和包装。在合作产品完成后，Quirky 会将它们制作出来，并在网上和实体店销售。每一位参与创作过程的客户都能获得最高 40% 的版税。

与共享经济相同，创业者们正在创造新的平台，帮助企业吸引、争取和利用顾客的激情和专业知识。像 ideacreation.com、firstbuild.com、herox.com、edisonnation.com 和 challengepost.com 这样的平台为企业提供了一套结构化的、成熟的客户与员工共同参与的共创管理体系。就这样，顾客变成了买家，同时也成

---

* 美国芝加哥的一家 T 恤公司，因利用众包来设计新 T 恤的独特经营策略而广受欢迎。

** 美创意产品社区与电子商务网站，利用众包方式，让社区参与产品开发的整个过程，包括提交创意、评审团审核、估值、开发、预售、生产、销售等多个流程。Quirky 公司是最早开展产品共创和众包业务的先驱者之一。如今仍在运营，但商业模式和运营方法已被迫改变。

为了品牌专家和营销人员。

社交媒体专家喜欢这样表达:"客户现在有了扩音器。"但在元创业时代,他们还有一块白板、一个隔间和一套办公用品。聪明的公司接受了这样的现实:在设计和生产过程中,客户和员工一样重要。有粘性的客户是一种竞争优势。或者,正如凯文·凯利(Kevin Kelly)总结的那样:"谁拥有最聪明的客户,谁就是赢家。"[6]

但顾客并不是唯一改变和转化了自己身份与角色的人。

员工

实际上,客户现在已经渗透到传统公司的办公区里了。俯视现代办公室的平面布局,你会看到不同的团队在工作——设计、制造、营销、销售——那么怎么区分哪些人是员工,哪些人是生产消费者和共创者呢?

一种辨别方法是,员工有身份标识,他们通过了面试、有一个经理,公司为他们发放工资,他们每天都来公司执行特定的任务。一般来说,这就是我们识别员工的方式:固定且明确的角色和规则。但上述标准的执行前提是我们并非生活在一个点连接点、界限模糊的世界里。

2016年4月,共享经济先驱优步解决了加州和马萨诸塞州司机索赔1亿美元的集体诉讼。达成和解的一个主要共识是,优步将继续把司机视为其独立承包商,而不是员工。但是这个问题根本没有得到解决:2016年夏天,在纽约提起的类似诉讼的最终结局是:优步司机是优步公司的员工。那么,为优步开车到底是一份工作还是一份兼职呢?现在,这个问题已成为我们这个时代里的激烈争论。

我们越来越难于回答:究竟谁是雇员?

零工经济

我们父母那一代很看重在大公司找一份工作，从一而终地工作二三十年直到退休。但自从信息和网络时代以来，自由咨询业务也开始蓬勃发展：专家们——曾经不得不依赖大公司为他们提供工具、资源和信息——现在拥有了独立工作所需的一切。反过来，这又加速了一种趋势：老牌公司越来越多地聘用自由职业者，而不是雇佣员工。

这不仅仅是一种趋势，也是经济中一种微妙的、翻天覆地的变化：

自由职业者越来越多，**全职工作正在消失**。过去十年间美国所有的净就业增长都来自工作派遣，而不是全职工作，这一趋势没有任何逆转的迹象。[7]

公司更倾向于提供各种派遣安排的机会，如咨询项目、自由职业任务和合同工，而不是雇佣。

公司越来越多地将工作和岗位分开，而不是创造就业机会。[8]

增长最快、估值最高的公司，比如优步、爱彼迎和其他估值超过 10 亿美元的公司，都是建立在独立员工最大化、全职员工最小化的商业模式之上的。[9]

我们现在生活在零工经济（The Gig Economy）中。

零工经济：将传统公司的"工作"分解为个人"零工"形式的系统，独立的工作者在规定的时间内完成任务并得到报酬。[10]

零工经济体现了一种根本性的形式变化——就像从农业经济向信息经济的转变一样彻底而不可逆转。最近的一项研究表明，5 300 万自由职业者每年为美国经济贡献 7 150 亿美元的增收。

自由职业者现在占美国劳动力总数的 34%。[11]

这一过程也改变了企业对员工的看法：许多公司不再青睐全职员工，甚至回避全职员工，而选择自动化、外包或合同工作为建立和运营企业的新途径。[12] 企业对独立工人的需求上升，而全职工人则成了最后的选择。

公司不再需要通过提供岗位来完成工作；它们为自由职业者创造了工作。反过来，人们越来越多地在找工作，而不是岗位。

作家、巴布森学院(Babson College)的教授黛安·马尔卡希(Diane Mulcahy)对她的 MBA 毕业生说，不要再找工作了。[13] 她鼓励学生在这个提倡独立工作的新世界中，通过培养取得成功所需的心态、技能和知识体系来拥抱零工经济。"学生们的最佳策略是让自己做好成为独立工作者的准备，而不是全职员工。"

在进入亚利桑那州立大学克朗凯特新闻学院的第一个星期，这些优秀的新生们雄心勃勃地计划着将来，如何从事调查报道或播音员的工作，并最终获得普利策奖和艾美奖——或许会成为美国有线电视新闻网、《纽约时报》或其他新闻巨头机构的员工。但在开学的第一周，他们就被现实浇了一盆冷水：到他们毕业的时候，那个梦寐以求的工作岗位可能已不复存在了。事实上，到时候这些新闻机构可能已经退出历史舞台了。

这并不是说新闻业很脆弱，它只是处于一种加速动荡、被破坏和更新的状态中。新闻业对于大多数其他领域来说也是"矿井里的金丝雀"：它的角色和规则正在迅速变化，那些坚实的线条正在瓦解。当我们在争论"记者"（是指任何一个有 iPhone 手机的人吗？）的现代定义时，传统新闻机构的工作正在消失，然而自媒体的工作比以往任何时候都要多得多。[14]

因此，新闻业学生被教导成为创业者——至少在某种意义上，他们需要"发明自己的工作"，丰富自己的职业生涯。今天，这条建议适用于所有领域的所有学生。

对于经验丰富的创业者、专家和员工来说，零工经济代表了一个戏剧性的形势变化。大部分人都没有准备好。在他们看来，不停地寻找新工作，四处供职，毫无对公司的忠诚可言，也不曾与公司建立长期稳定的关系，这简直是一种很丢脸的行为。

千禧一代成长在大萧条时期，他们已经习惯了面对零工经济的挑战。大多数人都没有体会过工作的稳定性、忠诚度，也从未体验过自我价值的实现与某个公司有什么关联。相反，他们是自己个人品牌的主人，持续不断地学习，建立自己的工作体系——而不是打造一份个人简历。

在零工经济中，稳定的全职工作正在消失，但以前被称为员工的人拥有了他们更看重的东西：独立和自由。这种自由带来了一种新的力量。零工经济的工作者可以选择他们为之工作的人和公司。在利用这一新力量的过程中，他们正取得前所未有的成就。

因果经济学

千禧一代的行为预示了我们自己的新角色、规则和行为准则。但推动这种新行为的并不是年轻人，而是共享文化和零工经济。年轻人只是更早地适应了它们。

似乎每一代人都认为下一代人懒惰、无知、不切实际——而且还是彻头彻尾的理想主义者：大懒虫。

懒人行动主义（Slacktivism）：是懒人（slacker）和行动主义（activism）的合成词。它通常被认为是带有贬义的，用来形容以"自我感觉良好"的方式支持某一问题或社会事业，但实际上并没有什么实实在在的行动和效果，无非是让在这么做的人感觉上得到了付出的成就感。懒人行动主义可以被定义为对一项事业表面上的支持行为，真正从中受益的只是参与行动的成员的自尊心罢了。这些表示支持的行动往往只需要懒人行动主义者付出极小的努力。支撑这个概念的基本假设是：这些低成本的小小努力取代了更实质性的行动，而不是对后者的加以补充。尽管这一假设本身也受到批评。[15]

懒人行动主义即是这些批评的具体表现：它是被动的行动主义——并不像这个词本身听起来那么自相矛盾。今天，任何人无需参加抗议、高举标语、挨户敲门或签署请愿书就可以拥有巨大的影响力并行使重要的权力。社交媒体帮助扩大他们的声音和信息的传播范围——但这不是新力量的来源。他们的新力量、我们的新力量，都来自于员工和客户重新定义的角色。公司不再对员工或客户拥有独家控制权。

零工经济时代的员工可以独立自由地选择自己想要为之工作的项目和公司。这转化为一种新的力量：推动事业发展的能力，或支持与他们价值观相同的组织的能力。从事使简历更好看的工作不如从事有意义的项目。新员工会问："我的工作能否对我重视的事情产生影响？""我能参与改变世界吗？"

每一代人都希望自己的工作具有影响力和一定意义。就连史蒂夫·乔布斯也曾用"在宇宙中留下印记"来激励他的员工——尽管直到最近，制定目标的仍旧是苹果公司。员工们只是在 CEO 驾驶的船上旅行。但是现在，超过三分之一的劳动力是自由职业者，工人们开始接管船尾舵。

消费者也在行使着类似的权力。这不仅仅是选择的权力，或者使用"扩音器"的权力。消费者不再是用变动的市场份额百分比来衡量的外部数据。消费者——现在是生产消费者和共同创造者——正开始成为企业不可或缺的一部分。消费者不仅与公司及其品牌有了更多的接触，他们还希望对柜台的另一边和关门之后发生的事情有发言权和参与权。

有意识的消费

过去，采购商品很简单：找到所需商品或服务，付钱，走人。但那是很久以前的事情了。现在，我们买的东西往往反映出我们是谁——我们的形象、价值观和理念。例如，购买一辆汽车——道奇皮卡、普锐斯、特斯拉或大众的甲壳虫——能透露出更多关于买家的信息，而不仅仅是对交通工具的需求。我们将自己的身份与购买行为所投射出的形象紧密地联系在一起，这在过去被称为炫耀性消费：你买了一辆奔驰，邻居就会认为你很成功。

随着在线分享文化的出现，你会认为炫耀性消费变得更加普遍。

* 世界上最大的图片社交分享网站，允许用户创建和管理主题图片集合，例如事件、兴趣和爱好。

** 一款运行在移动端上的社交应用，以一种快速、美妙和有趣的方式将你随时抓拍下的图片彼此分享。

Pinterest*、Instagram**、脸书和推特允许数十亿人分享每一次消费，甚至每一次潜在的消费照片。这意味着我们正陷入最糟糕的自拍时代文化中了吗？并非如此，一些更为积极的东西浮现了出来。

消费者也在施展着新发现的力量，这被称为有意识消费。有意识的消费意味着消费者提高了对其购买决策带来影响的意识和兴趣。[16] 购买行为成为懒人行动主义的一种有效形式。购买行为不再仅仅是为了我们自己的利益——也是为了世界的利益。

消费者现在在问：产品的真正目的或价值是什么？我们是不是间接地在一个遥远的国家推动着童工或其他形式的人类苦难？我们是否在支持一家使用转基因技术的公司，抑或是使用动物实验生产化妆品的公司？[17] 因为我们从它身上获得的那一丁点快乐就值得制造这个产品吗？还是仅仅又为地球带来了更多垃圾？我们也可以看向积极的一面：我们买的东西是健康的吗？它的生产方式是否对环境负责？这家公司是否卓越、有道德感和对社会负责任？[18]

有意识的消费（顾客、商家和雇员的购买选择）是一种新的经济力量，它正在重新塑造企业的议程、使命和行为。正如易贝编辑部主任迈克尔·莫斯科维茨（Michael Moskowitz）所称，这就是因果报应经济学。[19]

分享和因果报应经济学不仅仅改变了企业行为。元创业时代，雇员、商家和消费者都有截然不同的角色、规则和行为，因此"公司"的概念需要重写。

不止胜利

当好莱坞炮制一个成功又冷酷无情的商业大亨时，这位 CEO 无论走路、说话还是长相都酷似拉里·埃里森（Larry Ellison）。埃里森是甲骨文的首席执行官，他与苹果和微软在同一时期创立了这家软件公司，拥有 500 亿美元左右的净资产。他被描述为"现代的成吉思汗，将商业中的冷酷无情提升为一种精心培育的艺术形式"。[20]

没有什么比埃里森经常引用的信条更能体现科技行业强烈的、以成功为导向的文化了："光有胜利是不够的。其他人必须失败。"这句话和埃里森的性格是如此的相符，以至于大多数人都认为这句话是拉里·埃里森说的。毫不奇怪，埃里森借用了成吉思汗的话，后者是有史以来最可怕的征服者之一。

拉里·埃里森并不是同代人中的异类。20 世纪 80 年代和 90 年代早期的 CEO 培养了以净利润为中心的企业文化，即通过击败竞争对手和不惜一切代价夺取市场份额来保证股东收益。具有讽刺意味的是，这些 CEO 大多数都是 20 世纪 60 年代出生的婴儿潮一代：他们都是反主流文化意识形态、反资本主义和反传统主义的追随者。* 但随着时间的推移，公司利润和股东收益战胜了心中的和平、爱和让世界更美好的信念。

> *我相信我可以说出字典中最长的字："反对教会与国家分开主义"（antidisestablishmentarianism），比"反正统主义"（antiestablishmentarianism）长三个字母。正确使用这两个词是一大挑战。

但也有一些生于婴儿潮时期的 CEO 同时做到了这两点：一方面建立了非常成功的公司，另一方面又忠于自己的理想主义根基。1988 年，本和杰里冰淇淋公司（Ben & Jerry's Ice Cream）成为世界上最早视社会使命与经济使命同等重要的公司之一。即便在那时，本和杰里仍被视为怪咖：这对佛蒙特州的嬉皮士夫妇成功地建立了一个价值数百万美元的企业，作为 CEO 的同时仍是嬉皮士。

黑客进驻华尔街

时间回溯到 2004 年，硅谷一家标志性的科技公司即将上市。在谷歌的 IPO 招股说明书中，两位年轻创始人写给股东的一封信为这个时代定下了基调：

不作恶。我们坚信：长远来看一家为世界做善事的公司会更好地服务于我们所有人——不论是作为股东还是在其他任何方面……

"不作恶"的开场白被人们视为年轻且天真的创始人拥有的无害而迷人的想法。由于谷歌的 IPO 取得了巨大成功，大多数投资者似乎都忽视了下面这句话："……即使我们放弃了一些短期收益。"

对于创始人来说，让投资了 20 亿美元的股东忽视投资回报可绝非易事。一个世纪以来，所有企业的本质——尤其是商学院所教授的——是利润底线和股东收益最大化。但这是一个新时代。公司、CEO、员工、客户和股东都在逐渐接受一套新的价值观。

黑客之道

2012 年，脸书的高光时刻到来了。马克·扎克伯格的事业不仅仅是对谷歌的致敬，还强调了网络、连接、社群、分享和透明度的重要性，这在后来实际上成为了这个时代企业的宣言——不是由利润驱动，而是由价值观和文化驱动。

在脸书的 IPO 招股说明书中，这位年轻的首席执行官给股东写了一封信，这封信后来被称为"黑客之道"。[21]

脸书最初并不是一家公司。它的建立是为了完成一项社会使命——让世界更开放、更紧密相连。

简而言之：我们提供服务不是为了赚钱；我们赚钱是为了提供更好的服务。

在一开始扎克伯格就明确表示：他们有一个力求透明公开和互联（网络）的社会使命。赚钱是第二位的。

最近，我认为越来越多的人想要使用那些不仅仅为了利润最大化的公司提供的服务。

在这里，马克准确地反映了当今消费者的价值观：有意识的消费。

人们分享得越多——即使只是和亲密的朋友或家人分享——就会创造出一种更开放的文化，并使人们更好地理解他人的生活和观点。

我们相信，这能使人们之间的关系更加牢固，也能帮助人们接触到更多不同的观点。

这强化了脸书的信念：分享能提高透明度，从而培养更好的关系。

注重社会影响

如果我们想要有最大的影响力，最好的方法就是确保我们总是专注于解决最重要的问题。

脸书的关注点在于影响力，而不是利润。

保持开放

我们相信一个更开放的世界是一个更好的世界，因为人们拥有更多的信息可以做出更好的决定，产生更大的影响。同样的道理也适用于我们公司的运营。

他将透明化作为脸书文化和使命的主要原则。

构建社会价值

再一次强调，脸书的存在是为了让世界更开放、更紧密相连，而不仅仅是为了建立一家公司。

强调其主要使命——倡导透明化和互联性。

我们培养了一种独特的文化和管理方法，我们称之为"黑客之道"。

黑客文化也是极其开放和精细的。

黑客们认为，赢家应该永远是有最好的想法并将其付诸实践的人，而不是最擅长游说某个想法或管理众多人员的人。

最后，马克·扎克伯格简明扼要地描述了所有现代硅谷科技公司的主流文化：黑客文化。在黑客文化中，透明和任人唯贤取代了权威、等级制度和政治，成为公司的默认工作模式。

美德的价值

扎克伯格的信反映了年轻一代创业者理想主义（与资本主义相反）的价值观，并体现在公司最终的声明：IPO招股说明书中。

黑客之道的核心元素就是关于社会影响、共享、连接、透明度、任人唯贤的理论。通过关注这些理想主义美德，脸书毫不费力地实现了传统商业美德：利润和股东收益。

谷歌和脸书公然将利他主义的企业使命与他们的财务使命放在同一水平上——绝不能被单纯地视为年轻人的理想主义而将其忽视。创业者的双重使命引起了投资者、客户、合作伙伴和公众的共鸣，而后者用意想不到的增长速度、营收和利润回报了创业者。反过来，这使得其他公司也调整自己的目标，即使没有人强迫它们这么做。

几年内，大公司开始将目光投向利润之外的领域。哥伦比亚大学法学院于2016年发表的一份关于美国公司的研究得出如下结论：[22]

> 除了传统的盈利角色之外，当代企业正日益……促进社会进程。社会价值观根植于每一个企业的决策之中。
>
> 美国公司现在正在解决某些群体的长期营养不良和饥饿问题，抗击疾病瘟疫，消除性别不平等以及维护人权。
>
> 有影响力和责任心的投资者要求企业做出社会绩效……员工敬业度更高，更容易被聘用，离职率更低，生产效率也更高。

在元创业时代，利他主义的目标是最重要的，因为企业正在发现，做善事可以是商业模式的基础，而不仅仅是一种令人惊喜的附加结果。

但仍有许多经验老道的高管们发现，做善事是一个让人不舒服的概念，它给人一种模糊不定的感觉。公司不赚钱就无法存续，做善事更像是慈善而非商业。他们的这种想法是正确的。或者更确切地说，他们是正确的。但最重要的是，衡量成功企业的标准已经改变。利润的概念也不再仅仅局限于财务指标了。

净利润

每个商学院学生首先学习的财务概念之一——净利润——衡量公司财务业绩的主要指标。最终，这个词变成了"除了利润什么都不重要"的近乎决绝的原则。

投资者用净利润来衡量公司的价值：业绩、前景、产品和管理能力。但这是个单维的度量，就像单单只看股票价格一样：它鼓励各部门经理们不惜一切代价来支撑这个单一的数字——往往是以牺牲员工和客户为代价，甚至是以牺牲公共安全为代价。如今一个公司的利益相关者不仅仅是投资者，还包括客户、雇员、供应商、附属公司、承包商、媒体和公众。他们都对公司的成功有直接的影响——而且他们关心的不仅仅是净利润。

现代公司开始引入双重评估标准，除了净利润——第二个标准用以衡量积极的社会影响。它所基于的理念是：商业公司有义务支持社会公益事业，而不仅仅是短期的眼前利益。[23]

最近，有公司开始采用三重评估底线（TBL）——包括三个 P：利润、人和地球（profit, people and planet）。"人"是评估组织在整个运作过程中对社会负责任的程度。"地球"是对环境负责的衡量标准。[24]

在元创业时代，客户、员工、合作伙伴、供应商和公众都是公司利益相关方。所有人都被关联到了一起，所以公司的每个活动都会影响到所有人。这些新的利益相关者会根据公司的社会影响来拥护或反对它。这是一个良性的反馈循环，也改变了公司的本质。

公司的演变

公司作为一个法律实体已存在了七个世纪，它由两方面来定义：是否发行股票和是否非营利（慈善）。以盈利为目的的公司通常是"C"（Corporation），除非它们使用代表小型企业——small-business 的"S"。但这些公司都是一样的，因为它们都有股东，制定了员工和投资者的个人责任，并且存在的目的是创造收入。"C"型公司和"S"型公司之间的唯一区别是股东的数量和纳税方式。自19世纪中期以来，这种情况一直没有改变。直到现在。

2010年，美国出现了第一个新型公司——共益公司。这是一个像"C"公司一样的商业实体，但它法律意义上的目标是：除了盈利，还要对社会、员工、社区和环境产生积极影响。共益企业的董事和管理人员在经营业务时享有与传统公司相同的权力，但必须考虑他们的决策不仅对股东，而且对社会和环境的影响。

在传统公司中，股东评判公司的财务业绩。在共益企业里，股东评估公司在社会、环境和财务三方面的表现。透明化规定要求共益企业使用由第三方制定的全面、可靠、独立和透明的标准来公开其在社会和环境方面的年度报告。[21]

标准普尔、邓白氏，甚至纳斯达克——数百家机构都在追踪和评估着传统营利性公司的业绩。所以，如果一个求职者想知道一个潜在雇主的经济前景，他所要做的就是看看它的股票图表，以及D&B或标普的评级。但是，如果她想找出一家共益企业的"美德"——三重评估线——她应该从哪里着手呢？

事实上，有一个组织为营利性的共益公司提供认证和评分。B实验室（B-lab）（本身是非营利性的）颁发B公司认证（B Corp Certification）。共益公司需要每两年申请一次此类认证：

> 要获得此认证，共益企业必须在"社会和环境绩效"的在线评估中达到最低分数要求，并满足B实验室对股东许诺的公共责任目标纳入公司治理文件的要求。[25]

截至2016年9月,在50个国家的130个行业中,共有1 863家"认证B公司"。[26]

B认证的受欢迎程度与日俱增。自2007年成立以来,B实验室已经为一些知名品牌颁发了B公司认证,如本和杰瑞冰淇淋公司、Warby Parker(眼镜公司)、Etsy(以手工艺成品买卖为主要特色电商)、Method(战略设计咨询公司)、New Belgium Brewery(美国第四大啤酒酿造公司,2019年被日本麒麟啤酒收购)和巴塔哥尼亚公司(Patagonia)(美国户外零售店及美国最大的户外连锁连锁店)。[27]

《哈佛商业评论》(Harvard Business Review)报道了巴塔哥尼亚公司的具体案例,以说明B公司的优势:[28]

B公司可以吸引顶尖人才,尤其是那些追求职业意义的年轻员工。巴塔哥尼亚公司称,认证有助于促进和验证公司以员工为中心的企业文化,这种文化能吸引优秀的求职者,因为我们作为绝佳工作场所的名声在外。自成为B公司以来,巴塔哥尼亚公司为美国全职和兼职员工扩大了医疗、军事、带薪产假和陪产假等方面的福利。

现代公司的七大优点		
	商业向善	要兼顾核心产品或服务之外的价值创造。除了要问"我们的产品怎样才能最好地满足客户需求",管理者还必须问自己"这个产品怎样才能对社会、对员工、对环境都有好处"。
	造福社会,而不只是股东	确定一个或几个具体的社会问题,将其解决方案作为公司使命的一部分。这个任务应该与你的目标客户(和其他利益相关者)的价值观一致。
	公开透明	透明培养信任:包括过程、产品和计划。缺乏透明度会玷污哪怕是最纯粹的动机和使命。
	参与和贡献	行动体现出透明度。参与对利益相关者很重要的会议和讨论——不断贡献对他们有价值的想法和信息。公司对社群的参与和贡献,是证明其在社群组织中形象地位的重要部分。

多样性和包容性	接受和接纳——不仅包括不同的年龄和性别群体，以及不同的文化和信仰——还需包括接受和接纳那些曾经被认为是企业外的群体：客户、供应商、员工，甚至是普通大众。
三重评估线	量化公司的社会使命：包括对社会、环境和群众。设定具体的目标，并积极地公开指标和进展。
英才管理和自我管理	透明度和包容性的扩展：避免严格的等级制度，组织自我管理的团队。

这些不仅仅是美德——这是一个成功的现代组织的七个属性。CEO 们意识到仅仅以利润为动机是不够的，许多人还想进一步，便由此加入了改变资本本质的运动中去。

自觉资本主义

自觉资本主义（Conscious Capitalism）是一场包含现代企业所有特性或优点的运动。冠以此名的组织这样描述其含义：

> 自觉资本主义建立在资本主义之上——主动分享、创业精神、竞争、自由贸易和法治。这些对于一个健康运转的经济体系而言至关重要，同样重要的还有其他自觉资本主义需包含的要素——信任、同理心、合作和价值创造。[29]

而回报是看得见的：

> 践行自觉资本主义的公司不仅跑赢市场均值 10.5 倍，甚至比房利美（Fannie Mae）和沃尔格林（Walgreens）这样从优秀到卓越路上的公司还高出 300% 的业绩——这是因为它们采用了"正确的方式"。[30]

成长为一个现代的、有美德的企业更像是一场脱胎换骨的蝶变。现在，公司不仅仅要对股东负责，产品和服务也不能仅仅着眼于用户（客户），同时还要有益于社会和环境。现在，理想主义与资本主义的结合具有明显的竞争优势。做好事不再是公司盈利后的一项消遣活动——它从一开始就融入所有的产品、服务和运营领域。

今天的创业者不仅在构建创新产品和服务，他们也在建设未来的公司。传统的创业行为专注于识别客户痛点，从而提供产品或服务来解决它们。在元创业时代，消费者想要得更多。他们希望与那些反映他们自身利他价值观的公司做生意。

商业向善的公司、觉醒的资本主义、有意识的消费——可以统称为因果经济。这场运动不是由 CEO 推动的，而是由大众推动：客户、员工、股东、供应商、合作伙伴、媒体和公众。不同社群中的每个人都在根据自己的价值观做出新的选择。成为社群文化的一部分改变了他们的行为、互动方式和角色。这引起了连锁反应，最终重新定义了"公司"的角色和行为。

与鸟群不同，公司不是自我组织或自我管理的。公司仍然需要领导：创始人、创业者、战略家和实干家。社群文化、三重底线、内外界线的模糊和角色的重新定义——这些都改变了"公司"的概念和对成功的定义。反过来，领导力和权力的本质也发生了变化。

元创业者是全新的领导人：他们对成功和权力的定义不同。我们生活在元创业时代。为了获得成功，创业者们需要一个新的剧本。

伟大的时代

卓越的一代人

* 美国流媒体服务商，其公司平台可以使用用户发现、收听并与他人共享音乐文件，平台提供了终极的互动音乐体验，创造了更好的方式来发现、共享、获取和欣赏音乐。

尽管有些许争议，《社交网络》（The Social Network）可以说是有史以来最受欢迎的记录创业者的电影。它描绘了马克·扎克伯格领导的脸书公司传奇般的初创时期。但企业界很快指出，这部电影与现实关联甚微。扎克伯格在屏幕上的形象与好莱坞惯用的年轻企业家形象如出一辙，而纳普斯特（Napster）*联合创始人肖恩·帕克（Sean Parker）的密友和同事都认不出他在剧中的角色。但电影情节中有一点几乎可以肯定地说是被轻描淡写了：肖恩·帕克帮助马克·扎克伯格取得成功并保持成功。

马克·扎克伯格的飞速成功可能不能算作他的自然"发展轨迹"。[1] 他在高中时就已经取得了一些成就——开发了一款流行音乐分享产品，吸引了微软 200 万美元的投资——但他和他的合伙人拒绝了这笔钱，转而选择免费发布了此软件。这就是后来马克·扎克伯格对华尔街的著名宣言："我们不是为了赚钱而提供服务。"

如果没有一个有经验的领路人，这位稚嫩又才华横溢的创业者可能会成为鲨鱼成群的商业海洋里的饵料——被风险投资、天使投资人和律师们吞噬。

肖恩·帕克把马克·扎克伯格介绍给了正确的投资者雷德·霍夫曼（Reid Hoffman）和彼得·蒂尔（Peter Thiel）。这些天使投资人都是经验丰富的创业者，他们在 20 世纪 90 年代创立了贝宝，全球使用最为广泛的在线支付工具之一。他们非常清楚脸书的价值，也同情这位年轻创业者的困扰。更重要的是，帕克帮助扎克伯格保持了对脸书的控制权。这是帕克从过去两次接受风险投资中得到的惨痛教训——在这两次风投进入时，他被苛刻的风险投资人们边缘化，甚至被驱逐出了控制圈。

肖恩·帕克帮助马克·扎克伯格彻底永久地控制了脸书。风投永远无法排挤他或稀释他的所有权——如许多没有经验的创始人遭遇的命运一样。这笔交易让马克·扎克伯格成为了亿万富翁，也是世界上最富有的人之一 [2]。扎克伯格聪明绝顶，但在"资本秃鹫"（vulture capital）横行的残酷世界里，他仍是缺乏经验的新手罢了。

> *全球主要的社交网站之一，为全球用户提供了一个集交友、个人信息分享、即时通讯等多种功能于一体的互动平台。

如果没有肖恩·帕克协助制定战略，脸书可能只是又一家社交媒体公司，而马克·扎克伯格则只能是另一位 MySpace *的崇拜者兼一家初创公司的年轻 CEO。

提前投资

在脸书之前，经验丰富的企业家帮助新手避雷的创业故事早已不是新鲜事了——尤其在硅谷。在这里，雷区包括风险资本投资意向书、联合创始人的纠纷，以及那些不仅试图窃取你的创意和客户，还想窃取你关键员工的竞争对手。目光炯炯的企业家们从"走过这条路"中获得了智慧，他们是验证或改进产品创意的可靠参谋，他们能提供集远见卓识和无情批评于一体的建议，这是任何客户或投资者都无法给予的。

在谷歌成立，甚至是去银行开户之前，太阳微系统公司的联合创始人安迪·贝托尔斯海姆（Andy Bechtolsheim）就认识到了拉里·佩奇（Larry Page）和谢尔盖·布林（Sergei Brin）开发的搜索引擎的潜力，并在与他们第一次见面时就给两位创始人开出了一张 10 万美元的支票。几周后，亚马逊创始人杰夫·贝佐斯（Jeff Bezos）也投了几十万美元。[3] 如果不是这样，谷歌的创始人们可能要花数年时间才能敲开风险投资公司的大门：一遍遍徒劳地展示着幻灯片，企图说服风投青睐自己而非当时硅谷最受欢迎的搜索产品：雅虎（Yahoo）。通常，经验丰富的创业者最大的价值就是在很少有人能意识到初创公司的潜力的时候，提前认识到它的爆发力。

创业指导书籍作者、思想领袖、硅谷历史的记录者史蒂夫·布兰克称其为企业家精神的"提前投资文化"（Pay-It-Forward Culture）。[4]

在他人帮助下成长起来的第一代企业管理者们开始向年轻的创业者提供建议。这些经验丰富的硅谷 CEO 会从繁忙的日程中抽出时间与年轻的企业家们喝咖啡或共进晚餐，不求任何回报。他们是提前投资文化的先驱，这种不言而喻的硅谷文化相信：我刚开始创业时得到了帮助，现在轮到我去帮助别人了。

然而，将这种文化称为"提前投资"则低估了它的影响力和重要性。想象一下，数百名年轻运动员争相为"超级碗"（Super Bowl）的一支获胜球队效力：只是比赛规则没有公布——对手已经连续赢得了 10 个冠军，而且他们还是裁判的老朋友。事实上，对方球队甚至可以移动球门柱、重新在球场上画线，并决定每次触地得分的分值。除非我们的新球员与教练和前球员一起训练——他们已经知道规则或亲自在此比赛过——否则新球员靠自己闯荡绝无机会。对于创业者来说，情况可能就是这样，尤其是在与投资者和风险投资家打交道的时候。

只有当上一代人的经历是在类似的环境中，使用同样的规则时，提前投资文化才会有效。但在 20 世纪 90 年代，创业的规则发生了变化：速度、规模，甚至领导和管理风格都发生了变化，建立一个成功的初创公司的规则也发生了变化。商业计划太慢、过于静态化以及陈旧。卓越的战略不是创造收入，而是不惜一切代价占领市场份额。首先要比你的竞争对手增长得更快，主导市场之后，再逐渐弄清楚自己的商业模式。

网景（Netscape）作为开路先锋，引领了这一波新形式的创业浪潮。这家成立于 1994 年的高科技初创公司在盈利之前就吸引到了顶级风险投资，这在当时几乎是闻所未闻的事情。网景于 1995 年上市，也就是在公司成立大约一年后，当时市值已接近 30 亿美元，但却还没有赚到一分钱。

网景的 IPO 为数千家，甚至可能是数百万家新公司打开了大门——这些公司现在首先关注创新和市场份额，然后才是收入。一些企业取得了持久的成功，而另一些则夭折了——不是因为这种战略存在缺陷，而是因为这种新的高增长战略被大量套用和滥用。不管怎样，现在的规则都不同了。创业公司试图快速成长、推出新产品、建立新品牌和新市场。但速度和规模都意味着大量的前期投资——通常是风险资本——这给创业之旅增加了新的复杂性。

在此之前，创业是关于发现客户和问题、创造解决问题的产品或服务、建立一个可以向客户提供产品并获取收入和利润的组织。外部投资者的介入来得晚一些，通常是在公司盈利后需要扩张的时候。

对于后网景时代的创业者来说，筹资成了一项重要的新活动。创业者们被迫将大量的初期时间和精力投入到募资上，而牺牲了产品开发、营销和管理的机会。拿着精心设计和打磨得当的商业计划书四处奔走，试图吸引风险投资家的注意，成了创业者的一种生活方式。

筹集资金几乎成了一项强制性的活动。如果你的公司没有融资到500万美元，竞争对手可能会（在你打开市场之后）意识到同样的商业机会，并迅速筹集足够的资金来击败你成为新市场的领导者。因此很自然地，风险投资家便成了新的合作伙伴——而结局可能是他们为争夺公司方向和控制权与你兵戎相见。当然，最后通常是风投家胜利。像肖恩·帕克这样的创业者经历过了对自己公司的所有权和控制权的逐渐弱化，最终被自己的公司扫地出门。

对于许多创业公司来说，这是一个熟悉的结局，创始人从中得到了痛苦的教训。之前的几代创业者没有足够的资历来警告他们。确实，在20世纪80年代也有过一些世人皆知的惨痛案例——尤其是史蒂夫·乔布斯被驱逐出自己公司的史诗级悲剧。然而，这样的例子在后网景时代之前并不常见。

从那个时代走过来的创业者变得更聪明、更具洞察力。创业是一项新的运动，有了新的运动员和规则。虽然大多数人在第一次上场时就落得鼻青脸肿的结局，但他们永远记得这血淋淋的教训。而这些先驱们也绝不会让后继者重蹈覆辙。

站在巨人的肩膀上

1997年秋，节目主持人汤姆·布罗考（Tom Brokaw）写了一本畅销书，内容是二战一代的美国人的生活。而大多数人似乎对他们的父母和祖父母一代所忍受的艰难困苦和牺牲几乎没有什么记忆，也无法想象先辈们昔日的境遇与磨难。

他们在大萧条时期长大，见证了珍珠港偷袭事件，而后便开始在海外与纳粹德国和日本帝国陆军和海军作战的战争经历。而留在国内的人，则不遗余力地支持战争。在大萧条时期，他们重建和升级了国家的基础设施：从大坝、桥梁、发电厂、国家公园到整个国家的高速公路系统。战后，他们把美国变成了军事、工业和科学均繁盛的超级大国。布罗考称他们为最伟大的一代。

创业者当中也有最伟大的一代：他们在一个规则被改写的时代创立了公司和产品。在很多情况下，规则都是刚刚成型的，毫无经验和历史可借鉴。有些人成了名人，比如亚马逊创始人杰夫·贝索斯（Jeff Bezos）、易贝创始人皮埃尔·奥米迪亚（Pierre Omidyar）、网景创始人吉姆·克拉克（Jim Clark）和马克·安德森，还有一些不那么知名，但是为当下习以为常的电子商务、广告、媒体、内容和社交网络平台奠定了基础。技术、商业模式和用户界面并不总是那么清晰可见，也有许多公司以失败告终，对于创造出今天这个我们看到的世界而言它们是必不可少的尝试。

创建网站时，创业者们理所当然地认为他们无需为 HTML 或 Wordpress 缴纳版税，也毫不迟疑地接受在线支付工具贝宝，而不必与50家银行和信用卡公司打交道。甚至苹果 iTunes 的成功也部分归功于奈普斯特的肖恩·帕克和肖恩·范宁的奋斗（尽管他们失败了）——才得以让我们此刻可以通过网络和手机享受音乐。

除了打下技术基础和开创创业新方式，这一代创业者还创造了一种分享、协作和透明的文化，这种文化定义了人们今天所做的几乎所有事情。

创业史上**最伟大的一代**所做的不仅仅是提供提前投资和咖啡会

议。他们为后浪创业者创建了赛场、奠定了新基础——且是用前所未有的方式。

网络的秘密

想象一下，9月的一个周六的上午，在星巴克，一位穿着考究的六七十岁的绅士，看上去像是在备考医学院的入学考试。桌上和地上一摞摞的书、杂志和期刊多到足以装满一个标准的普尔曼式旅行袋。他的妻子带来了更多的资料。即使不是夏洛克·福尔摩斯（Shelock Holmes）也能推断出他们是在购买一辆房车。他们查阅着近几年来的消费者报告、汽车杂志、商品目录和经销商的报价广告。这位年长的绅士还时不时地在一本黄色便笺簿上记录着所获（也许他以前是一名律师）。

很快，孙女也来了，她看起来像是个初中或高中生。她问祖父母在做什么，他们的回答令她困惑不解。她拿出手机——于是我们看到了两个世界之间的碰撞：孙女拍了一张房车的照片，上传谷歌并瞬息得到了反馈，只用了不到15秒的时间，她就有了一个更准确、更简洁、最新的结论——关于房车的最优惠的价格和最近的经销商之间的比较。

16岁的她无法理解祖父母时代的信息为什么会如此稀缺且难以获得，以至于不得不去"挖掘"图书馆，浏览200本书或目录资料。而如果她想要什么信息或知识，直接搜索就行了。

想象一下，创业者要在网络、搜索引擎和社交网络出现之前创立一家公司。

潜在的投资者或合作伙伴要求刚起步的创业者提交商业计划、经营业绩和财务预测。创业者寻找靠谱的案例和模板来参考的努力是徒劳的。风险投资家们当然绝不会提供这些信息。他们挂在嘴边的是：投资前估值、参与优先股和清算优先权。而大多数新创业者对此闻所未闻，更不用说能够谈判出最佳交易条款了。

对于创业者来说，能搞清楚推销套路和行话是一套神秘的技能。

仅仅靠谷歌是不够的。有经验的企业家很少花时间写下他们所学到的东西。另外，他们为了解这些秘密付出过汗水和泪水——为什么要把这些秘密公开给任何人免费阅读呢？

当然，有很多书揭露了这些创业路上的秘密（见第一章：公式和食谱）。大多数情况下，这些书关注的是如何经营成功的小企业，而不是在后网景时代打造一家具有规模的公司。规则几乎一夜之间就改变了。在充满众多精明、有经验的投资者和商业精英的汪洋中，大多数新创业者都是随波而去、无能为力的。

权力转移

2006年12月，一位已经创办并出售了两家成功企业的创业者发现自己正要被自己创立的第三家公司排挤出去。[5] 风险投资家们合谋推迟了一轮融资——迫使公司负债、降低估值并陷入困境。风投最终霸占了董事会的控制权，并罢免了首席执行官。[6]

这种卑劣的共谋和不择手段的行为在商业世界中并不少见。风险资本家每年都要策划和洽谈多场交易。与一辈子只参与过1~2桩交易的创业者相比，他们是专家。受到不公正对待的创业者不想冒险公开抱怨——否则将面临未来无投资人资助的局面。权力的天平如此不平衡，几乎没有人敢挑战这个规则。

有个化名为泰得（Ted）的创业者，列出了一份硅谷风险投资家的名单，里面记录了他与一些特定投资人以及"坏家伙们"打交道的经历。起初，泰得私下发布了这个列表，让几个同事发表自己的评价，以备有一天他们需要再次筹集资金时参考。几周后，他向其他创业者开放了这个网站，用于交流各自与风险投资公司打交道的经验。"在与风投家打交道时，每个人似乎都有自己的艰难过往，其中许多故事比我自己经历的还要糟糕。"[20] 他称这个网站为"受风投"（The Funded）。

"受风投"允许用户（通常是创业者和CEO）对风险投资家

进行讨论和评论，并参与社区内部活动。网站上的所有发言都是匿名进行的。该网站有一个"建议"栏，创业者可以在这里制定和讨论业务增长计划。评分系统是基于 1～5 的等级，5 是最高级别。用户可以留言解释他们给出某个评级的理由。[7]

泰得称"受风投"的目标是让风险投资家在与客户打交道时更加透明和公正。该网站里的评论则被描述为坦率、尖刻，甚至是不忍卒读。[8]

"我们竟无意间发现本属于我们的商业计划中的独特创意竟出现在竞争对手的营销方案中。"一则评论写道。"那个年长的家伙傲慢、粗鲁又目中无人。" 另一条则写道，"他全程一直把脚跷在桌子上，从头到尾说的话都是关于我们的生意想法有多糟糕。"[9]

除了提供评级和评论之外，用户还可以相互交流，以获得其他创业者的见解和建议。[10]

访客可以仔细阅读风投家们的故事：他们如何铲除创业者的影响力、如何在最后一刻要求变更合同条款、如何利用其他风投向某公司提供的条件作为其讨价还价的依据，等等。

"受风投"还成为（创业者的）某种支持团体。最近有一位网友问，他是否应该接受一笔交易：向一家风投公司全权出售他的公司，他收到了包括"不要"和"快跑"在内的 19 个回复。[11]

网站运营一年之后，"受风投"的创始人"泰得被迫公开了自己的身份：连续创业者阿德奥·雷斯（Adeo Ressi）。"受风投"（和雷斯本人）引起了许多风险投资家的愤怒和抨击——尤其是那些不良行为被曝光的风投们，一些人试图起诉关闭该网站。但潘多拉魔盒已经被打开，到 2011 年为止，该网站拥有超过 1.6 万名用户、超过 2.5 万条帖子以及 2.4 万条用户评论。[12]

这也许是历史上第一次，权力的天平砝码从风投家手中倾向到了创业者手中——至少融资赛道开始变得更加公正和公平了。创业者们不仅能分享信息和经验，还在不断搜寻有意义的智慧，这样所有的创业者都可以互相学习。

此外，最伟大的一代创业者还做了一些不同寻常的事情。他们开始接管一些以前由 MBA 和其他非创业者主导的机构和角色——那些曾给创业者带来巨大困难的机构和角色：

他们开始成为风险投资家和天使投资人，开始成立加速器组织，甚至在更大的机构中开始掌握话语权——帮助大机构收购初创公司，或者至少变得对创业者更友好。网景联合创始人马克·安德森创立了风投公司"安德森—霍洛维茨"（Andreessen-Horowitz），该公司迅速成为硅谷最大、最活跃的风险投资公司之一。贝宝、谷歌甚至现在的脸书都以出产"黑手党"而闻名——一群前创始人和雇员成为天使投资人，并将他们的创业财富再投资到数百家新公司中。

元导师

2004 年，肖恩·帕克找到马克·扎克伯格时，两人是一带一的师徒关系。今天，数以百万计的创业者都可以接触到全世界的肖恩·帕克。

元创业的时代是建立在云端、社群、透明度、充裕性和共享的基础之上的：因此元创业者可以获得最伟大的一代创业者积累起来的知识、经验和智慧。当创业者学到某些有价值的东西时，则会向彼此传播警示、知识或技巧：无论是成功的 PPT 企划书、谈判策略，还是吸引联合创始人或关键员工的方法。然后社群成员们——庞大而多样化的创业者——做社群最擅长做的事情：筛选、审查，并为这些丰富的新建议添砖加瓦。

随着知识库的扩大，建议变得更有相关性和准确性——这已被那些因利用相关建议而成功的人所验证。而过时的建议会被更新或推到网站的最底部。如此，所有的创业者都变得更聪明。在元创业时代，社群就是导师。

网络会根据建议对用户的帮助度来组织展示顺序，而不仅仅是根据受欢迎程度或"发言人名号"的招牌。虽然马克·库班（Mark Cuban）和马克·安德森等由亿万富翁企业家转型而来的投资者为数百万人担任着"虚拟导师"，但其他人的受信任度也不输他们。

创业者不再需要难得的一对一辅导——或者至少这不再是唯一的选择。正如领英创始人里德·霍夫曼所说的，现在"网络即吾师"。对于经验丰富的顾问来说，他们不再局限于面对面的边喝咖啡边聊创业项目。通过领英、Quora（相当于知乎）、Medium *等平台，他们也成为了世界各地的思想领袖和创业者导师——超级天使投资人大卫·罗斯曾经称之为"规模化指导"。

* 轻量级内容发行的平台，允许单一用户或多人协作，将自己创作的内容以主题的形式结集为专辑，分享给用户进行消费和阅读。

元创业大师？

所以，创业史上最伟大的一代正在帮助下一代，以导师、顾问和投资者的身份出现。他们来之不易的经验和智慧正被赠予新的一批企业家。

但既然已有了这些宝贵的经验，导师们为何不自己再去做那个创业者呢？在由缺乏经验的创业者主导的生态系统中，久经沙场的前辈们不该凭借珍贵的智慧和经历而拥有倾斜优势和额外特权吗？正如我们将要看到的，经验的重要性正在改变。权力的定义也在被改变。

盲人之国

盲人之国，独眼称王。

你听过这句谚语吗？这几乎是一句永恒不变的真理。许多文化在他们的语言中都有类似的短语。有时也译为"在盲人的国度里，独眼的人就是王"，意思是：

在特定的情况下，即使是有限的能力或知识也可能形成巨大的优势——特别是当周围的人能力较差的时候。

额外的知识和能力不仅会给你带来优势，还会给你带来至高无上的地位。

> **经验（experience）**
> 名词
> 1. 在某一特定领域中积累的或额外获取的知识和能力；
> 2. 因直接观察或参与某项事务而得到的知识。

经验是宝贵的。这可以说是不言而喻的，这是我们反复练习以及保持学习的理由，同时也是我们努力工作的动力来源。因此我们才会在职业进步中期待更高的薪酬。

虽然经验应该是一种优势，卓越的经验更是一种不公平的优势——尤其是在一群缺乏经验的人组成的环境中。至少这在逻辑上是说得通的：

盲人之国，独眼称王。

50年的经验

在备受争议且史无前例的 2016 年美国总统大选中，希拉里·克林顿（Hillary Clinton）是更有经验的候选人。她在政府、政界、竞选和民选职位上工作了大约 50 年，她可能比任何竞选总统的候选人都更有经验。当然，她在政府和政界方面远比她的竞争对手、商人唐纳德·特朗普（Donald Trump）更有资历。与此成鲜明对比的是，特朗普在政界领域的工作经历为零。希拉里·克林顿不仅拥有当选参议员和国务卿的丰富经验，还是个无数次为她自己和丈夫以及党内候选人进行竞选游说的老手。

除了她自己的经验外，与希拉里·克林顿一起参加竞选活动的还有经验丰富的顾问、全力支持的民主党全国委员会。他们的筹款机构以及希拉里的丈夫、前总统比尔·克林顿在政治上也有非凡的影响力。与之形成对比的是，特朗普的竞选团队由以前从未参加过全国竞选的人组成，而他自己党内的一些重要成员甚至激烈开展反对他的运动。他的竞选活动更被一个又一个的媒体嘲讽和各种灾难所困扰。

盲人之国，独眼称王。

如果说历史上有一位候选人拥有过一系列无人可超越的优势条件，那么这便发生在2016年的美国总统竞选期间。就经验和政治生涯而言，希拉里的压倒性优势应该带来"一击即中"的胜利。

当然结果我们已经知道了，事实完全相反——特朗普以304比227张选票赢得了选举。经验显然没有成为一种优势。

但这不是首次反转。2008年也发生过类似的情形：在民主党初选中，美国参议员希拉里·克林顿对阵经验明显不足的对手竞争，但后者——巴拉克·奥巴马（Barack Obama）击败了经验更丰富的希拉里·克林顿，赢得了提名，并成为美国第44任总统。

经验成为负担？

这是个令人难以接受的结论：经验也可能是负担。这在最聪明的人身上引发了深刻的认知失调和困惑——就像是在宣告：在100米短跑中，速度是一个负担。

我们每个人都会遇到这种情况。你是否曾经申请过一份工作，或经历过一场面试，你是当中最有经验和最合格的候选人，然而，却被排除在外。失望、困惑和沮丧的情绪接踵而来，这与"悲伤的

5个阶段"不相上下。

在商界，我们多少次看到有经验的创业者——甚至是财富500强公司的首席执行官，或经验丰富的企业家——在试图启动他们的第二次创业时经历挫折、挣扎或失败。

进入一个满是经验欠缺和不太成功的创业者的世界中，经验丰富的经营者应该很容易兴旺发达。在很多情况下，他们的能力和经验令人敬畏，就像超人降临在凡人熙攘的城市里。至少，这种差距足以让他们信心满满地接近所谓的盲人之地——准备向当地人展示如何行事和成功，并做好了当上国王的准备。

独眼称王

1904年，赫伯特·乔治·威尔斯（H.G. Wells）完成了一部名为《盲人国度》（*Country of the Blind*）的小说——它基于谚语"盲人之国，独眼称王"。[13]

这是一本关于一个视力正常的人误入一个偏僻山谷的故事，那里世世代代都是瞎子。这个新人，努涅斯（Nuñez），认为他很快就会成为国王。

他准备向当地人教授关于世界各地和周围环境的方方面面。他将仅凭他可以看到东西的能力成为他们的领袖，并帮助本地发扬光大。

他不停地说："盲人之国，独眼称王。"

努涅斯到了目的地，为了交流，他朝居民们做了个手势。盲人之间可以互相交流，可他们却没有回应努涅斯。在村子里，房间很暗（因为盲人不需要亮光），努涅斯被绊倒了。

努涅斯却很有信心，不断地对自己说："盲人之国，独眼称王。"

他发现，要解释清楚自己的身份比他想象中要困难得多。与此同时，在他筹划发动政变时，也听从了建议，学习了盲人国家的风俗习惯。

他不时地笑起来，有时觉得好笑，有时又觉得气愤。他只有不断安慰自己："我的时代终将到来。"

当他向当地人描述他所看到过的远方风景和山峰时，他们根本听不懂他在说些什么。他们甚至嘲笑他的"视觉"是想象出来的，毫无用处。在那里，他们甚至没有一个词来形容景色或视觉。

但他不停嘟囔："盲人之国，独眼称王。"

在当地人看来，努涅斯近乎无能。因为他们不知道自己是盲人，所以一切技能、知识和习俗都建立在"失明"的基础之上。他们是失明国度的专家。努涅斯的额外能力不仅没有得到赏识，而且还毫无用处——应该说，这是一种负担。

努涅斯变得越来越沮丧。这些人怎么能不敬畏他的非凡才能呢？为什么他们就是无法认识到，凭着他的视力，他能为他们做多少事呀？

本地人也对他感到失望，因为他不遵守当地的习俗习惯，反而总是没完没了地宣扬他那些无用技能和莫名其妙的傲慢。

不久，他们的关系恶化起来，时不时发生口角。当地人知道如何相互沟通。他们善于听到细微的动作和回声，对周围的环境也更敏感。他们比努涅斯在任何情况下都表现得更好——无论是身体上还是精神上。

在另一个版本的故事中，努涅斯从远处看到岩石即将发生滑动。他试图警告村民，但他们再次嘲笑他那"想象中的"景象。最后，村里的医生建议努涅斯切除眼睛，声称他的眼睛有病，正在影响他的大脑。最后，他同意了。他们挖出了他的眼睛。

在盲人的国度里，有时像其他人一样失明反而更好。

资历崇拜

我们坐在会议室的桌旁，进行着一种熟悉的仪式。作为全州经济发展机构的一部分，我们的职责是审查和帮助潜在的高增长公司。该小组通常由风险投资家、天使投资人、连续创业者和一些专门为初创公司提供咨询的顾问和律师组成。

每隔几周，我们就会聆听各种前途似锦的创业公司的推介和信息更新汇报。它们通常分为三组：由教授领导的大学研究成果转化，由激情满满的22岁左右的年轻人创办的移动应用或网络公司，以及由前企业高管领导的深度行业解决方案。

在准备过程中，这些年轻创业者谈到，"管理团队"是投资者最看重的东西——因此，他们总是把精心制作的"团队"幻灯片作为宣传的重要部分。通常在第 12 页幻灯片上下，20 多岁的创始人会展示一个由同学组成的多元化团队，每个人差不多有 3~4 年的工作经验，紧接着是一个经验丰富的顾问名单，他们同意这家新公司使用自己的名字。但相比之下，却是另两组的汇报更容易被人猜中内容结构。

由学者和前高管领导的创业活动总是从管理部门开始讲起。在我们还不知道这家公司的名字之前，就先看到了多张幻灯片详尽地介绍了这位首席执行官的资历。在限定的 15 分钟里，这种讲述权威身份的独角戏通常会持续 5 分钟，然后，他们才会透露产品、市场和客户的信息。

我们的印象——在这样的座谈中几乎是普遍的——可能会使大多数外行人感到惊讶。一开始我们点头赞同，但后来就厌烦了，甚至不耐烦了。随着每一个亮点、每一个资历的强调，创始人的可信度便下降了。他们在过度解释什么？他们在隐藏什么？他们为什么要推迟演示剩余部分？他们是否认为，通过他们的资历就可以唬住我们，就能在某种程度上保证产品和份额增长是板上钉钉的？他们的经验是一种负担！

从前，简历是你的成就和资历的记录：显示你如何逐步取得越来越多的成就，以及如何在某种等级制度中步步高升。就像我们的"盲人之地"格言一样，有一个难以回避的逻辑，那就是经验——尤其是以职位头衔和公司品牌的形式记录下来的经验——是一种资产、威望和实力的来源。

但如今，企业文化明显不同了，尤其是在创业生态系统中：展示深刻的经验就像突出地展示你高中时的奖杯——如果你被要求解释它们的含义，那情况会变得很糟糕。你离这些成就越远，它们就越不能预示你未来的高度。经验—优势（expericence-advantage）差距可能是元创业时代最大的悖论。

经验的悖论

> 在日新月异的时代中，经验可能是你最大的敌人。
>
> ——保罗·格蒂（Jean Paul Getty）

在元创业时代，经验和证书的半衰期很短。经验成为一种劣势——尤其是在局势和环境变化时。

直到 1912 年 4 月 2 日，爱德华·史密斯（Edward J. Smith）几乎被认为是在世的最有经验的船长——尤其是在驾驶像泰坦尼克号这样的大型邮轮方面。在詹姆斯·卡梅隆的这部大片中，探险队长布罗克·洛维特 (Brock Lovett) 向"老罗斯"（old Rose）和他的手下解释道：

船长有 26 年的航海经验，一定能观察到那些大到能摧毁邮轮的物体，并及时转向。可惜船太大了，而船舵太小。经验起不到丝毫作用。他所知道的一切都是错误的。

赛斯·戈丁（Seth Godin）曾经说过：面对变化，有能力的人是无助的（In the face of change, the competent are helpless.）。有能力的人有一套可预测的、可靠的过程来解决一系列特定的问题。他们每次都用同样的方法解决问题。这就是他们可靠的根基，也是他们能力的源泉。[14]

经验丰富的经营者——企业家、高管、专家——试图在当今的创业生态系统中大干一场时，往往会遭遇令其相当沮丧的认知失调。以前，证书可以是成就的证据，功绩以层次跃迁和头衔作为奖励。在当今的创业生态系统中，技能和能力的证据与传统的证书是脱钩的。

兰迪·波许（Randy Pausch）是卡耐基·梅隆大学（Carnegie Mellon University）的教授，以他那鼓舞人心的、网上病毒式传播的"最后一课"而名声远扬。在他终于实现了一生的梦想——为迪士尼传奇的"想象力工程"团队（Imagineering team）工作时，他遇到了团队里一位 20 多岁的创意技术专家：

当我第一次进入"想象力工程"团队时……她说：我知道你加入了阿拉丁计划（Aladdin Project）。你能做什么？我说，我是计算机科学的终身教授。她说，很好，教授，但那不是我问的问题。我是问你能做什么？（笑）。[15]

在盲人的世界里，决定什么是"资格"的是盲人，而不是视力正常的人。如今，往往是最有经验的人在努力成为自由职业者、顾问或新创业者。越来越普遍的逻辑是：

- 过去的表现并不保证你未来的成功。
- 最近的表现比多年的经验更重要。
- 如果职位头衔能说明你的技能，那么它就很有价值，尤其是在大公司里。但如果头衔只能说明你在公司里的等级，那么它就会对你造成损害。
- 在创业生态系统中，职位层级意味着你脱离了社群或社区——因此你已经与现实脱节了。

回想一下，在元创业时代，最有价值的技能是你参与到生态系统网络中并为社区做出贡献的能力。卓越的成就和经验可能是令人敬畏的，有时还会遭遇那些缺乏经验的人的怀疑和嫉妒。这使得"大众"（或网络）很难去与有经验的大师们积极接触。

这是个有意思又进退两难的处境：你看起来越有能力，社群就越不愿意帮助你，也越不愿意参与你的领域。在前一章中，我们讨论了 P2P 网络的出现和重要性。经验老道的人不会有太多朋友，你看起来越有经验，在网络上愿意提供帮助的人就越少。

在盲人的国度里，经验可能是一个沉重的负担。那些曾赢得权力的人正在失去权力。

权力斗争

> **权力（power）**[16]
> 名词
> 1. 执行或行动的能力；能完成某事的能力。
> 2. 具有做某件事情的伟大或显著的能力；力量；权威；威力。
> 3. 对他人的控制或命令力；权威；优势地位；控制人们思想的力量。

每个人都渴望权力。这并没有听起来那么可怕——我们只是很自然地想要控制局势和自己的生活。我们想要拥有做成事情的能力。大多数时候，我们通过磨练和发展技能来获得一定程度的权力。更多的技能意味着更高的能力去完成我们追求的东西。还有来自权威的权力，通常是由组织或机构授予的。来自权威的权力可能很强大，但却是转瞬即逝、不可转移的。它只有在你担任特定职位时才有效，如果你离开了组织，你就失去了权威，也就失去了权力。

在组织中——包括创业公司——"信息就是力量"这是普遍原则。你在公司的职位越高，就越能了解到有价值的信息。再说一次，这并不一定是一个消极的概念。成为专家通常意味着你比其他人拥有更多的信息和知识。独家的知识和独有的获取信息的途径给了你力量。这种排他性通常是经过长时间的努力工作、经验积累和奉献获得的。另一些时候，这种力量来自于一种排他性的关系或"关系网"。但权力的定义正在改变。

微软公司的企业社交网络服务平台 Yammer *的首席执行官大卫·萨科斯（David Sacks）曾经说过："信息就是力量。"过去，这意味着储备信息会给你力量。现在我们看到分享信息就是力量。你能分享的越多，你能帮助别人的就越多——你就越能成为专家和有价值的员工。"[17]

元创业时代建立在透明和共享的基础上。新力量越来越多地来自网络的参与和贡献。在最近的一次 TED 演讲中，创业者兼首席

---

* 由于在发展的过程中逐渐增加了投票、聊天、活动、链接、主题、问答、员工想法等很多功能和应用程序，Yammer 不再仅是一个简单的企业通信平台。

执行官杰里米·海曼斯（Jeremy Heimans）描述了新旧权力的区别：[18]

旧权力就像货币一样，只被少数人持有。一旦获得，它就会被谨慎地保护起来，而有权有势的人自有他们的渠道去使用它。旧的权力是封闭的、不可深入的，并且是由领导层驱动的。它下载信息，捕捉信息。[19]

新权力不是由少数人掌握的，而是由许多人分享的。
旧权力只注重下载（保护），新权力则注重上传（分享）。[20]
新权力是大规模参与和同级协调的结果——这是创造变革和改变结果的两个关键因素。我们看到新权力就在我们身边。[21]

莫伊塞斯·纳伊姆（Moises Naim）所著的《权力的终结》（The End of Power）[22]（扎克伯格最喜欢的书之一）一书，讲述的并非是权力的终结，而是权力定义的改变。他的结论是：

在 21 世纪，权力更容易获得，更难以使用，也更容易失去。

掌控权力的方式不再是对资源的支配，而是激励别人加入你的事业。

权力不再是占据等级制的顶部，而是网络的中心。

这一结论值得重复：权力不再是占据等级制的顶部，而是网络的中心。

这里我们看到了根本性的转变。早期，领导者通过对资源的集中控制来发挥影响力。然而，今天，力量来自网络，而不是节点。[23]

对于那些习惯了旧权力的人来说，这个权力的新定义可能看起来很抽象。权力仍然是关于完成某事的能力或才华。但是在现代，你做任何事情的能力都依赖于网络。因此，权力必须包括通过网络成事的能力。也就是说，权力来自：

对网络的贡献：通常是知识、信息或专业技能。

参与网络：帮助他人。

依靠大众：利用社群的成员和资源来实现你的目标。

但在"权力 = 网络"等式的背后，还有更多的东西：这是思维和行为上的改变。新的权力不是某个组织赋予你的。"网络"赋予个人力量的基础是大众如何看待你帮助他们的能力。社群成员是否可以相信你能将他们与特定资源或能帮上忙的人连接起来？他们将视你为灯塔，还是吸引者？

网络的核心是信任。信任来自透明。透明度来自参与；参与就是贡献；贡献来自分享——分享你所知道的、所拥有的、所能做的。换句话说，今天权力的根源与过去正好相反：权力通过分享而增长，而非积累；权力来自富足性，而非匮乏性。

托马斯·马龙（Thomas W. Malone）教授是麻省理工学院群体智慧中心（MIT Center for Collective Intelligence）的创始主任，他称：

> 权力的新悖论：有时，掌握权力的最好方法是将权力分享出去。[24]

所以，在元创业时代，经验确实可能成为一种负担——特别是当你处在一个全新的生态系统，或在一个新领域中。经验不再等于权力：完成某事的能力。如今权力是在网络、关系网以及社群中自由驰骋的能力。

这是否意味着经验不再是老练的企业家们的优势了？熟能生巧是否不值钱了呢？

绝地武士的归来

绝地武士团主要由博学的人组成：教师、哲学家、科学家、工程师、医生、外交官和战士，他们重视知识和智慧胜过种族。通过服务他人，绝地武士在慈善、公民身份和志愿服务的行动中奉献自己。[25]

利用原力

最伟大的一代创业者会让人想起《星球大战》中描绘的绝地武士。像德高望重的欧比旺·肯诺比（Obi-Wan Kenobi）一样，这些经验丰富的创业者聪明而富有经验，着眼大局，慷慨地指导下一代。

但这幅画面并不完全充满崇拜和恭维，在那个遥远的星系里，他们嘲笑欧比旺的技能和经验是没用的，只不过是过时的老把戏——于是将他降级为年轻绝地武士的指导师。

有经验的企业家和经营者仅仅被委任为顾问和导师吗？他们将是最后一场战斗的将军吗？该被流放去旁观年轻战士成为宇宙的新主人吗？不幸的是，对于这一代中太多的人来说，答案是肯定的——他们的价值和技能被边缘化了——但并非注定如此。

元创业时代是一个建立在网络、云、人群、集体智慧和自我组织之上的宇宙。网络提供了获取丰富知识和智慧的途径。网络使平台成为可能，因此我们可以快速建设和快速行动。网络连接使众多的人能同时合作并可最大限度地放大努力成果。这是一个神奇的聚合。

> 原力（The Force）赋予绝地武士力量。它是由所有生物创造出的能量场。它围绕着我们，渗透着我们；它将星系紧紧绑定在一起。[26]
>
> ——欧比旺·肯诺比

回过头来想一想，网络时代也是如此。有一股虚拟的"力量"连接着我们彼此，增强我们的知识、能力和影响力。那些知道如何驾驭这股新力量的人就是宇宙的新主人。

起初，这股新力量似乎有利于那些经验和能力最少的人：该网络使他们能够获得自己从来不曾拥有的信息和知识，它赋予了他们原本需要数年才能建立起来的关系网，它帮助他们铲平了起伏不定的赛场。虽然网络可以为新手提供平坦的赛道，但并不能给他们提供任何优于他人的优势。那么，在元创业时代，谁更有优势，谁更有力量呢？

各领域的大师

马克·霍纳（Mark Horner）职业生涯的大部分时间都在一家著名的财富 500 强公司度过，一路升任到高级副总裁。他管理着 200 多个下属、8 个项目，拥有数百万美元的预算。马克在公司以及行业中都非常引人注目。作为重要会议的主旨演讲人，他经常与首席执行官和知名高管们聚集一堂，他的讲话也经常被媒体引用。任职期间，公司推出了几项突破性的产品和创新营销活动，为此他获得了十多个奖项。

从前，成为宇宙的主宰意味着像宙斯一样高居于等级制度的顶端，目光远大，一呼百应。它意味着达到了成功的顶峰：受人尊敬的成就、在组织和行业内得到认可和突出地位，以及对员工和资源逐步增强的影响力。

在他的行业里，霍纳是宇宙的主宰。他精通自己的领域，但在一系列收购和重组之后，他失业了，不得不开始寻找下一个雇主。在经历了 18 个月的痛苦尝试之后，他发现寻找类似职位的努力是徒劳的。尝试在几家初创公司工作也均以失败告终。他不再被邀请到行业会议上发言或接受媒体采访。现在，马克是一名待业中的待业顾问，偶尔在当地的社区大学做客座演讲，并为一些学生经营的公司提供咨询——再也没有恢复他曾经拥有的领导力、地位和权力。

像马克·霍纳这样有经验的大师没有意识到的是，他们像神一样的能力被限制在一个特定的领域。在那里，统治者是无所不能且成功的，但一旦踏出他们的疆界，旋即就变成了凡夫俗子——失去权力而成为弱者,也没有为生存做好准备。过去,这通常不是问题,因为大多数人在他们的整个职业生涯中都停留在熟悉的领域——他们的行业和组织。

马克·霍纳的故事非常容易预测结局,像是电影《土拨鼠日》(Groundhog Day)里的一个情节。当像霍纳这样有经验的人从公司退出时,他们的力量源泉也被留在了身后。他们不再能接触到资源或人脉,也不再与知名品牌有任何关联。被取代的企业高管们并非这个令人沮丧的剧本里唯一的主角。每一个成功的、经验丰富的"领域主宰"在踏入新领域时都可能遭遇类似的命运。

新的希望

但他们并非一无所有。在元创业时代,有经验、有才华的人并非注定要悲惨地流浪在盲人之国。就像《盲人国度》的主角努涅斯一样,他们有强大的能力和天赋,但是这些优势在新的疆域中没有被正确地使用。

苹果公司前首席布道官(Chief Evangelist at Apple)盖伊·川崎(Guy Kawasaki),在过去的30年里经历了几次自我颠覆和转型——从高科技营销人员到风险投资家,再到作家、演说家和企业领袖。詹姆斯·阿尔图切尔(James Altucher)从HBO主持人、网页设计师到对冲基金经理,最后成为播客主持人和畅销书作家,最后的职业之路就是从讲述自己如何在惨痛的失败中吸取教训开辟出来的。俄罗斯移民加里·维纳查克(Gary Vaynerchuk)在他父亲的酒水商店工作,直到他改头换面成为网络上的葡萄酒大师,并成为那个时代最鼓舞人心的、最受尊敬的企业思想领袖和顾问之一。

他们都为新的领域重塑了自己。或者更准确地说,当他们面临的形势发生变化时,他们也选择改变。通过使用网络重新定义自己的价值、影响力和领导力——不仅仅是作为一种营销媒介——而是作为一个与新受众互动的生态系统。他们将自己的才能转化为网络上的价值。因此,他们一次次成为领袖,发展出了新的地位和权力。

值得一再重复的是：权力被定义为完成某事的能力或才华。在元创业时代，获得权力的途径不再是分配资源。权力不再位于层级的顶端，而是位于网络的中心。领导力也改头换面，尽管仍然被定义为影响他人、吸引和影响资源的能力，但现代版本的领导力是影响或指挥网络的能力。这种新的领导力需要做出战略上和行为上的改变。

今天的领导力就是培养你的人际网络：你需要为他们提供价值，需要他们认同你是领导者，而你需要尽可能多地与他们接触。对于经验丰富的企业家和高管们来说，领导力的转变需要分三个步骤进行：① 建立你的元形象；② 传递元价值；③ 建立元部落。[27]

1. 建立你的元形象：

你也许不曾认真思考过这个问题，但是你的工作头衔加上公司名称就是你的身份。它们一起构成了告诉人们你是谁和你做什么的简短标签。通常它们还会告诉人们你所在的行业，以及你的经验和能力水平。有时候，它们甚至能透露出你的性格和个人价值观。所有的这些都来自几个记号。

看看这些职位能否让你立刻明白什么事情：

- 谷歌高级软件工程师
- 美国国家广播公司电视节目副总裁
- 美国银行首席财务官
- 政府合同经理，洛克希德·马丁公司

这些怎么样？

- 技术支持，苹果商店
- 反侦查人员，极客战队
- 微软用户界面设计师
- 产品推广人——苹果
- 迪士尼梦幻设计师

每个职位都回答了一个不言而喻的问题：他们贡献的价值是什

么？至少在商界，头衔加上公司名称就是你的个人形象和品牌。

> **人物角色（persona）**[8]
> 名词
> 在公共场合或社会中扮演的角色；一个人的公众形象或个性。

> **品牌（brand）**[9]
> 名词
> 一系列积极的品质与一个广为人知的名字之间的联系。
> 品牌是承诺，一个好的品牌信守承诺。

要想知道人物角色和品牌有多重要，试着回想上一次你遇到的一个职位含糊不清的人、一个不熟悉名字的公司，或是发现一个人的头衔与他的行为和角色不一致的时候，你就会明白了。

当一个有经验的经营者——专家、高管或创业者——离开公司，踏进新领域时，他的头衔被抛在身后，这往往会使他陷入身份危机。一段时间内，他可能会在他的旧头衔上加上"前任"，以保持他的旧身份。若不这么做的话，他在这个新领域中就是一个单纯的陌生人。没有熟悉的人脉，没人知道他能做什么，或者他能贡献什么价值。至少在商业角度，任何人都没有理由与他互动或追随他。在一个网络化的世界中，孤立就意味着将被活活饿死。

名片上印错了名字不会让你陷入死亡漩涡。但如果没有一个明确的身份，你就无法建立或吸引一个网络。如果没有大量盟友，成功——连接所有的节点——就不可能发生。

因此，解决办法在于创建一个强大的个人品牌：一个烙印了你的技能、资历、价值和潜在价值的人物形象——以面向你的社群和网络。你在网络关系中的角色就是你的元角色。

价值存在于旁观者的眼中——而这些旁观者就是你网络中的人脉。你的元人物角色需要通过传达你的价值和潜在价值来吸引他们。

如果背后没有熟悉的品牌存在，软件工程师或营销主管这样的头衔并不能真正传达给潜在盟友你是谁，以及为什么他们应该成为你的网络的一部分。"元人物"并不是一张名片上简单的两三个词组成的头衔，而且这些词大多毫无吸引力。一个有效的元人物角色是一个简短的描述，能表述你潜在价值的精神形象——它表明谁可以通过与你连接而获益。例如：

- 软件工程师，帮助企业将现有的服务转变为软件服务产品。
- 创业律师，帮助大学生创业者快速创业、省钱、规避风险、规划成功。
- 连续创业者，创立了 5 家成功的移动应用初创公司，正在酝酿第 6 家。
- 营销界忍者，炉火纯青的网络营销人——帮助初创公司实现快速增长。

你的元角色就是你的身份，以及你对社群的价值承诺。接下来，你需要做的是传递。

2．实现元价值：

以前，最忙碌的操盘手总是专注于"得到他们想要的东西"——积极地追求尽可能快的回报。在《拜金一族》（Glengarry Glen Ross）中，"宇宙之王"亚历克·鲍德温（Alec Baldwin）在其著名的独白中戏剧性地宣称，这种摧毁一切的、泰山压顶般的目标就是 ABC——"一直成交（Always Be Closing）"。

"一直成交"意味着努力使每一次交互都成为一笔交易，并推动销售额，这好像是在说"我要赚大钱"。听起来这是一种非常专注且有效的方式。在我们这个点连接点、跨越卢比孔河的世界里，遵从 ABC 原则的人一直在寻找一步就能跨过河水的捷径。

HubSpot（美国营销自动化公司）高管丹·提尔（Dan Tyre）指出，"一直成交"是一个时代错误，因为公然这么做与现代的"点连接点"的商业文化相悖。ABC 原则本质上意味着你试图在不先贡献价值的情况下反而先获取价值。相反，提尔提出了一个在当今环境下更有效的新策略：ABH——"一直帮助别人（Always Be Helping）"。

一直帮助，一直增加价值。创造和贡献价值，不仅丰富网络中的每个人，而且也丰富了整个社群。这就是你的元价值。

在网络中，"价值"表现为：

- 想法、信息、解决方案，或提供连接至想法、信息和方案的渠道。
- 资源，或接触到资源的连接。
- 与他人和其他网络的相关联系。
- 可以节省时间或加速社区成员实现目标的可行性信息。
- 有助于提升他们在自己网络中价值的信息。

在转向网络世界时，经验丰富的操盘手在试图展示挖掘潜在价值时面临的挑战。他们的本能是列出过往成就或是在网上发布简历。但是简历是陈旧的、静态的总结，对网络上的人来说并没有内在价值。但这儿还有另一种方法。

转化

怎么做？通过将你的资历转化为对你的社区有价值的内容。把经验转化为元价值：把你的经验成果变成可操作的教科书、智慧和实实在在的干货——于是其他人就可以从中学习和汲取经验。这种价值通常以发布的文档、演示文稿、案例和模板的形式出现，社区成员可以学习和借鉴。"成果转换"的一部分是与网络上其他内容、人物、资源的链接——所有这些都是为了强化你的元角色而设计的。

将经验和资历转化为网络价值是很直截了当的：

- 你从事过成功的产品营销吗？不要仅仅列出产品名称，还要解释带来成功的营销技巧。提供内部视角和独有洞察。
- 营销计划失败过吗？解释它失败的原因和吸取的教训。与其他专家讨论这些反思。
- 你有开发过产品吗？告诉我们重点：如何编程、如何加工——其中的微妙技巧和陷阱一并分享。

- 你在不同的文化或异国工作过吗？提炼出你学到的教训和技巧，以帮他人在面临类似环境时能顺利应对。
- 你管理过团队吗？一定从中得到过宝贵教训。
- 第一次创业时，你得到的宝贵教训是什么？关于风投的"恐怖"故事？关于客户？关于合伙人？如果必须重新来过，你会采取什么不同的方法？

每一项贡献都可以以博客、文章、链接或领英、推特，甚至个人网站上的讨论的形式出现。它们可以（也应该）是包含了书面、音频和视频形式的内容，并且公开与社区共享。

持续创造和贡献

转化你的经历和经验只是第一步。你的社交网络需要的不止这些。但是元价值与数量无关——它与相关性和持续性有关。为自己的网络提供价值需要一个累积的过程，这需要时间。

一些元创业者——比如那些成功跨入新领域的有经验的人——他们指出了一条简单的路。赛斯·戈丁、盖伊·川崎，甚至是由投资者转型为大师级别的布拉德·费尔德和大卫·罗斯：他们每天都在为自己的网络贡献自己的智慧和价值；有时一天发声几次。成千上万的人，也许是数百万人，因他们的元价值而受益非浅。

但是这些人怎么会有那么多时间来写这些有价值的内容呢？这是一种误解。价值并不总是你为网络创作的原创内容。更常见的是，价值来自对现有想法、信息和资源的整理、聚合和解读。如果你是一个经验丰富的专家，那么提供一个情景并做出说明和解读便和你的原创内容一样珍贵无比。在这里，经验好似一个放大器。

我们的专家已经养成了习惯。和大多数专家一样，他们会钻研本行业的最新动态、问题和争议。当他们读到相关的文章、评论或新闻时，便会将其转发到自己的社交网络上，通常还会加上自己的解读、评论或背景介绍。对于本书的许多读者来说，这肯定是一个再平常不过的习惯。但对于我们最伟大的一代专家来说,这是一个新习惯。习惯带来持续性、坚实的、有价值的网络成果汇集。这便是元价值。

3. 建立元部落[28]

在元创业时代,拥有领导力就是要身处网络的中心,这意味着你能够靠专业知识和价值贡献吸引人们来到你的网络里。今天的领导者不仅有追随者,还有自己的生态系统:一个由人、公司、资源、信息和想法组成的网络——以领导者为中心,围绕着共同利益聚集在一起。

考夫曼基金会(Kauffman Foundation)的创业部副总裁维克多·黄(Victor Hwong)是《热带雨林》(*The Rainforest*)一书的作者,这本书宣扬了创业环境的价值。在书中,他详细描述了创新生态系统的复杂性——将其比作生物生态系统。他发明了一个独特的术语:**元部落**。[29]

就个人而言,元部落就是你个人的生态系统。这是一个人员、资源和链接的混合体。你的贡献为社群成员提供了独特的价值。理想情况下,你的元价值会引发连锁反应,并促使更多人自发组织行动——为生态系统增加更多的价值。这样,你的元部落就不仅仅是一个生态系统了,而是一个平台。最终你的元部落成员可以使用这个平台来增强他们的能力、拓展他们的活动成果,并加速成功的进程。

建立元部落简单又直接,但需要专注,并持续努力。

首要任务：吸引和连接

吸引人们到你的元部落生态系统并非难事——若你有一个明确的身份，并且能为特定类型的追随者提供价值。换句话说，你仍然需要开发元价值和元人物角色。但是吸引（甚至迫使）人们参与到你的生态系统中，并贡献更多价值的是：即刻收益和对未来收益的预期。

即刻收益来自你转化后的资历或资格，以及发布的已有内容。这是你和你的生态系统能够提供未来收益的部分证据。未来的收益（或潜在的价值）是你不断增长的贡献和你的社区成员创作的那部分。部落的潜在成员可以看到他们能从你和其他成员那里获得的潜在价值，也可以看到与其他成员建立联系的价值。

元部落的兴旺不是靠内容，而是靠连接。领导者通过与成员建立连接和鼓励成员之间连接来帮助元部落茁壮成长。领导者还会展示成员的成就、想法和他们创建的内容。这直接增加了成员的价值，也增加了元部落的价值。这种展示可以仅仅是评论、投票、点赞、转述或转发某个成员的内容。展示、连接并鼓励成员吸引其他成员——在一个积极的反馈循环中建立你的生态系统。

对于一个综合性商业元部落来说，领英是一个很好的例子，展示了连接的力量。在被要求创建个人资料（即个人角色）之后，领英的所有内容都是关于连接的。他们在过去 10 年里增加的每一个功能都是为了增加连接的价值：从发布原创内容到评论和点赞文章、故事和帖子。

保持参与，透明地参与。

参与并不复杂，但令人惊讶的是，有许多元部落的领导者在他们自己的网络上忽视了参与的重要性。也许在更古老、等级更森严的时代，领导者可能是神秘、冷漠、高高在上的。今天，尤其是当领导者需要处于网络的中心时，参与到互动中是必需的：与你的网

络成员频繁、持续的互动是主流规则（在其他网络中也是如此，领导者也只不过是其中的一名成员）。规则几乎是显而易见的——却常常被忽略了：

1. 积极回应：回复邮件、推文、帖子——不是几天几周，而是几小时几分钟。
2. 参与对话——而不仅仅是回复。
3. 展示会员以及他们的贡献——不仅仅是你自己的贡献。
4. 发起对话、讨论和联系。
5. 参与其他元部落。

最重要的是：信任是一切的基础。如果你不能建立和维持信任，其他任何方法都不起作用。透明度＝信任。不要有虚假陈述，不要在你和公众之间建立管理层级（这是上世纪的事），不要隐藏你的名字和电子邮件，不要打开"勿扰模式"。在元创业时代，领导者是平易近人和透明的。

创建一个元形象，并为你的元部落提供元价值，是一项工作。事实上，这是新的工作习惯。但是回报在哪里呢？什么时候有经验的元创业者能从部落中获得价值？答案是，将这些点连接起来的时候。

我们已经知道，在元创业时代，成功不再是一条直线，而是用线将点连接起来。此外，成功还关于为临界值创造条件。成功是利用你的关系网开启自发的连锁反应。

虽然成功确实是你从网络中获取的价值——人、资源和联系构成的网络——但成功很少以快速和直接的交易形式出现。

获取的价值是你注入网络的价值乘以连接的数量和参与者能量的函数。创建自己的元部落可以让你对成功的新定义有更多认知。关注生态系统、贡献价值、加强联系、保持参与，让点自发连接起来。天生的元创业者很自然地理解这条通往成功的新道路，但经验丰富的老兵需要地图，因为形势发生了变化。

网络效应是正反馈循环，而元创业精神——网络、充裕性、分享和社群时代的企业家精神——是指创业者让其他创业者获得成功。连接创造价值，价值创造连接。新权力赋予他人权力，新领导力创造新领导者。但是元创业不仅仅是无序的点和交织在一起的网络，里面有规则，有角色，也有元创业者。那么，接下来，让我们了解元创业者以及现代元创业者的信条。

元创业时代

新的疆域，新的现实

> 这是你最后的机会。从此以后，没有回头路。服下蓝色药丸，故事到此为止，你在床上醒来，相信任何你愿意相信的事情。服下红色药丸……我向你展示兔子洞有多深。
>
> ——墨菲斯（Morpheus），《黑客帝国》（The Matrix）

我们又回到了黑客帝国。起初，英雄尼奥生活和工作在一个凡事循规蹈矩的现实中。经历过一段悲惨的旅程后他很快从自满中惊醒，并被带到了一个十字路口：尼奥选择了红色药丸，并被推进了新的现实中。很快，他发现人类存在的根基是一个不曾告人的秘密：这是一个地狱般的现实，我们所知道的一切都是假的。人类被有知觉的机器奴役着，存在于巨大的母体中——身体的热量被机器收集并转化为能量。

后来，尼奥回到了以前的世界。但他已经觉醒，旧世界中那些曾经寻常不过的物品和行为现在看来都有了新的含义。旧的规则已不再适用。现在，他是少数几个知道事情真相的人之一，而其余大部分人仍一无所知——有时无知也是一种福气。尼奥增加了新的智慧，也拥有了他人少有的能力。

我们身处的新现实就是元创业时代，可能不像《黑客帝国》那样超现实或糟糕，但两者的区别一样明显。当我们第一次踏上旅程时，便从后视镜里看到了过去：

- **混乱中的创业行为**：我们看到了创业领域变得无比混乱。"创业者"这个词有很多含义，我们都不知道谁是创业者，更不知道他们是如何成功的。

- **"货箱崇拜"四处弥漫**：可以看到很多一度盈利的机构正在努力保持它们的创业精神。相反，也有许多公司和人转向了物质崇拜，希望财富从天而降——渴望他们在其他地方目睹过的巨大成功。

- **最后一场战争的将军**：我们看到有许多创业者领袖在用陈旧的、无效的工具打最后一场战役，并把这些技术继续传授给下一代创业者。

- **直线式商业模式：** 传统模式正被"点连接点"的模式所取代，老牌行业正处于剧变之中。
- **角色和关系的定义：** 员工、客户、供应商、公司、创始人的界限已经变得模糊了。
- **基于等级、专业知识和关系的权力：** 正变得不那么重要，并被网络中心的权力所取代。

当我们走向元创业的新疆域时，可以看到一系列熟悉的技术、趋势和行为开始占据主导地位：不断发展，直到它们相互交织、相互联系和相互碰撞，并组合成新的创业方式。

所以现在我们已经着陆在这片新疆域上——元创业时代，而居民就是元创业者们。可他们究竟是一群怎样的人呢？谁能在此地飞黄腾达？我们如何辨认他们，更重要的是，他们如何认出彼此从而帮助彼此取得成功？

所以，让我们来仔细看看当今世界元创业者的例子——人、公司和组织。

智慧城市

我们被包围了。它们无处不在,在我们身边,甚至在我们体内:微小的电子设备不断地感知、监控、控制、倾听和观察着人类。它们拥有智慧且无需休息,并自发地在网络上组成一个集体——像《终结者》系列中的"天网"一样。天网连接起来,以几何速度学习,最终"在美国东部时间 8 月 29 日凌晨 2 点 14 分有了自我意识",并开始了消灭人类的计划。好莱坞就是喜欢把科技妖魔化,宣扬它会毁灭人类,不是吗?

我们聪明地将这些设备命名为物联网,也就是物品的网络。它们存在于厨房电器、网络摄像头,甚至动物体内、心脏起搏器和心脏监测器中。在未来 5 年内,将会有 280 亿物联网设备接入互联网[1]。我们通常用更友好的前缀来称呼它们——智能:智能手机、智能手表、智能钱包——甚至智能恒温器、智能遥控器、智能电视、智能汽车和智能房屋。我们现在正处于"智能城市"的顶端——建筑、道路、汽车、路灯、医院,甚至水和能源都是网络的智能节点(图 10.1)。

图 10.1 [2]

现在,智能城市是各种不同技术的复杂集合,没有真正的蓝图或单一的标准,就像几十个音乐家各自演奏着不同的乐曲。他们可能不需要指挥家或乐谱,但他们肯定需要在同一个音调上演奏。好吧，现在还没有一个恰当的比喻来形容现代智能城市。

切尔西·科利尔（Chelsea Collier）给出了这样一个定义："智能城市是一种广泛的、综合的手段，可以提高城市运营的效率、提高市民生活质量、促进当地经济增长。"科利尔是"数字城市"公司（Digi. City）的创始人，她站在了智能城市运动的前沿。她将自己的公司描述为"一个旨在讨论智能城市技术规则的平台"，但它并不是一个技术意义上的平台。要实现智能城市的巨大潜力，需要的不仅仅是技术和产品，还需要许多不同组件的配合——产品、技术、公司、政策和人员。切尔西·科利尔在创业、经济发展、技术政策、社会和公共活动等领域寻求伙伴并鼓励人们参与。她本人即是一个合作的平台。她的角色是吸引者、引导者和连接者。

切尔西·科利尔既不是政府官员，也不是大学教授，也不是企业家——至少不是传统意义上的：

- 她没有开发过任何产品或创新技术；
- 她没有真的出售服务；
- 她不是该行业的前高管；
- 她不是一家有员工供职公司的首席执行官；
- 她并没有特定的商业模式。

事实上，在填写关于传统意义上企业家属性的问卷时，科利尔在大部分选项上都留了空白。然而，她正在帮助世界各地建设智能城市。她是网络的中心，连接着这些点。她的影响力之大，比大多数企业家和政府官员的影响力更甚。切尔西·科利尔是一位元创业者。

那么她的工作是什么呢？这是她的名片：

为了产生积极的影响，我喜欢把人、好主意和组织联系起来。这就是我对智能城市的兴趣来源。通过科技的桥梁在公共部门和私营部门的领导人之间建立同盟，这是一种在地方层面上解决世界重大挑战的方式……（我研究）美国的城市创新、智能城市和中国的数字化城市是我分享学习所得的方式。

这不是她的头衔。这是她的元形象。

智能城市需要多层次的技术：网络、传感器、平台和程序。每个组成部分都是相互连接的产品或服务，但更重要的是，它们帮助人们介入城市的重要方面：

- 建筑：安全、感知、环境和舒适。
- 公共安全：应急管理、执法。
- 城市和政府规划、运营、管理。
- 公共基础设施：能源、水、交通、智能汽车。
- 连接公民与政府资源：社会项目、医疗保健和教育。
- 连接市民，让他们更多地参与社区和市民活动。

每个组件就像俄罗斯套娃——每个娃娃里包含着另一个更小的娃娃。任何一个组成部分本身都没有什么价值，但是它们协力改变了城市，改变了人。

那么，怎样才能把所有这些技术、产品和政策结合起来，形成一个智能城市呢？现在还没有人确切知道答案。智能城市没有缔造者、主建筑师或主监理人。但这并不妨碍创业者在各自的领域开展工作。他们是元创业者——正在建造一座他们还看不见的大教堂。他们不需要领袖或蓝图。他们围绕着一个共同的使命自发组织起来，使他们的社区成为"山顶上的光辉之城"。

切尔西·科利尔并没有走在人们的前面，也没有自称领袖。相反，她在科技公司、民间或政府协会、大学、创业者和公司之间协调合作。她是这个网络的中心。当像凤凰城这样的城市想要成为一座智能城市时，他们会找到切尔西。她扮演了催化剂的角色，吸引了足够多的关键角色，达到了临界质量——连锁反应终将成为一场运动。这是她的元价值。

像切尔西·科利尔这样的元创业者不再只专注于创办和运营一家公司——他们是大教堂的建造者，是比任何一家公司或技术都更加宏大的部分。整体不等于各部分的总和。但更重要的是，每一个元创业者——每一个石匠——可能都在做着永远不会被用到的东西：不是所有尝试都可以作为产品或公司生存下去，但每一次实验都是必需的、至关重要的。每个行业都有一块失败实验的墓地——不复存在的公司、产品和创业者——但他们的经验已经变成了这个行业的基础。

同样，像智能城市这样的元创业运动也是以相反的方式开始的：就像鸟群一样，单个的元创业者会围绕一个共同的目标或方向自发组织并结合在一起。他们都开始朝着同一个方向、同一个目的地前进，尽管没有人确切知道那个目的地是哪里。

让我们看一个普遍到容易被忽略的例子。

石匠

创业者让"颠覆"这个词显得性感而诱人——仿佛每一个产品或公司都需要颠覆某些行业、商业模式或技术,就像主张在每一场争端中都使用核武器,而让获胜者仓促地收拾残局。但有时候,创业者不是破坏者,而是帮助收拾残局并重建完整的人。

说到颠覆,再来看看新闻业。记者有时把他们的职业称为"祭司"[3],因为这更像是一种召唤,而不是一份工作;他们为社会维护一个更高的目标——保护言论自由和民主。就在不久以前,新闻业是由神圣的教堂组成的:具有固定的仪式和惯例的组织存在了几个世纪。但在过去的一代人中,这些教堂变得落寞了。有的被毁、摇摇欲坠,而有的则不过是一地废墟。

拜访美国任何一所顶尖的新闻学院,你都能发现这些学生的才能几乎可以匹敌甚至超过其他任何专业的学生。他们不仅能调查、写作和发表文章,而且现在还擅长制作视频和使用多媒体,可以说是社交媒体战士。他们还能像大多数工程专业的学生一样编写软件。此外,他们将"维护宪法第一修正案和新闻自由"作为根深蒂固的神圣信念。毕业后,这些有着强烈使命感和才华横溢的天才学生很快发现了所属的行业已日落西方。其他专业的大多数毕业生可能会去寻找一片更广阔的天地开始他们的职业生涯,但这些年轻的记者不是这样。他们正在成为有使命的创业者。

建造大教堂可能很困难,但问问任何一个翻修过房屋的人:重建房屋则更困难。当年轻的记者想要成为创业者时,他们的首要目标通常不是赚钱或创造一种酷炫的产品。他们的目标更广泛,也更无私:他们想"拯救新闻业"。

图 10.2 [4]

所谓"拯救新闻业",指的是重建新闻产业:取代旧的商业模式;创新并使用技术手段彻底改变新闻的创造、传递和消费方式。没有总体规划,没有领袖,也没有蓝图。每个人都是一个在重建大教堂的石匠。但有一件事是肯定的:新的大教堂看起来将与旧的几乎完全不同。

在全国各地乃至全世界,这些精通技术、有创业精神的记者所打造的产品和业务正在推动新闻业的现代化发展。他们每个人都专注于自己的产品——也许很多都只是一个临时的实验——但每一个都至关重要。他们是元创业者。

一砖一瓦

可能你已经见到过他们的作品,至少感受到其影响。

当《纽约时报》发布一张交互式地图或图表时——它能比一篇3 000字的文章更好地讲清故事——这是创业记者们从几十次实验和失败中反复探索出的成就。

当像CNN这样的主流媒体播报突发新闻时,消息来源通常是目击者的推特、照片或视频。新闻机构如今正明显地征集这些"公民记者"的素材,甚至为他们提供获取、创建和发布新闻的工具——

这些工具是由创业记者们经过多年实验开发出来的。

地方报纸——曾经是这个行业的摇钱树——正迅速走向消亡（甚至有一个网站叫"纸媒消亡观察"网站：newspaperdeathwatch.com）。美国最火的大型免费分类广告网站和其他网站扼杀了它们的主要收入来源——分类广告，同时网络和社交媒体开始争夺读者的注意力。但是地方新闻（不包括"报纸"）是一个蓬勃发展的实验室，创业记者们在里面进行了数百项科技含量或高或低的实验。

现在，成千上万的独立创业项目正在帮助新闻业重建未来。有些是新技术和新产品的试验，旨在取代过时的方法，有些则设法解决全新的问题，比如我们这个时代的副产品"假新闻"。在世界各地，我们的元创业者正在致力于在以下领域革新新闻业的组成部分：

- 新的收费模式，如广告、企业联合组织、付费专区等。
- 使调查报告变得更容易、更准确和更高质量的工具。
- 更丰富的选举报告、投票和预测技术。
- 更丰富的数据新闻工具。
- 先进的事实核查。
- "无人机记者"、机器学习、人工智能。
- 为大众记者提供更好的工具，并将他们与专业记者整合起来。
- 当然，还有用于高质量报导、发布和激励读者参与的社交媒体工具。

每一条都是被认为是"新闻教堂"翻新后的一部分。

但这不仅仅是年轻的独立记者试图"拯救新闻业"的问题，更大的新闻机构（大学和基金会）也在发挥自己的力量。有些人意识到，重建新闻业是一种协作的、自发组织的努力，而不是由上级强制要求尝试推出一整套徒劳且滑稽的解决方案去实现目的（比如 AOL-Patch，美国在线本地化新闻网站）。相反，这些大型机构起到了强效催化剂作用。

哈佛大学是尼曼新闻实验室（Nieman Journalism Lab）的所在地。该实验室成立于 2008 年，其使命是研究几种未来模式以支持高质量新闻的发展。他们的使命宣言读起来像是拯救或重建新闻业的元创业宣言：

> 互联网为新闻业和信息流动带来了前所未有的繁荣，但它也动摇了几十年来支撑高质量新闻业的商业模式。全国各地的优秀记者正在失去工作，或者是在努力适应极端的、全新的在线新闻环境。我们尝试重点研究创新的本质，并找出成功或失败的原因。我们想发现好的创意，以供他人取用。我们想帮助记者和编辑们去适应他们的在线工作。我们希望帮助传统新闻机构找到生存之道。我们也希望帮助那些能够补充——或终将取代——传统新闻机构的新兴公司。[5]

正如从它的名字中所解读的那样，骑士基金会（Knight Foundation）的历史可以追溯到骑士—里德（Knight-Ridder）新闻帝国的创始人。今天，他们是美国新闻和媒体创新的主要资助者。[6]事实上，许多哈佛大学新闻创新和创业项目的开展（以及它们的命名）都要归功于骑士基金会。

但是，骑士基金会也不是为了拯救新闻业而进行某种"登月计划"。相反，他们在一些重要的实验上押下了许多小赌注，其中任何一个都可能引发连锁反应。

每年，他们都会赞助骑士新闻挑战赛（Knight News Challenge），向新闻业不同领域中有前途的项目，或者有社区影响力的项目提供数百万美元的小额赠款。这不仅仅是一场有奖竞赛，更是一个透明和协作的过程，通过票选出伟大的创意，资助它们，然后与业界分享结果。一些优胜项目落地成为公司，而一些则是一次性的项目或产品。所有的成果——包括技术和代码——都可以供任何人使用或反复使用。

自 2007 年以来，骑士基金会已经审阅了一万多份新闻挑战赛的申请表，并为 111 个项目提供了超过 3 700 万美元的资助。获奖者包括领先的互联网创业者、新兴媒体创新者和传统新闻编辑。他们的项目已被大型媒体机构采用，并正在对新闻业的未来产生影响。[7]

除了尼曼和骑士基金会，创新性的新闻学院也在推动新闻业创新生态系统的发展。新闻学院，如纽约市立大学新闻研究生院（CUNY Graduate School of Journalism），是创新传媒领域的新兴领导者。

在亚利桑那州立大学沃尔特·克朗凯特新闻与大众传播学院的新媒体创新实验室，学生们将 100% 的时间用于编码和开发技术产品——从交互网站、移动应用程序到虚拟现实：推动新闻记者和新闻业不断突破极限的创新。

就在几年前，这样的创新项目还很少。现在已有几十个。几乎每一所主要学校都有"媒体创新实验室"或创新性的新闻课程。甚至在新闻学院中，"创新总监"的头衔也开始成为新常态。学校仍然教授和培养记者，但是现在创新和创业精神已经贯穿了整个教育项目。

今天的年轻记者们在沃尔特·克朗凯特在世时还没出生——许多人甚至在 CNN 通过"沙漠风暴"（Desert Storm）开创全球新闻的先河时还没有出生，但他们知道纽约时报数字新闻的先驱尼克·比尔顿（Nick Bilton）和内特·西尔弗（Nate Silver）。与伍德沃德（Woodward）和伯恩斯坦（Bernstein）相比，年轻记者们对在大屏幕上不停滑动交互式选举地图的 CNN 记者约翰·金（John King）有更高的认同度。不久的将来，典型的记者看起来可能不太像爱德华·默罗（Edward R. Murrow），而更像马克·扎克伯格。

他们正在一砖一瓦地重建新闻大教堂。他们是元创业者。

新闻众筹平台：Spot Us

在 Kickstarter（众筹平台）或 Indiegogo（众筹平台）出现之前，Spot Us 就已经存在了。

Spot Us 是由一位年轻但经验丰富的记者大卫·科恩（David Cohn）在 2008 年创立的，是一家在线产品公司[8]。现在已经不存在了，但 Spot Us 是骑士新闻挑战赛中举足轻重的实验之一。

Spot Us 是社区资助报道的先驱：新闻业的众筹。今天，这是一个很容易理解的概念，但是在 2008 年，很多人对此难以理解。这是创新者的诅咒。

故事开始于一些小呼声，公众希望看到记者报道或挖掘一些线索并将其演变成一篇报道故事，他们愿意支付所需的资金。访问该网站的人都可以为这个项目捐款。[9]

例如，如果一个当地居民想要看一篇关于市长过去与某承包商之间利益关系的调查报道，他就可以在 Spot Us 发布这个想法。浏览该网站的记者可能会感兴趣，同意进行深入研究并撰写报道，估计开销为 5 000 美元。社区里的人可能会选择捐赠 20 或 50 美元。筹款目标达到时，记者便开始处理这个报道任务。而大型新闻机构可以通过提供超 50% 的筹款额来获得独家报道权。

如果没有这种机制，重要的新闻和调查报道可能永远不会公之于众。如今，许多为自由撰稿人和创意人士提供的服务——尤其是众筹网站——都要归功于 Spot Us 的开拓性努力。

在社群出现之前，引入众筹和众包的概念显得格外困难。今天，我们几乎理所当然地认为我们生活在一个人口众多的时代，人们总是相互联系，相互参与——这是我们对"社群"的现代定义。现在我们被社群、自发组织和运动所包围，创业的炼金术已经发生了变化：它现在是一种元创业精神，而能"与社群合作"是一种与营销或管理同等重要的技能。

取悦社群

传统意义上,作为一个创业者意味着你必须专注于产品和业务运营。如果事情进展得非常顺利,那么你可能必须学会如何与数以百万计的用户、数以千计的员工以及媒体和公众打交道。但这些技能也可以等你找到一群伙伴帮你打造、发售产品或是找到投资人之后再培养。

创业者们很快便沮丧地发现自己陷入了一个"先有鸡还是先有蛋"的两难境地。他们需要资金来打造和销售产品。而投资者在注资前要求考察"产品吸引力",也就是该产品能占领市场份额的证据。这不等同于向后者"展示一两个付费客户"——投资者希望看到成千上万,甚至数百万的已有用户。但如果没有资金进行产品开发或营销,创业者又如何证明会有客户付费呢?

众筹和众包是诱人的选择,有可能打破"先有鸡还是先有蛋"的问题。创业者可以吸引早期客户,获得市场验证、吸引力、资金——甚至从社群中获得开发和销售产品的帮助。虽然 Kickstarter、Gust 或 HeroX 这样的众筹网站吹嘘拥有数百万的用户,但他们不一定是你的客户。

这才是真正的困境。在这个富足的时代,社群和网络效应会导致连锁反应,即病毒式运动——带来潜在的巨大回报。但仅仅展示产品或服务是不会取得巨大成功的。

从一开始,元创业者就必须擅于煽动人群,将网络上的大量用户转变为一个元部落的拥护者;吸引一群人,让他们围绕一个共同的目标聚集在一起;鼓励社群中的成员进行互动。这样,每个成员都被激励去吸引其他成员,彼此互动,从而引发连锁反应。

作为创业者,你需要社群。即使你不需要从大众那里得到任何东西,大众也希望与你为伍,并参与到你的公司和产品中来。

在元创业时代,公司会充分利用社群的意愿来帮助公司达成重要运作。然而,从社群中获利需要一种新的管理方法。它需要透明度,并放弃一些控制权。这意味着公司在经营时会带着一种让许多传统管理者都惴惴不安的弱点,但这同时也意味着获得前所未有的资源和人才。

但向大众征集商标和口号的灵感是另一回事。让我们一起来观摩一家与社群协力做出实质性产品的公司吧。

众创汽车

"本地汽车"（Local Motors，下文简称 LM）是家一旦人们了解其经营方式便忍不住脱口而出："哇，太酷了！"的公司。LM 成立于 2007 年，利用遍布全国的微型工厂生产定制的 3D 打印汽车。通过 LM 实验室，所有的汽车都是由在线社群——他们的客户和汽车爱好者设计的：众创汽车。

他们的使命宣言完全符合元创业的原则：

从一个想法开始到一辆车装好最后一颗螺丝钉，LM 实验室邀请全世界与我们通力合作，打造出一辆又一辆车。[10]

我们寻求最棒的创意，并在永远敞开的大门里将其落地。

我们不会局限于自己脑袋中的最佳想法。我们采用这个世界能提供的最好的想法，并以此为基础发展。[11]

我们邀请社群成员使用共创工具来参与项目、提供想法、加入挑战，创造新的解决方案，并进一步提供反馈、加入讨论。[12]

随着不间断的设计挑战赛和超过 5 万名的社区成员，这里不缺乏伟大的想法和伟大的反馈。

在看到大家的创意后，我们社区的梦想腾飞了。我们投票选出最鼓舞人心的点子，然后我们的工程师、设计师和制造者开始设计将它们变成现实的方法。

一旦完善了创意，就立刻开始着手实现它。

他们的最新产品是 LM3D（图 10.3）。该设计是由当地汽车社区和评审团从 200 多份参赛作品中选出的，这些作品来源于 LM 开放创新平台举办的设计挑战赛。[13]

图 10.3 [14]

协作、共创、众包、透明、反馈循环。LM 的工程和研发部门基本上都是众包的。甚至最近，他们的客户还亲自参与了汽车的组装工作。

LM 理解人们想要参与、投入、创造和实现一件事的愿望。当他们激励大众时，选择性地模糊了消费者、创造者、公司和员工之间的界限。这不是事后诸葛亮式的选择。这是他们企业基因的一部分。

像 LM（和 Quirky）这样的公司是将人群融入公司重要职能部门的早期领导者。他们的众包方式可能是可持续的、正确的模式，也可能是像 Spot Us 这样未能持续的重要实验，以帮助未来的公司找到正确的方式。他们是元创业者。

三角贸易商

克雷默的现实之旅

圣卢西亚（St. Lucia）这个名字听起来就充满异国情调，但看起来和洛杉矶中南部没什么两样。当我们乘坐一辆破旧的白色迷你面包车盲目地在圣卢西亚市繁忙的街道摇晃而过时，一位名叫特罗（Turro）的年轻人正在给我们上着一堂相当有现代创业精神的课。作为我们的向导，特罗把他的全部注意力都集中在我们身上：记得我们的名字，与每位乘客保持完美的眼神交流，说话时还夸张地挥动着双手做手势。不幸的是，他也是我们的司机。

你能想到的、离硅谷最远的地方便是圣卢西亚，又名西印度群岛，是一个曾充满动荡、矛盾和复兴的地方。这里最初是海盗的地盘，后来被法国人征服，然后是英国人，接着又是法国人，然后又是英国人——来来回回六次。这个加勒比海岛屿现在是英联邦成员国，英国女王是它的官方国家元首。它的创业历史也同样丰富多彩——是 18 世纪糖、奴隶和朗姆酒"三角贸易"的关键地。

带着英国口音，再加上有阿瑟·斯图尔特（Arthur Stuart）这样的名字[15]，你可能会认为他是银行家、演员或国会议员。但斯图尔特先生——我们的向导——他用实际行动完美地诠释了这个职位的含义：工作努力、有上进心、始终积极主动。每天四次，他开着那辆空调几乎吹不出什么冷风的小面包车，从游轮停靠的圣卢西亚港把十几名游客送进城。大多数其他司机只是以 5 美元一个座位的价格把乘客送到沙滩上。特罗本也可以这样做，但他做得更多：不仅仅是更多的钱，而是更多的意义。

斯图尔特先生热爱他的国家和人民。他希望自己的生意能产生更大的影响，而不仅仅是养家糊口。他希望尽可能地让他的同胞都受益，带动当地经济。他不仅雄心勃勃，而且富有创造力。

特罗打造了一个既迷人又奇异的"观光行程"。在他的房子后面，有几英亩毫无特色、树木茂盛的土地，距离港口大约 35 分钟。

当你坐进他的面包车时，便很快意识到你去的不是海滩，而是特罗的后院。

乍一看有点滑稽——让人想起《宋飞正传》（*Seinfeld*）中的人物克莱默（Kramer）和他的"现实之旅"。克雷默的"现实之旅"是 3.75 美元，买一个百吉饼，乘公共汽车在城里转一圈，途经那家咖啡店，以及其他他每天经过的、毫不起眼的地方。特罗的"现实之旅"与之相当，只是价格为 10 美元。行程包括穿过树林，并时不时地停下来听他讲述一棵碰巧长在他后院的植物或树木，而这些植物在岛上可以说遍地可见。

走在树林泥泞的小路上，我们偶尔会看到一棵树，上面挂着手写的"椰子树"或"香蕉树"的牌子。另一名导游则拿起旁边的砍刀，切下一块给我们看，有时也可以品尝，包括香蕉、椰子、肉豆蔻和甘蔗。我们得知，另一位导游是特罗 24 岁的哥哥塞缪尔（Samuel），整个行程一半时间都是在听塞缪尔向我们讲述他的生活，他在岛上的童年故事。他的妻子，已经有 5 个月身孕了——他刚刚得知他们将会迎来一个男孩——而这就是观光行程的全部节目。

在旅行的中途，他们的妈妈一边向我们展示她的烧烤手艺，一边讲了一个很长的故事。然后，她给我们每人一小份克里奥尔鱼试吃（样品之外的价格为每口 1 美元）。她操着浓重的加勒比口音，事无巨细地向我们讲述她的风湿性关节炎，以及加入香料的朗姆酒和按摩如何治愈了她。整个观光行程大概 3 个多小时。

如果稍稍计算一下：每次 8 名乘客 × 每天 4 次行程，便意味着每天最多有 320 美元进账。但是特罗必须支付其他人的报酬、面包车的保养、汽油、港口费用，以及土地的贷款。他不断地问自己：我怎样才能把公司做大？更重要的是，他的生意如何造福圣卢西亚的所有同胞？

当游客们看到一棵真正的可可树、听特罗讲解并切开一颗豆子的时候，都会被深深吸引。他知道，游客们喜欢购买能让他们回忆起这段经历的纪念品，但海关却不允许他们将任何当地的食物或农产品带出关口。

但亚瑟"特罗"斯图亚特（Arthur "Turro" Stuart）是一个元创业者，因为他知道有许多点需要被连接起来。

新三角贸易

游客们希望将一部分体验带回家，这样就能在一定程度上和旅游地保持可感知的联系，并与他人分享这种体验。

圣卢西亚已经开始向宾夕法尼亚州的好时巧克力（Hershey）出口可可粉了（毫无疑问，其中一些可可粉最终成为了好时巧克力）。特罗找到该地区的小制造商，即手工巧克力工坊。特罗向其供应可可豆，工坊将豆子研磨加工并包装好，于是写着"正宗西印度群岛巧克力"的礼包就可以被寄送到游客家里了。他与南卡罗来纳州和牙买加的朗姆酒生产商达成协议，酿造"母亲牌调制朗姆酒"。

对于大多数游客来说，椰子是另一种独特的产品——尤其是来自欧洲和亚洲的游客。圣卢西亚有很多种椰子，但没有哪种能通过海关。可特罗可以将很多点连接起来，并为整个部落创造价值。

在岛上，他的同胞们组成了网络，将椰子切割、剁碎、碾碎然后进行加工，将各种各样的椰子脆片送到世界各地。椰子是一种用途非常广泛的核果*，大多数人都没有注意到有多少产品是由椰子油、椰子水、椰奶、椰肉、椰壳，甚至椰子树制成的。

离开特罗后院这座植物王国的返程路上，我们看到了一处昂贵的手工制品展："西印度群岛"的椰子油、椰奶、洗浴香波和洗发水——都装在密封的瓶子里，可以带回家。最受欢迎的产品是椰子油护肤霜、椰子皮百洁布（用于清洁餐具或皮肤），以及用椰子壳做成的小碗。

每件物品背后都有遍布整个半球的足迹，一个形形色色的联系网络，帮助打造了这些产品，然后再运送回圣卢西亚岛。每一步，特罗都为那个连接增加了价值。在家乡，他的同胞们分享生产设施、付出劳动、帮助包装和配送。特罗确保15%的利润返回到他的社

* 从植物学上来讲，椰子是一种纤维状的单种子核果。然而，当使用不那么严谨的定义时，椰子可以有三种含义：水果、坚果和种子。植物学家有分类的习惯和爱好。

区——用来帮助学校、基础设施建设和经济发展，提高圣卢西亚同胞的生活质量——这是他的三重底线。

特罗正在成为现代三角贸易的大师——今天的全球网络经济、协作和共享经济形成的贸易形式。这是一种点对点的交易，为网络中的每个成员带来利益。

现在是下午 2 点，特罗的货车载着我们回到港口，他毫不犹豫地超速和压过双线，甚至看都不看单行道标志。所幸，我们顺利地回到了船上。因为买了椰子制品，我们的行李都增重了 5 磅，钱包也轻了 40 美元。我们很感激没有人员伤亡，更感谢我们刚刚学到的宝贵一课。亚瑟·斯图尔特对他的生意乐在其中并且尽心尽力，而且他的透明度带来了信任。他分享、合作、连接、回馈、创造和提供价值。特罗是一个元创业者。

大师悖论

过去,"大师"(Guru)的含义是:

"有影响力的或受欢迎的专家、老师或精通、擅长某事的人。"

今天,在我的理论中大师意味着:

"雇佣他很贵,但如果我们保持友好关系,就可以从他那里学到很多免费的知识。"

严肃地说:

> 被称为大师通常是一种现代意义上的危险标识,给专家贴上高不可攀的标签,同时在表面上给予他们尊重和赞扬。

这是一个悖论,是"彼得原理"(The Peter Principle)的镜像。大师悖论适用于那些在等级制度中爬得很高的人,他们的成就和资历令人敬畏,以至于永远无法融入网络、社群或流行文化。给人的潜在印象是,这个人无法在网络中发挥作用。人们很难想象,一个处于等级制度顶端的人该如何突然在网络中茁壮成长。不知不觉中,大师被描绘成了低效和难以雇佣的形象。

大师悖论发生在成就卓越的人身上:从高管、创意人士,一直到奥斯卡获奖演员。

大师悖论把特立独行的人变成了不合时宜的人。

> 在元创业时代,大师的地位岌岌可危。

格雷格目录

格雷格·海德（Greg Head）曾差点被他的大师资历所拖累。他的确是一位先驱、思想领袖、卓有成就的高管和特立独行的人——有充足的履历作为佐证。作为产品经理、首席营销官和总裁，他有超过25年软件开发业务和打造品牌的经验，在许多主流的软件品牌和公司中他都发挥过重要作用，并将它们推上了世界顶级行列，如ACT!和Infusionsoft——这些公司创造了超过10亿美元的收入。[16]

离开上一家公司后，格雷格开启了事业的第二场（哦不，第五场）。现在，我们可以把格雷格·海德归类为典型的"最伟大的一代"企业家之一了。要不是他一跃成为了元创业者，他本可以在盲人之国轻易地大展拳脚。

作为一名身经百战的软件公司领导，格雷格本可以成为一名顾问，或者找一份新工作，或者创办一家新公司与22岁的年轻人竞争风险投资。或者更糟的选择，成为软件社区的大师或思想领袖。

但是格雷格·海德对软件和软件公司充满了热情。起初，他开始与当地的软件公司合作，只是因为那些公司需要帮助，而他恰好有能力提供帮助。这是一种回馈行业的方式。

渐渐地，某些东西吸引了他的注意力。首先，在他的家乡亚利桑那州竟有那么多家软件公司。更令人惊讶的是，它们彼此不知道其他人的存在。这对海德来说就是他的世界，但这个世界里的人彼此都不认识。没有什么能把他们联系在一起。

当他开始向这些公司和首席执行官们介绍彼此时，他们都很兴奋，开始互相询问对方的情况。但是缺少一个社区，没有办法让人们互相帮助或学习。换句话说，他的元部落还不存在。海德意识到他必须创造一个出来。

于是他创建了格雷格目录（Gregslist）。原理很简单。格雷格目录是一份关于创建于或位于亚利桑那州的软件（或软件服务化，SaaS）公司的综合目录。到目前为止，目录上的几百家公司都经过了格雷格的亲自考察。[17]

格雷格的元部落是亚利桑那州软件社区的十字路口——技术、

商业、营销和创业汇聚在一起。没有刻意付出努力，格雷格就为他的元部落增加了价值。

一份精心编写的目录意味着公司之间可以相互联系，他们可以看到各自的指标和排名。作为一个行业整体，商业媒体可以更好地报道亚利桑那州的软件公司，潜在的员工、客户和投资者可以寻找合适的公司合作。

在线上，格雷格在博客里发表了一些关于区域性软件产业的文章——主要是为了社区的利益。在线下，格雷格帮助组织各种活动和聚会，这样公司之间和首席执行官间就可以互通有无。亚利桑那州的软件公司现在就像一个社区，但看起来也像一个产业——让亚利桑那州和当地经济都受益。

格雷格·海德说，他并没有想过靠此赚钱，也不曾打算让格雷格目录商业化。他只是想做些有意义的事，为行业创造元价值。结果格雷格·海德从软件行业的最高层一跃而至网络的中心。

作为这个元部落的中心，格雷格当然也获益匪浅。他会亲自了解该地区的每一家软件公司和首席执行官，所以能很早就接触到这些公司的新闻和信息——因此成为了这个行业中消息最灵通的"大师"。他在软件行业活动上发表演讲，为《公司》（Inc.）等知名出版物撰稿，也在写书。现在，他是新兴成长型公司的首席执行官们争相咨询的顾问。他知道如何帮助他们进化到下一个阶段，因为他已经到过那里了。

格雷格的头衔曾是首席营销官或总裁。现在，他被非正式地称为"首席执行官的成长治疗师"。格雷格不再有头衔，他有一个元角色。他不再创建一个新的软件公司，而是在帮首席执行官们创建几十家公司。格雷格现在是一个元创业者。

元创业者

他们不仅仅是传统意义上的创业者，其中很多人确实成立了拥有尖端科技的创业公司，以期扩大规模、实现增长。另一些人看起来则像是在经营着小型企业，而有些根本谈不上是个企业。但他们的创新和冒险是更大、更综合、协作度更高的活动的一部分。元创业是一种视野更广阔的创业。

还记得前文提到的 X- 创业者吗？他们是那种没有确切自我定义的创业者的一部分。有时，他们非常清楚自己的立足领域（例如，媒体创业或本地创业），其他时候，他们很清楚自己是谁（例如，创业母亲或创业学生），但是他们对成功的定义，或者成功所需要的资源，都没有任何共同之处。最重要的是，这些 X- 创业者在做什么以及如何做这些事情上没有太多的共同点。

元创业者也在各自确定的领域中奋力向前。记住，他们通常是那些建造大型教堂的石匠们。元创业者也有独特的角色——比如我们的引路人、团队凝聚者和连接者，但元创业者的创业方式都是一样的：以网络为中心、利用充裕性；发动社群的力量、组织各种活动；利用协作消费、共享和透明度——同时致力于更广泛的使命。

元创业者专注于为他们的网络创造价值。在当下，"价值"不仅仅是开发产品和服务，或解决问题。几乎每一项活动都会涉及网络及其成员，他们都会从中受益。不仅仅是用户需要参与其中并从中受益：这是由用户、合作伙伴、拥护者、供应商、员工和社区组成的生态系统。元创业者知道他们获取价值不是因为自己的慷慨。成功取决于他们在网络上建立连接的强度和质量。

元创业仍然是一项商业行为，只是不太关注传统的一对一的交易，而是更多地关注"点连接点"的业务模式。元创业将多个部分整合起来，从而使整体大于部分，区分于部分。

今天的创业者是新的石匠、大教堂建造者、连接者、现代版大师、愉悦大众的人和新的三角贸易商。它们是庞大的、举足轻重的社群中的一分子。他们是 21 世纪的创业者。他们是元创业者。

旅途的终点

这一切看起来真是让人摸不着头脑。至少,在我们这段创业之旅中,从旧世界走到新疆域,的确显得杂乱无章。而在过去,创业简单得多:创建一个业务模式即可。为客户解决问题、找到一个市场痛点并提出解决方案——万变不离其宗的、"发明一个更好的捕鼠器……"的直线模式。如今我们有云端、社群、追随者、连接、分享和元部落。

起初,新疆域看起来像满地支离破碎的鹅卵石——没有清晰的路径(图10.4)。但当我们继续前行、甩掉过去的包袱时,便越来越清晰地感受到情况发生了变化。

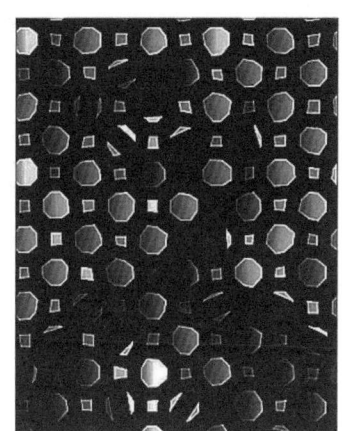

图10.4

在《太阳照常升起》(The Sun Also Rises)中,海明威笔下的人物被问到一个著名的问题:"你是怎么破产的?"他答道:"两种方式。慢慢地,然后突然地。"

我们现在正处于元创业时代。我们是怎么走到这一步的呢?慢慢地,然后突然地。我们逐渐看到了一个个变革趋势,技术、行为和人们的思维模式在演变,并交叉汇聚,直到某一天突然形成新的创业精神和模式——元创业。

分开来看,每一个组成部分似乎都很熟悉,几乎是显而易见的(图10.5):

图 10.5

网络

- 无处不在的网络,无所不包的网络。
- 网络意味着连接和不同的路径,而且不再有实心直线。

富足

- 网络带来富足:一切都充裕。充裕无处不在,无所不包。
- 当事物变得富足而不是稀缺时,会创造新的机会(和需要解决的问题)。

规模

- 网络赋予平台力量——平台能够造就规模化并实现巨额增长。

社群

- 网络上的大量用户会产生社群。
- 活跃的社群使众包和众筹成为可能。
- 社群开始取代公司的许多职能和部门,甚至所有部门。

集体智慧

- 群体中的个体促生了群体行为:集体智慧。

- 社群进化成特有的个性和行为：自发组织。
- 自发组织促发运动：病毒式的连锁反应。

协作

- 网络促进社区发展和协作。
- 协作培养信任和透明度。
- 从而产生分享和共享经济。

利他主义

- 所有人都被连接到一起，相互分享、协作，从而具有共同的价值观；逐步走向利他主义，并以此作为根本的商业目标。

新的行为

- 网络环境重新定义了我们的角色，并形成了新的行为。
- 新的角色和行为导致公司、客户、员工、领导、供应商、媒体和社区之间的界限模糊。

新领导力

- 全新定义的角色、行为和价值观重新定义了领导力和权力。
- 网络意味着等级制度变得不再有意义。权力来源于网络的中心。

所有元素、碎片汇聚在一起，我们目睹了新物种的诞生：元创业。

你见过立体画吗？就是那些抽象的、也被称为"魔眼"的图片，由彩色的几何点和图案组成。它们迫使你不得不专注地盯着看，仔细分辨，直到让你眼花缭乱。但最终，你的眼睛和大脑会将这些混乱的图案转化成一个可识别的图像（图 10.6、图 10.7）。

图 10.6

图 10.7

一旦你知道要寻找的是什么，事情就变得简单了。

这些碎片汇聚成为一幅独特的画面：元创业。有些人可能会发现这一切都显而易见，而另一些人则感到新奇无比，甚至不知所措。就像盯着魔眼图片一样：一旦你看到过一次，事情就变得轻松了。

畅行新世界

你可能已经注意到,这本书讲的是战略——而不是战术、方法或技巧。战略为你指明正确的方向,让你在特定的环境下选择最好的路线。

当你来到某处,那里有多条被人走顺的道路时,地图是可靠的。创业领域充满着地图(以及方法或技巧)。但我们现在正处于一个未知的领域:元创业时代。地图是远远不够的。

元创业时代的思想领袖伊藤乔伊(Joi Ito)和杰夫·豪(Jeff Howe)在他们的著作《鞭子》(*Whiplash*)中深刻地指出,地图通常假定会有一条最佳路线。但在未知疆域中寻找方向时,你需要的是指南针,而不是地图。

创业者们进入了一个新的地域。本书描述的是形势,并为你提供了指南针。

元创业:网络化、互联化的未来

元创业时代已经到来。王国的钥匙掌握在那些能够在这个富足的、社群化、互联化和网络化的国度中孜孜进取的人。成功属于那些致力于成为创业者网络的中心,而不是努力爬到顶端的人。成功不在于你能做什么,也不在于你做得有多好;成功在于你能贡献什么,以及你参与和连接的程度。

让我们再次来到《黑客帝国》:英雄被推进新世界,在那里旧的现实和规则不再适用。对我们来说,未来并非那般糟糕、黑暗或危险。对于那些知道如何在这个新世界奋力进取的人来说,未来激动人心,充满了难以置信的机会。

"我不知道未来如何,也不是来告诉你这一切是如何结束的。我只是来告诉你这一切将如何开始……一个没有规则和控制、没有边界和障碍的世界。一个一切皆有可能的世界。"

——尼奥,《黑客帝国》

元创业时代:这是创业的未来。这里有无限可能。

# 结语

后记

我经常听到一种陈词滥调：写书就像生孩子。是的，这是一个形象的比喻——如果这个婴儿是一个巨大的、咆哮着的外星人，浑身挂着粘稠的酸液和燃烧的铁丝网。

改变世界、帮助别人、名声、财富、尊重。我相信这是大多数作家开始写作的首要原因。现在这本书已经写完了，我完完全全有理由相信所有作者的共同目标只有一个：把这本该死的书写完，赶紧摆脱与其有关的一切！

写一本关于创业的书与有过一段创业经历几乎完全相反。成为一名成功的创业者需要自信、傲慢和迫不及待——这有助于不断采取行动。但写一本书需要具备的品质是：极度的谦逊，以及花 10 个小时盯着一个句子就为了写出接下来的 5 个词的能力。我对杰克·尼科尔森（Jack Nicholson）在《闪灵》*（The Shining）中的角色有了新的认知。

让我把受虐狂加到写书必备素质的清单上吧——一定得是受虐狂。当我打出最后一句话时，我宣布：终于完成了！然后继续写下一本书**：更多流淌着酸液、带着刺、不停咆哮的外星人。

> * 华纳兄弟公司 1980 年出品的恐怖片，讲述了作家杰克·托兰斯为了寻找灵感，带着他的妻儿接受了一份旅店冬天看门工作，却被幻象逼疯的故事。
>
> ** 书名是《创业先锋》（Vanguard Entrepreneurship），内容是如何在市场尚不存在、消费者尚不明确自身需求时创造领先的产品或初创公司。

元创业时代

在做了 25 年的创业者、投资者和顾问之后，我能感受到创业的变化越来越明显。是的，我们拥有令人惊叹的低成本技术，以及精益创业手段——这使得创业者们更容易开发新产品和创办新公司。但还有些别的东西。人们本身在改变：不论是作为个人还是群体。这是一个良性循环。技术驱动着行为，行为驱动着技术，直到这不仅仅是一场增长式的军备竞赛。它不只是更快、更好、更便宜。

新的东西出现了，规则也改变了。身处壕沟时看不清这些。你必须退后一步，从一万英尺的高空去俯看它。嗯，它是"元"。

过去几年里，我一直在写本书。我所学到和观察到的很多东西都源于我作为连续（甚至是同时进行的）创业者的经历：曾在十几家公司里负责开发几十种新产品。但我学到的大部分东西都来自于我在大学当了10年创业领域的教授和顾问，我和数百名创业者携手共进并帮助他们分析自己的想法、开启自己的新事业。没有什么比同时呈现质量和数量更棒的事了。最终，所有这些独立的点——故事、挫折、经历、想法——开始连接起来。画面逐渐清晰：元创业。

本书不是一本创业方法或创业指南书。正相反，我试图展示所有这些不同的力量——这些点——并希望它们汇聚在一起，实现你作为创业者的独特愿景：成为元创业者。

致谢

其实没有人真正坐到我身边帮我一起写这本书,但许多人给了我巨大的帮助、灵感和支持。我经常拜访相关专家,询问他们的职业经历,聆听他们的人生智慧。有时候,那些素未谋面的专家成为本书写作风格、写作效率和遣词造句的灵感来源。

正如人们常说的,不必为了成为其学生而去拜见老师,不必为了从榜样中获取力量而去拜见榜样。很多人对本书的思想和品质产生了深远的影响——仅仅是通过他们高质量的工作。

要公开感谢的专家和思想领袖主要有:斯蒂夫·布兰克(Steve Blank)、埃里克·莱斯(Eric Ries)、大卫·罗斯(David Rose)、丹·吉尔摩(Dan Gillmor)、汤姆·多宁(Tom Duening)、里克·吉布森(Rick Gibson)、马尔科姆·格拉德威尔(Malcolm Gladwell)、盖伊·川崎(Guy Kawasaki)、斯拉玛娜·米特拉(Sramana Mitra)和马丁·兹威灵(Marty Zwilling)。你们的想法、写作水平和风格,以及你们令人难以置信的自律和奉献精神都激励了我。

我必须感谢在创业过程中遇到的所有创业者,他们为我提供咨询、投资和教导。我总是能学到新的东西,认识你们之后我总是充满活力和灵感。感谢这些年来我的同事、员工、伙伴和朋友们。你们的影响是深远的,帮助我形成了贯穿全书的思想。

特别感谢伊丽莎白·梅斯(Elizabeth Mays),在我早些时候尝试写这本书时,她是我的编辑(在我陷入忙于两项新事业、一些研究论文、一个新职位、结婚和买房子之前)。作为一名作家、记者和创业者,她总是给人以清晰的思路和鼓励。她在本书付梓前最后一刻的宝贵建议帮助我发现了许多别人没有注意到的问题,也让我避免了可能持续数年的尴尬错误。

非常感谢我的编辑弗朗辛·哈达威(Francine Hardaway),她自己也是一个稀有的独角兽——不仅是一位卓有成就的作家,还是一位天使投资人、教育家和受人尊敬的创业思想领袖。我找到她不仅是因为她的编辑能力,更因为她在创业方面的知识和经验是无与伦比的。她的参与使本书的质量提高了几个数量级。

最后，也是最重要的——我永远感激我的妻子玛塞尔（Marcelle）。她始终不渝的支持、友谊和爱是无法用语言来表达的。

克里斯托弗 - 约翰"CJ"·康奈尔

（Christopher-John "CJ" Cornell）

2017 年春

注释

引子

[1] Ben Horowitz, "The Struggle," Ben's Blog, June 15, 2012 http://www.bhorowitz.com/the_struggle.

智慧降临

[1] David S. Rose, The Startup Checklist: 25 Steps to a Scalable, High-Growth Business (Hoboken, NJ: John Wiley & Sons, 2016), page ix.

[2] Eric B. Schultz, Author, Director, Occasional CEO, https://www.linkedin.com/in/ericbschultz/ http://theoccasionalceo.blogspot.com/2013/07/best-left-unspoken-serially-disrupted.html

[3] Caleb Garling, "The #fumblebrag Chronicles," Backchannel, March 26, 2015, https://backchannel.com/the-era-of-the-fumblebrag-e5ceddaa77dc#.swte4nybt

[4] Robin Williams, Dead Poet's Society, Film, Directed by Peter Weir, 1989.

[5] Peter Diamandis, "Sensors and Convergence (Part 1)," The Huffington Post, February 8, 2016, http://www.huffingtonpost.com/peter-diamandis/sensors--convergence-part_b_9189704.html.

混沌世界

[1] Taken from various articles and blog entries—these bromides and general statements about entrepreneurs are so ubiquitous that no accurate attribution could ever be given.

[2] Forer Effect: It is an observation that people connect the given general information of their personality with their specific character or an event. Also known as "Barnum Effect," Wikipedia, last modified on November 6, 2016, https://en.wikipedia.org/wiki/Barnum_effect.

[3] Chart—credits vary,
see http://metapreneurship.net/resources/x-preneur-links/
for complete set of links - and to add any new definitions of x-preneurs that I may have overlooked.

[4] "Balkanize," In Merriam—Webster.com, Merriam—Webster, n.d., http://www.merriam-webster.com/dictionary/balkanize.

[5] Steve Blank, "You're Not a Real Entrepreneur," Steve Blank (blog), June 10, 2010, https://steveblank.com/2010/06/10/you%E2%80%99re-not-a-real-entrepreneur/.
Steve Blank, "Startup America—Dead on Arrival," Steve Blank (blog), February 8, 2011, https://steveblank.com/2011/02/08/startup-america-dead-on-arrival/.

[6] Max Marmer, "Transformational Entrepreneurship: Where Technology Meets Societal Impact," Harvard Business Review, April 23, 2012, https://hbr.org/2012/04/transformational-entrepreneurs.

[7] http://www. feld. com/archives/2015/07/need-new-word-entrepreneur.html

Arizona State University W.P. Carey School of Business, "The Two Faces of Entrepreneurship, Part Two: Innovative Entrepreneurs Bring New Wealth to the Economy," W. P. Carey Research, September 13, 2006, http://research.wpcarey.asu.edu/economics/the-two-faces-of-entrepreneurship-part-two-innovative-entrepreneurs-bring-new-wealth-to-the-econom/.

Thomas R. Eisenmann, "Entrepreneurship: A Working Definition," Harvard Business Review, January 10, 2013, https://hbr.org/2013/01/what-is-entrepreneurship.

风靡一时

[1] Michel Huber, La Population de la France pendant la guerre (Paris, France: Les Presses universitaires de France, 1931), page 420.
The figure includes killed, missing in action and died of wounds excluding died of disease.

[2] "The Maginot Line," Lost Images of World War II, 2011, http://lostimagesofww2.com/photos/places/maginot-line.php. Pierre Bienaimé, "Why France's World War II Defense Failed So Miserably," Business Insider, April 14, 2015, http://www.businessinsider.com/the-story-of-the-maginot-line-2015-4.
C. N. Trueman, "The Maginot Line," The History Learning Site, April 20, 2015, http://www.historylearningsite.co.uk/world-war-two/world-war-two-in-western-europe/the-attack-on-western-europe/the-maginot-line/.

[3] This file is licensed under the Creative Commons Attribution-Share Alike 3.0 Unported license. https://commons.wikimedia.org/wiki/File:Maginotova_linie,_Hatten,_Casemate_Esch.JPG

[4] This file is licensed under the Creative Commons Attribution-Share Alike 3.0 Unported license. From Wikimedia Commons, the free media repository https://commons.wikimedia.org/wiki/File:Westwall01.jpg

[5] "Maginot Line," In Merriam-Webster.com, Merriam-Webster, n.d., http://www.merriam-webster.com/dictionary/Maginot%20Line.

[6] Charles Clay Doyle, Wolfgang Mieder, & Fred R. Shapiro, The Dictionary of Modern Proverbs (New Haven, CT: Yale University Press, 2012), page 94. http://www.fandm.edu/politics/politically-uncorrected-column/2002-politically-uncorrected/fighting-the-last-war

[7] Roger von Oech, A Whack on the Side of the Head (Menlo Park, CA: Creative Think, 1983), page 38.

[8] Spot, God's Hot. "THE CARGO CULT BELIEF." God's HotSpot. May 04, 2016. https://godshotspot.wordpress.com/2016/05/02/the-cargo-cult-belief/.

[9] Richard Feynman, "California Institute of Technology Commencement Address" (speech, Pasadena, CA, 1974).

[10] Steinbauer, Friedrich. 1979. Melanesian cargo cults: New salvation movements in the South Pacific. Translated by Max Wohlwill. St. Lucia: Univ. of Queensland Press.

[11] The Social Network, Film, Directed by David Fincher, 2010.

[12] Wang, Christine. "Apple's cash hoard swells to $237.6 billion, a record." CNBC. October 26, 2016. http://www.cnbc.com/2016/10/25/apples-cash-hoard-now-nearly-238-billion.html.

[13] Steve Borsch, "Startups Aren't Everything… They're the ONLY Thing," Minnov8, August 24, 2010, http://minnov8.com/2010/08/24/startups-arent-everything-theyre-the-only-thing/.
Tim J. Kane, "The Importance of Startups in Job Creation and Job Destruction," Social Science Research Network, July 2010, https://papers.ssrn.com/sol3/papers.cfm?abstract_id=1646934.

[14] The concept first appeared in Moore's May/June 1993 Harvard Business Review article, titled "Predators and Prey: A New Ecology of Competition", and won the McKinsey Award for article of the year.
James F. Moore, "Predators and Prey: A New Ecology of Competition," Harvard Business Review, May/June 1993, https://hbr.org/1993/05/predators-and-prey-a-new-ecology-of-competition.

[15] David Hochman. dh@tbed.org, https://www.linkedin.com/in/hochmand, Founding executive director of the Business Incubator Association of New York State, Inc., Member of the Board of Directors, New York State Economic Development Council.

[16] "The 2015 Global Startup Ecosystem Ranking," Compass (blog), July 27, 2015, http://blog.compass.co/the-2015-global-startup-ecosystem-ranking-is-live/.

[17] David Brunori, "Admit It—The Start-Up New York Tax Incentive Program Failed," Forbes, August 1, 2016, http://www.forbes.com/sites/taxanalysts/2016/08/01/admit-it-the-start-up-new-york-tax-incentive-program-failed/#6e89187127eb.

[18] Cobra Effect," Wikipedia, last modified on September 23, 2016, https://en.wikipedia.org/wiki/Cobra_effect.

[19] Dane Stangler, "The Ecosystem Trap," Growthology, April 18, 2016, http://www.kauffman.org/blogs/growthology/2016/04/the-ecosystem-trap.

[20] w.inbia.org/resources/business-incubation-faq—The International Business Innovation Association (InBIA).

[21] "The History of Business Incubation," The International Business Innovation Association, 2015, http://www2.nbia.org/resource_library/history/index.php.

[22] Alejandro S. Amezcua, Whitman School of Management, Syracuse University, USA Boon or Boondoggle? Business Incubation as Entrepreneurship Policy.

[23] Ian Hathaway, "Accelerating Growth: Startup Accelerator Programs in the United States," Brookings, February 17, 2016, https://www.brookings.edu/research/accelerating-growth-startup-accelerator-programs-in-the-united-states/.

[24] Samir Kaji, "Are Startup Accelerators Worth It? Here's How Helpful They Are in Getting Funding," CB Insights, July 6, 2016, https://www.cbinsights.com/blog/top-accelerators-follow-on-funding-rates/.

[25] Ian Hathaway, "What Startup Accelerators Really Do," Harvard Business Review, March 1, 2016, https://hbr.org/2016/03/what-startup-accelerators-really-do.

[26] Jed Christiansen, "$10 Billion," Per Aspera ad Astra (blog), June 9, 2015, http://blog.jedchristiansen.com/2015/06/09/10-billion/.

[27] US and Canada

2968 startups acellerated (33.6%)

111 Accelerator programs (28.7%)

$90,295,774 Invested (47% of the global total)

For-profit: 64.86%

Not-for-profit: 35.14%

Exits: 193

Sebastien Brunet, Miklos Grof, and Diego Izquierdo, "Global Accelerator Report 2015," Gust, n.d., http://gust.com/global-accelerator-report-2015/.

[28] Jed Christiansen, "$10 Billion," Per Aspera ad Astra (blog), June 9, 2015, http://blog.jedchristiansen.com/2015/06/09/10-billion/.

[29] ibid.

[30] GUST—Accelerators Report 2015 http://gust.com/global-accelerator-report-2015/

[31] Idealab, 2016, https://www.idealab.com/

Ian Hathaway, "Accelerating Growth: Startup Accelerator Programs in the United States," Brookings, February 17, 2016, https://www.brookings.edu/research/accelerating-growth-startup-accelerator-programs-in-the-united-states/.

Connie Loizos, "A New Accelerator Report Suggests That Independent Work is Most Effective," TechCrunch, March 28, 2016, https://techcrunch.com/2016/03/28/a-new-accelerator-report-suggests-that-independent-work-is-most-effective/.

"What's Working in Startup Acceleration: Insights From Fifteen Village Capital Programs," Aspen Network of Development Entrepreneurs, March 31, 2016, http://ande.site-ym.com/blogpost/737893/242298/What-s-Working-in-Startup-Acceleration-Insights-from-Fifteen-Village-Capital-Programs.

"Incubators Are a Ghetto," Wordpress.com (blog), January 3, 2012, https://stochasticresonance.wordpress.com/2012/01/03/incubators-are-a-ghetto/.

Steve Blank, "Startup America - Dead on Arrival," Steve Blank (blog), February 8, 2011, https://steveblank.com/2011/02/08/startup-america-dead-on-arrival/.

Steve Blank, "You're Not a Real Entrepreneur," Steve Blank (blog), June 10, 2010, https://steveblank.com/2010/06/10/you%E2%80%99re-not-a-real-entrepreneur/.

[32]"American FactFinder—Results". United States Census Bureau, Population Division. Retrieved May 21, 2016.

[33]"Arizona Business Know How—Arizona Commerce Authority Helps With

Business Development." Arizona Commerce Authority. http://www.azcommerce.com/, Innovation Challenge: "Programs: ARIZONA INNOVATION CHALLENGE." Arizona Commerce Authority. http://www.azcommerce.com/programs/arizona-innovation-challenge.

[34] "#yesphx – Phoenix, Arizona's Startup Community." #yesphx. http://yesphx.com/. "Feb 20-24, 2017." PHX Startup Week. http://phxstartupweek.com/.

[35] Kauffman Index (of Startup Activity) — Metro area results. http://www.kauffman.org/kauffman-index/rankings?report=startup-activity&indicator=se-rate&type=metro

[36] Feld, Brad "Startup Communities: Building an Entrepreneurial Ecosystem in Your City". https://www.amazon.com/dp/B008UV826U/ref=dp-kindle-redirect?_encoding=UTF8&btkr=1

[37] https://www.flickr.com/photos/brendan-c/5722220187.

First T-Ball Practice —April 2011

Attribution 2.0 Generic (CC BY 2.0)

Modification: Filter applied to original.

https://www.flickr.com/photos/brendan-c/

Creative Commons License (CC BY-ND 2.0),

https://creativecommons.org/licenses/by-nd/2.0/.

点连接点

[1] Attribution 2.0 Generic (CC BY 2.0) https://www.flickr.com/photos/emilyrides/6147666478/

https://www.flickr.com/photos/emilyrides/

emilydickinsonridesabmx

Painted Hopscotch Board

Taken on September 11, 2011

[2] Seth Godin, "What Do I Owe You?," TypePad (blog), May 4, 2016, http://sethgodin.typepad.com/seths_blog/2016/05/what-do-i-owe-you.html

[3] Wil Wheaton, "You Can't Pay Your Rent With 'The Unique Platform and Reach Our Site Provides'," WordPress (blog), October 27, 2015, http://wilwheaton.net/2015/10/you-cant-pay-your-rent-with-the-unique-platform-and-reach-our-site-provides/.

[4] Jason Linkins, "How The Huffington Post Works (In Case You Were Wondering)," The Huffington Post, May 28, 2013, http://www.huffingtonpost.com/2011/02/10/huffington-post-bloggers_n_821446.html.

Jason Linkins is the Editor of Eat The Press on the Huffington Post and the host of the "So, That Happened" podcast. His work has also appeared in The Baffler, The Awl, Wonkette, and DCist. Jason is based in Washington, D.C.

[5] Tim Kreider, "Slaves of the Internet, Unite!," The New York Times, October 26,

2013, http://www.nytimes.com/2013/10/27/opinion/sunday/slaves-of-the-internet-unite.htm.

[6] "Biography." Sramana Mitra. March 15, 2016. http://www.sramanamitra.com/bio/.

[7] Sramana Mitra, "Obsession With Free," The Huffington Post, October 22, 2014, http://www.huffingtonpost.com/sramana-mitra/obsession-with-free_b_6028444.html.

元

[1] "Venture Capital," Wikipedia, last modified October 24, 2016, https://en.wikipedia.org/wiki/Venture_capital.

[2] "Gestalt Psychology," Wikipedia, last modified on November 8, 2016, https://en.wikipedia.org/wiki/Gestalt_psychology.

[3] "Starbucks Says India Operations Fastest Growing in Its History," Live Mint, last modified on March 20, 2014, http://www.livemint.com/Companies/fMRXu5Xkine29k5iRRxlVP/Starbucks-says-India-operations-fastest-growing-in-its-histo.html.

"History of EBSA and ERISA," United States Department of Labor, n.d., https://www.dol.gov/agencies/ebsa/about-ebsa/about-us/history-of-ebsa-and-erisa.

Robert W. Fairlie, Kauffman Index of Entrepreneurial Activity: 1996-2010, (Santa Cruz, CA: Ewing Marion Kauffman Foundation, 2011), page 20.

"Angel Investment Statistics," Fundivo, n.d., https://www.fundivo.com/stats/angel-investment-statistics/.

Peter T. Paul College of Business and Economics, "CVR Analysis Reports," University of New Hampshire, 2016, https://paulcollege.unh.edu/research/center-venture-research/cvr-analysis-reports.

Paul Graham, "Why to Start a Startup in a Bad Economy," PaulGraham.com, October 2008, http://paulgraham.com/badeconomy.html.

Jason Nazar, "The Future of Entrepreneurship & Business," Forbes, September 24, 2013, http://www.forbes.com/sites/jasonnazar/2013/09/24/the-future-of-entrepreneurship-business/#306d27a72fc0.

[4] Chris Anderson, "The Long Tail," Wired Blog Network (blog), April 29, 2008, http://www.longtail.com/the_long_tail/2008/04/seth-godin-asks.html.

[5] "Long Tail," Wikipedia, last modified on November 4, 2016, https://en.wikipedia.org/wiki/Long_tail.

[6] Daniel Honan, "Are We Ready For The Coming 'Age of Abundance?'," Big Think, 2015, http://bigthink.com/think-tank/are-we-ready-for-the-coming-age-of-abundance. "Peter Diamandis laid out a vision for the future which he called an 'Age of Abundance,' in which technological progress would bring enormous amounts of energy and resources to bare for enterprising businesses to take advantage of."

[7] Chris Anderson, "The Economics of Abundance" (presentation on The Wired Blog Network), http://www.longtail.com/the_long_tail/2006/10/the_economics_o.html.

[8] Peter Diamandis & Steven Kotler, Abundance: The Future is Better Than You Think, (New York, NY: Free Press, 2012).

[9] Peter Diamandis, "We're Fast Approaching a World Where Nothing Is Scarce - Even Diamonds," Futures Hub, November 16, 2015, http://futureshub.ch/singularity-university-news/were-fast-approaching-a-world-where-nothing-is-scarce-even-diamonds/.

[10] Post-scarcity is a hypothetical form of economy or society in which goods, services and information are free, or practically free.
"Post-Scarcity Economy," Wikipedia, last modified on November 7, 2016, https://en.m.wikipedia.org/wiki/Post-scarcity_economy.
Chris Anderson, "The Long Tail," Wired Blog Network (blog), April 29, 2008, http://www.longtail.com/the_long_tail/2008/04/seth-godin-asks.html.
Barbara Gray, "The New Era of Economic Abundance," LinkedIn, September 29, 2015, https://www.linkedin.com/pulse/new-era-economic-abundance-barbara-gray.

[11] Marshall McLuhen, "The Medium is the Message," Wikipedia, last modified on October 13, 2016, https://en.wikipedia.org/wiki/The_medium_is_the_message.
The phrase was introduced in McLuhan's book Understanding Media: The Extensions of Man, published in 1964. McLuhan proposes that a medium itself, not the content it carries, should be the focus of study. He said that a medium affects the society in which it plays a role not only by the content delivered over the medium, but also by the characteristics of the medium itself.

[12] Vangie Beal, "What is a Network?," Webopedia, 2016, http://www.webopedia.com/TERM/N/network.html.

[13] "Network," In Dictionary.com, 2016, http://www.dictionary.com/browse/network.

[14] "Network," In Merriam-Webster.com, Merriam-Webster, n.d., http://www.merriam-webster.com/dictionary/network.

[15] "Metcalfe's Law," Wikipedia, last modified on October 31, 2016, https://en.wikipedia.org/wiki/Metcalfe%27s_law. First formulated in this form by George Gilder in 1993 and attributed to Robert Metcalfe in regard to Ethernet.

[16] "Gulf Stream," Wikipedia, last modified on September 28, 2016, https://en.wikipedia.org/wiki/Gulf_Stream.

[17] "Early Problems in Reg A," FundAmerica, July 13, 2016, http://www.fundamerica.com/blog/early-problems-in-reg-a/.

[18] Reid Hoffman, "The Information Age to the Networked Age: Are You Network Literate?," LinkedIn, June 4, 2014, https://www.linkedin.com/pulse/20140604152945-1213-the-information-age-to-the-networked-age-are-you-network-literate.

[19] "Steve Blank A Startup is Not a Smaller Version of a Large Company." Steve Blank.

January 14, 2010. https://steveblank.com/2010/01/14/a-startup-is-not-a-smaller-version-of-a-large-company/.

[20] A Whack on the Side of the Head: How You Can Be More Creative by Roger von Oech.

[21] https://www.amazon.com/Everything-Store-Jeff-Bezos-Amazon-ebook/dp/B00BWQW73E.

[22] Derek Sivers, "First Follower: Leadership Lessons from a Dancing Guy," DerekSivers.com, February 11, 2010, https://sivers.org/ff.

[23] Robbie Gonzalez, "Watch 32 Discordant Metronomes Achieve Synchrony in a Matter of Minutes," Gizmodo, September 27, 2012, http://io9.gizmodo.com/5947112/watch-32-discordant-metronomes-achieve-synchrony-in-a-matter-of-minutes.

社群

[1] http://www.geograph.org.uk/photo/1069344　© Copyright Walter Baxter and licensed for reuse under this Creative Commons Licence. https://creativecommons.org/licenses/by-sa/2.0/.

[2] Eurasian Cranes migrating to Meyghan Salt Lake, Markazi Province of Iran.Date: 12 November 2010 Source: Author: Hamid Hajihusseini.

[3] Eurasian Cranes migrating to Meyghan Salt Lake, Markazi Province of Iran.Date: 12 November 2010 Source: http://www.panoramio.com/photo/43585282 Author: Hamid Hajihusseini https://commons.wikimedia.org/wiki/File:Eurasian_Cranes_migrating_to_Meyghan_Salt_Lake.jpg https://creativecommons.org/licenses/by/3.0/deed.en.

[4] Heylighen, F. (2013). Self-organization in Communicating Groups: the emergence of coordination, shared references and collective intelligence. In Complexity Perspectives on Language, Communication and Society (pp. 117-149). Springer Berlin Heidelberg.

[5] https://commons.wikimedia.org/wiki/File:Auklet_flock_Shumagins_1986.jpg This work is in the public domain in the United States because it is a work prepared by an officer or employee of the United States Government as part of that person's official duties under the terms of Title 17, Chapter 1, Section 105 of the US Code.

[6] Adler, Jerry. "How Just One Bird Can Urge an Entire Flock to Change Directions." Smithsonian.com. September 01, 2014. http://www.smithsonianmag.com/science-nature/how-just-one-bird-can-urge-entire-flock-change-directions-180952426/.

[7] Ibid.

[8] Damon Centola and Andrea Baronchelli. The spontaneous emergence of conventions: An experimental study of cultural evolution. PNAS, February 2015 DOI: 10.1073/pnas.1418838112

[9] James Surowiecki, The Wisdom of the Crowds, 2004 https://www.amazon.com/dp/

B000FCKC3I

[10] David Weinberger, from his book Too Big to Know. https://www.amazon.com/dp/B005XQ97MS

[11] Rosenberg, Tina. "Prizes With an Eye Toward the Future." The New York Times. February 29, 2012. http://opinionator.blogs.nytimes.com/2012/02/29/prizes-with-an-eye-toward-the-future/?scp=1&sq=times opinionator&st=cse.

[12] Freakonomics. "The Rise of the Prize." Freakonomics. March 14, 2012. http://freakonomics.com/2012/03/14/the-rise-of-the-prize/.

[13] ibid.

[14] "Foldit Online Protein Puzzle." Scientific American. January 19, 2014. Accessed March 04, 2017. https://www.scientificamerican.com/citizen-science/foldit-protein-exploration-puzzle/.

[15] "What is protein folding?" The Science Behind Foldit | Foldit. http://fold.it/portal/info/science.

[16] Hand, Eric, NATURE, Vol 466, 5 August 2010 "People power—Networks of human minds are taking citizen science to a new level" http://www.nature.com/news/2010/100804/pdf/466685a.pdf

[17] Nature News. http://www.nature.com/nature/about/.

[18] https://en.wikipedia.org/wiki/File:Modern-captcha.jpg (public domain)

[19] "ReCAPTCHA." Wikipedia. February 19, 2017. https://en.wikipedia.org/wiki/ReCAPTCHA.

[20] PricewaterhouseCoopers. "PwC MoneyTree Report." PWC. https://www.pwcmoneytree.com/HistoricTrends/CustomQueryHistoricTrend.

PWC Moneytree report—Venture Capital Investments by funding stage (First Money in)

2015:1,519 companies

2014: 1,452 companies

2013: 1,442 companies

http://www.naspl.org/, The North American Association of State and Provincial Lotteries (NASPL): 2,215 Lottery Winners, USA, greater than $1 million (2010)

[21] http://www.nvca.org, NVCA (National Aenture Capital Association) 2016 yearbook

First round investments $9,340,233,900 in 1,519 companies

[22] HALO Report, Angel Resource Institute at Willamette University https://angelresourceinstitute.org/reports/halo-report-full-version-ye-2015.pdf.

[23] "SOFII." SOFII · Fundraising for the Statue of Liberty's pedestal. http://sofii.org/case-study/fundraising-for-the-statue-of-libertys-pedestal.

[24] "Kickstarter Before Kickstarter." Kickstarter. https://www.kickstarter.com/blog/kickstarter-before-kickstarter.

[25] "Crowdfunding Industry Statistics 2015 2016." CrowdExpert.com. http://crowdexpert.com/crowdfunding-industry-statistics/. Zeoli, Anthony.

"Crowdfunding: A Look at 2015 & Beyond! - Crowdfund Insider." Crowdfund Insider. January 05, 2016. http://www.crowdfundinsider.com/2015/12/79574-crowdfunding-a-look-at-2015-beyond/.

[26] "The Age of Metapreneurship." Age of Metapreneurship. http://metapreneurship.net/crowdfunding-fraud-how-big-is-the-threat/. Cornell, CJ. "Crowdfunding Fraud: How Big is the threat?" Academia.edu - Share research. https://www.academia.edu/6545817/Crowdfunding_Fraud_How_Big_is_the_threat.

[27] Netburn, Deborah. "Pebble smartwatch raises $4.7 million on Kickstarter funding site." Los Angeles Times. April 18, 2012. http://articles.latimes.com/2012/apr/18/business/la-fi-tn-pebble-smart-watch-kickstarter-20120418.

[28] "List of highest funded crowdfunding projects." Wikipedia. March 02, 2017. https://en.wikipedia.org/wiki/List_of_highest_funded_crowdfunding_projects

[29] "Crowdfunding—The Good, The Bad & The (really) Ugly." CrowdFund Beat. November 30, 2016. http://crowdfundbeat.com/2016/11/30/crowdfunding-the-good-the-bad-the-really-ugly/.

[30] Strange, Adario. "Kickstarter Backlash: Early Oculus Supporters Hate Facebook Deal." Mashable. March 25, 2014. http://mashable.com/2014/03/25/kickstarter-oculus-facebook/#tLE07fdgskqp.

[31] "Crowdfunding's Potential for the Developing World" © 2013 Information for Development Program (infoDev) / The World Bank http://funginstitute.berkeley.edu/wp-content/uploads/2013/11/Crowdfundings_Potential_for_the_Developing_World.pdf.

康巴亚

[1] "The New Rules of the Collaborative Economy." Vision Critical. https://www.visioncritical.com/resources/new-rules-collaborative-economy?utm_campaign=Collaborative%2BEconomy%2B2.0.

[2] "State of Travel 2016: Airbnb VS. Hotel Rivals in 6 Charts." Skift. May 03, 2016. https://skift.com/2016/05/03/state-of-travel-2016-Airbnb-vs-hotel-rivals-in-6-charts/.

[3] "15 Apps That Let You Join the Sharing Economy." Lifehack. http://www.lifehack.org/articles/technology/15-apps-that-let-you-join-the-sharing-economy.html.

[4] "Prosumer." Wikipedia. March 03, 2017. https://en.wikipedia.org/wiki/Prosumer.

[5] Progress, Work In. "The Shift from CONsumers to PROsumers." Forbes. August 09, 2011. http://www.forbes.com/sites/work-in-progress/2010/07/03/the-shift-from-consumers-to-prosumers/.

[6] Kelly, Kevin "And whoever has the smartest customers wins." http://kk.org/newrules/blog/2011/10/and-whoever-has-the-smartest-c.php.

[7] Guneluis, Susan "The Shift from CONsumers to PROsumers." Forbes. August 09, 2011. http://www.forbes.com/sites/work-in-progress/2010/07/03/the-shift-from-

consumers-to-prosumers/.

[8] Mulcahy, Diane. "Why I Tell My MBA Students to Stop Looking for a Job and Join the Gig Economy." Harvard Business Review. October 20, 2016. https://hbr.org/2016/10/why-i-tell-my-mba-students-to-stop-looking-for- a-job-and-join-the-gig-economy.

[9] Mulcahy, Diane /Kauffman Foundation. "Reasons to Embrace the Gig Economy, Not Fear It." Forbes. November 10, 2016. http://www.forbes.com/sites/kauffman/2016/11/10/reasons-to-embrace-the-gig-economy-not-fear-it/#db9954e3dd26.

[10] "The Sharing Economy: Dictionary of Commonly Used Terms." Collaborative Consumption. January 15, 2016. http://www.collaborativeconsumption.com/2015/11/12/the-sharing-economy-dictionary-of-commonly-used-terms/.

[11] Johnson, Cat "53 Million Freelancers Shape the New Economy." Shareable. September 8, 2014 http://www.shareable.net/blog/53-million-freelancers-shape-the-new-economy.

[12] Mulcahy, November 2016.

[13] Diane Mulcahy. http://www.dianemulcahy.com/.

[14] Mulcahy, Diane. "Why I Tell My MBA Students to Stop Looking for a Job and Join the Gig Economy." Harvard Business Review. October 20, 2016. https://hbr.org/2016/10/why-i-tell-my-mba-students-to-stop-looking-for- a-job-and-join-the-gig-economy.

[15] "Slacktivism." Wikipedia. February 27, 2017. https://en.wikipedia.org/wiki/Slacktivism.

[16] "Connecting with Consumers in the New Economy - Conscious Consumption and the Currency of Hope." Business Wire. January 13, 2009. http://www.businesswire.com/news/home/20090113005532/en/Connecting-Consumers-Economy—Conscious-Consumption-Currency.

[17] "What is conscious consumption, and who is a conscious consumer?" Tudatos Vásárló. http://tudatosvasarlo.hu/tve/what-is-conscious-consumption.

[18] Ibid.

[19] Mulcahy, November 2016.

[20] Southwick, Karen "Everyone Else Must Fail." Forbes. November 26, 2003. http://www.forbes.com/2003/11/26/1126southwick.html.

[21] Epicenter Stafff. "Mark Zuckerberg's Letter to Investors: 'The Hacker Way'." Wired. February 01, 2012. https://www.wired.com/2012/02/zuck-letter/.
Henry Blodget Published May 6, 2012. "The Maturation of the Billionaire Boy-Man." NYMag.com. http://nymag.com/news/features/mark-zuckerberg-2012-5.

[22] Posted by Shlomit Azgad-Tromer, Columbia Law School, on. "The Virtuous Corporation." The Harvard Law School Forum on Corporate Governance and Financial Regulation The Virtuous Corporation Comments. https://corpgov.law.harvard.edu/2016/10/14/the-virtuous-corporation/.

[23] "Double bottom line." Wikipedia. December 15, 2016. https://en.wikipedia.org/wiki/Double_bottom_line.

[24] "Triple bottom line." The Economist. November 17, 2009. http://www.economist.com/node/14301663.

[25] "What's a B-Corp? The New Era of Business for People, Planet, Profit." Startup Grind. https://www.startupgrind.com/blog/whats-a-b-corp-the-new-era-of-business-for-people-planet-profit/.

[26] Ibid.

[27] Ibid.

[28] Stammer, Richard. "It Pays to Become a B Corporation." Harvard Business Review. December 14, 2016. https://hbr.org/2016/12/it-pays-to-become-a-b-corporation

[29] An Introduction to Conscious Capitalism, http://www.consciouscapitalism.org

[30] Anderson, R. Michael. "The 4 Principles of 'Conscious Capitalism'" Entrepreneur. June 01, 2015. https://www.entrepreneur.com/article/246478.

伟大的时代

[1] http://www.thecrimson.com/article/2005/2/24/business-casual-a-year-ago-mark/

[2] Robinson, Melia. "How Sean Parker bounced back from being fired to change Facebook's history." Business Insider. February 09, 2015. http://www.businessinsider.com/how-plaxo-and-sean-parker-changed-facebook-2015-2.

[3] Kopytoff, Verne (April 29, 2004). "For early Googlers, key word is $$$". San Francisco Chronicle. San Francisco: Hearst Communications. Archived from the original on September 19, 2009. Retrieved February 19, 2010.

[4] "Steve Blank The Pay-It-Forward Culture." Steve Blank. July 27, 2013. https://steveblank.com/2011/09/15/the-pay-it-forward-culture/.

[5] Adler, Carlye "The Man Behind the TheFunded.com's VC Slagfest Reveals Himself to Wired." Wired. November 15, 2007. http://archive.wired.com/techbiz/people/magazine/15-12/ff_funded?currentPage=all.

[6] Ibid.

[7] Ante, Spencer E. (9 January 2008). "Show Me the Moneymen". Bloomberg Businessweek. Retrieved 7 December 2014.

[8] Mangalindan, JP (24 March 2011). "TheFunded: Still the Valley's anonymous gossip shop". Fortune. Retrieved 7 December 2014.

[9] http://www.forbes.com/forbes/2011/0926/feature-techonomy-social-power-corporate-revolution-kirkpatrick.html.

[10] Ante, Spencer E. (9 January 2008). "Show Me the Moneymen". Bloomberg Businessweek. Retrieved 7 December 2014.

[11] Adler 2007.

[12] "TheFunded." Wikipedia. February 09, 2017. https://en.wikipedia.org/wiki/TheFunded.

[13] "Do One-Eyed Rule Blind?" Overcoming Bias.
http://www.overcomingbias.com/2010/07/do-one-eyed-rule-blind.html. "Posts about in the land of the blind the one-eyed man is king on Historically Speaking." Historically Speaking.
https://idiomation.wordpress.com/tag/in-the-land-of-the-blind-the-one-eyed-man-is-king/. https://en.wikipedia.org/wiki/The_Country_of_the_Blind.

[14] Godin, Seth. "Change Agent – Issue 31 | Fast Company | The Future Of Business." Fast Company. July 30, 2012. https://www.fastcompany.com/38442/change-agent-issue-31.

[15] Pausch, Randy "Randy Pausch's Last Lecture: Really Achieving Your Childhood Dreams" Given at Carnegie Mellon University, September 18, 2007 https://www.cs.cmu.edu/~pausch/Randy/pauschlastlecturetranscript.pdf.

[16] power. Dictionary.com Unabridged. Random House, Inc. http://www.dictionary.com/browse/power (accessed: January 1, 2017).

[17] http://www.forbes.com/forbes/2011/0926/feature-techonomy-social-power-corporate-revolution-kirkpatrick.html.

[18] Timms, Jeremy , HeimansHenry, and Rachel Botsman. "Understanding." Harvard Business Review. July 01, 2015. https://hbr.org/2014/12/understanding-new-power.
Heimans, Jeremy. "What new power looks like." Jeremy Heimans: What new power looks like | TED Talk | TED.com. http://www.ted.com/talks/jeremy_heimans_what_new_power_looks_like?language=en.

[19] Ibid.

[20] Ibid.

[21] Ibid.

[22] Moises Naim (Author). "The End of Power: From Boardrooms to Battlefields and Churches to States, Why Being In Charge Isn't What It Used to Be: Moises Naim: 0884730358224: Amazon.com: Books." The End of Power: From Boardrooms to Battlefields and Churches to States, Why Being In Charge Isn't What It Used to Be: Moises Naim: 0884730358224: Amazon.com: Books. https://www.amazon.com/End-Power-Boardrooms-Battlefields-Churches/dp/0465065694.

[23] Satell, Greg. "Leadership For A Networked World." Forbes. March 01, 2015. http://www.forbes.com/sites/gregsatell/2015/02/20/leadership-for-a-networked-world/#684f58d779c3.

[24] Malone, Thomas W, interviewed by Michael S. Hopkins "A Billion Brains are Better Than One." MIT Sloan Management Review. http://sloanreview.mit.edu/article/a-billion-brains-are-better-than-one/.

[25] https://en.wikipedia.org/wiki/Jedi.

[26] http://starwars.wikia.com/wiki/The_Force.

[27] Ready, Kevin. "The Most Valuable Startup Asset: Your Meta-Tribe." Forbes. July 11, 2012. http://www.forbes.com/sites/kevinready/2012/05/19/the-most-valuable-startup-asset-your-meta-tribe/.

[28] Ibid.

[29] Ibid.

元创业时代

[1] Goldman Sachs Global Investment Research 2014 © Goldman Sachs, http://www.goldmansachs.com/our-thinking/outlook/internet-of-things/iot-report.pdf

[2] https://pixabay.com/en/network-iot-internet-of-things-782707/ （Pixelbay, Public Domain）- CC0 Public Domain

[3] Dan Gillmor - in We the Media
https://www.amazon.com/We-Media-Grassroots-Journalism-People/dp/0596102275/ref=mt_paperback?_encoding=UTF8&me=

[4] author: Johann Weikhard von Valvasor
Public Domain: {{PD-1923}}

[5] http://www.niemanlab.org/about/

[6] www.knightfoundation.org.

[7] http://www.knightfoundation.org/challenges/knight-news-challenge

[8] http://blog.digidave.org/about

[9] https://en.wikipedia.org/wiki/Spot.us

[10] https://launchforth.io/localmotors/

[11] https://localmotors.com/

[12] https://en.m.wikipedia.org/wiki/Local_Motors

[13] https://localmotors.com/3d-printed-car/

[14] https://launchforth.io/localmotors/road-ready-3d-printed-car/latest/
With permission from Local Motors

[15] Names and certain facts have been changed—at the request of our subject—to protect some exclusive business relationships and techniques from being widely published.

[16] Head, Greg https://www.linkedin.com/in/gregheadaz

[17] http://greghead.com/gregslist-arizona-software-companies/

插图版权

所有插图、图表和表格版权均属于作者本人。图片（照片）在版权所有人明确许可或根据知识共享版权条款许可的情况下使用。

图书在版编目（CIP）数据

元创业：成功创业新范式 /（美）C.J.康奈尔
(C. J. Cornell) 著；许涛译. -- 上海：同济大学
出版社，2021.10
（国际社会创新案例剖析）
ISBN 978-7-5608-6984-1

Ⅰ.①元… Ⅱ.①C… ②许… Ⅲ.①创业—研究
Ⅳ.①F241.4

中国版本图书馆CIP数据核字(2021)第166102号

Copyright © 2017 by Christopher-John Cornell
All rights reserved. No part of this publication may be reproduced, distributed, or transmitted in any form or by any means, including photocopying, recording, or other electronic or mechanical methods, without the prior written permission of the publisher, except in the case of brief quotations embodied in critical reviews and certain other noncommercial uses permitted by copyright law.

版权所有。未经出版商书面许可，不得以任何形式或通过任何方式（包括影印、录音及其他电子或机械方法）复制、分发或传播本出版物的任何部分，但评论中的简短引用和版权法允许的其他非商业性使用除外。

本书简体中文版专有翻译出版权由Christopher-John Cornell授予同济大学出版社。未经许可，不得以任何手段或形式复制或抄袭。

元创业：成功创业新范式

[美]C. J. 康奈尔　著
许涛　译

出 品 人：华春荣
责任编辑：卢元姗
装帧设计：张　微
责任校对：徐春莲
出版发行：同济大学出版社
地　　址：上海市杨浦区四平路1239号
邮政编码：200092
网　　址：http://www.tongjipress.com.cn
经　　销：全国各地新华书店
版　　次：2021年10月第1版
印　　次：2021年10月第1次印刷
印　　刷：常熟市华顺印刷有限公司
开　　本：710mm×1000mm　1/16
印　　张：21.25
字　　数：425 000
书　　号：ISBN 978-7-5608-6984-1
定　　价：88.00元

本书若有印装质量问题，请向本社发行部调换。
版权所有　侵权必究